U0050250

日本
―姿 與 心―

〔增訂第9版〕
（株）日鉄技術情報センター

NIPPON

THE LAND
AND
ITS PEOPLE

漢 思

變遷中的日本

　　本書為「日本—姿與心」的最新第9版，本書於84年首度在台出版後，已歷經六次的增訂改版，近十餘年來承蒙各方讀者給予肯定與支援，謹致以十二萬分的謝意。

　　這次增訂新版的內容，將近七萬餘字，若以字數而言，是歷年來最大一次的改版。這也說明了日本的近況、政經情勢及社會變遷等，均有相當大的變化。為了滿足讀者對於日本相關資訊的渴求，因此本公司以最快的速度在台同步推出此書，以饗讀者。

　　我們之所以要出版此書，是有感於大部份的人對日本只有從報章、雜誌上獲得片段的知識且十分零星，因此，希望藉由此書全面性的介紹日本、瞭解最新的日本情勢，而不是停留在幾十年前的片段，並以他山之石，作為借鏡。

　　於此，希望大家能以客觀判斷的精神，瞭解研究日本的全貌，閱讀本書後，相信對於日本有著初步的瞭解，本書不單單是學習日語者可以做為一個輔助教材，同時本書為中日文對照的方式，因此不懂日文的人，也可以藉此充實自己的國際觀。最後，再次特別感謝日鐵技術情報中心及學生社歷任社長鶴岡阰己與鶴岡一郎先生，共同為了促進兩國文化相互瞭解與交流而鼎力支持，使得本書得以在台順利出版。

編者　張思本　謹誌

第9版の発行にあたって

「日本—その姿と心—」の第8版を発行してからほぼ4年が経ちました。この間、世界の政治・経済・社会の変化は急激であり、科学技術の進歩は年を追うごとにスピードを増していることはご高承のとおりです。

おりしも、世界は一昨年なかばまで史上まれに見る長期的景気拡大局面を謳歌していましたが、急転直下、百年に一度といわれるほどの惨憺たる経済状況に陥り、いまだに出口を見出せない状態です。また、環境問題の深刻さが声高に喧伝され、地球規模での二酸化炭素の削減が焦眉の急と叫ばれながら、それぞれの国が置かれている状況の違いから、解決への具体的道筋をつけるための合意形成は難航を続けております。

交通・通信の発達によって世界はますます狭くなり、相互依存や対立が密接かつ複雑に絡まりあうことは避けられません。このような状況のもとでは、なにはともあれ世界中の多くの人が有用で正しい情報を共有しあい理解しあうことこそが、人類共通の困難な問題を解決するための基盤として必須であると確信しています。そのためにはお互いにそれぞれの国・民族のおかれた立場と文化をわかりあうことが肝要だと思います。

これまでのこの本の改訂にあたって、そのつど申し上げていますが、この本の狙いは「まず、日本人自身に日本をもっとよく知っていただくこと、さらに日本国内外の外国人に日本を正しく理解してもらうこと」です。社会の多方面で忙しくご活躍されている皆様方に、簡潔に日本の姿と心を、よりよく知っていただき、それぞれの立場で交流される内外の外国人にあらゆる機会をとらえて、気軽に理解活動をしていただくための縁（よすが）にしていただきたいのです。

今回の改訂では、急速に変化していく世界の情勢をできるだけ直近にいたるまで取り込むことに努め、外交、経済、産業、社

会、環境保全および科学技術の項目を全面的に書き改めました。さらに日本文化について見直し、より理解を深めるため、日本文化の特質と日本美術史について新たに項目を起こしました。文化庁では一昨年3月から「文化力プロジェクト」を立ち上げました。「文化がもたらす豊かさなどをアピールし、社会を元気にしていく」のが目的で、地域の文化を引き立て、地域社会を活性化させようということです。地域社会の活性化は、今のわが国の重要な課題となっています。同時に、文化は外国人に対しては日本をアピールする格好の材料でもあります。

今回の改訂においても、なお多くの大切な事項を見落とし、あるいは解説の内容が正鵠を射ていないものがあるのではないかという危惧は拭えません。読者の皆様の忌憚のないご批判をお願いいたします。

今回の改訂にあっては、当社の福澤信二、玉村佳人、吉橋宏が担当し、また、井上孝美氏並びに㈱学生社の児玉有平氏にも多大なご尽力をいただきました。英文翻訳は、これまで同様、Richard Foster 氏にお願いいたしました。

この本が少しでも読者の皆様のお役にたてば幸いです。今後も内容の充実にいっそう努力してまいりますので、引き続き皆様のご支援とご鞭撻をお願い申し上げます。

　　2010 年 2 月

　　　　　　　　　　㈱日鉄技術情報センター

　　　　　　　　　　代表取締役社長　阿 部 一 正

は　し　が　き

　この本はもともと新日本製鐵の従業員のために執筆・編集したものである。

　日本の多くの企業と同じように、当社においても、昨今国際化の進展が著しく、国の内外を問わず、社員が外国人と接触する機会が急速に増加している。

　その際、業務上の話し合いのほかに、日本の実情や文化について話題になったり、質問を受けたりすることがしばしばある。こうしたとき、外国人に適切に対応し、十分な意思疎通をはかることは至難のわざである。

　その理由として、

　第一に、外国人の知りたがっている事柄について、われわれ自身、的確な知識を持っていないこと。第二に、知識を持ち合わせていても、それをうまく表現できないということ、があげられる。

　これらの難点を少しでも解消するための参考に供したいというのが本書の趣旨である。昭和53年5月に原版発行以来、社員のみならず、社外の多くの方々から頒布のご要望をいただいてきた。

　こうした事情を背景に、学生社の鶴岡阯巳社長から再三にわたるおすすめもあり、この本が諸外国との相互理解を深めるうえで、多少なりともお役に立てばという願いをこめて、中身の稚拙をかえりみず、あえて出版していただくことにしたわけである。

　もともと、歴史や文化の基盤が異なる外国人に日本を理解してもらうのは容易なことではない。かつての「フジヤマ・ゲイシャガール」ほどではないにしても、いまだに、日本のほんとうの姿と心が、一般の外国人にはあまり理解されていないのが現実である。

　これは、日本についての紹介や情報が外国人の耳目にふれる機会が乏しかったうえに、ともすると、外国と異なった日本の特殊な面がことさらに強調されてきたことによると思われる。

　日本人は自己表現・自己主張が苦手だといわれている。これは

日本人が地理的条件や歴史的経緯から、自国の閉ざされた社会の中で長い間生活してきたために、日本自身を外国に説明する必要性を感じなかったことに起因すると思われる。

鎖国をといて、世界に門戸を開いたのちも、外国からの情報が大量に流入しているのに反して、日本から外国へ伝達されるものは、比較にならないほど少なく、きわめてアンバランスな状況を呈している。

本来、国際社会における各国民の相互理解の根底には、国民それぞれの自己主張とその相互容認があるはずである。

すでに先進国の域に達し、応分の国際的活動が期待されているわが国は、今後あらゆる面で外国との関係をさらに深め、影響力をいっそう強めていくと考えられる。これにともなって、日本と外国との間にいろいろな誤解や摩擦がしばしば発生しかねない。今後われわれは、外国についての認識を深めるとともに、あらゆる機会をとらえて、日本に対する外国の人たちの理解を広めかつ深めてゆく努力が必要である。

この本の原版を執筆するまえに、外国出張あるいは滞在などで外国人とひんぱんに交際した社員を対象に、話題になる事柄、よく受ける質問についてアンケートを行なった。得られた約500の例を192項目に整理した。それぞれに解説を加え、あわせて英語の対訳を付した。今回市販するにあたっては、さらに項目をしぼって171とし、若干の編成がえを試みた。

この本の執筆・編集には、主として新日本製鐵能力開発部の青砥安男、百瀬孝、立山恵の諸君があたった。翻訳は永年日本に在住し、その事情にも詳しく、当社の英会話講師になって頂いている Mr. Richard Foster および Mr. John Bowen にお願いした。ことに両氏からは、内容についても外国人として見た場合の疑問の提示と、適切な助言を頂いたことに深く感謝している。

原稿の校閲などについては、当社の各部門、海外事務所の者に援助を求め、苦瓜純一氏（原版発刊時の本社能力開発室長）にもご指導を頂いたことを特記しておきたい。

また、この本の出版にあたってお世話になった学生社の鶴岡阯巳社長、三木敦雄常務および土屋晃三氏にも深く感謝の意を表したい。

　本の構成について、なお多くの大切な事項を見落したり、解説の内容について的を射ていないものがあるのではないかと危惧している。ご活用下さる読者諸賢の忌憚ないご批判をお願いし、後日の改訂に備えたいと思う。

　　　　昭和57年7月

　　　　　　　　　　　　　　　　　新日本製鐵　能力開発部長

　　　　　　　　　　　　　　　　　小　川　一　海

執筆・編集に際して留意した点

1) 各項目の解説は事典的なものではなく、話題の一例を示したものである。具体的な例や客観的なデータをできるだけ引用して、外国との対比・関連性について述べるなど、外国人の理解を得やすいように心掛けた。
2) 和文と英文を対比して収録した。
3) 解説に関する補足を巻末に付記した。
4) 他の文献からの引用については、その文献名・著者名（および訳者名）を引用個所に表示したほか、主な参考文献・資料などは一括して巻末に列記した。
5) 文中の単位などは次の通りとした。
　　年　号：西暦
　　時　代：西暦の世紀または日本史で使用されている時代名
　　　　　　もしくは元号
　　度量衡：メートル法（ヤード・ポンド法を付記）
　　金　額：円または米ドル
　　温　度：摂氏（華氏を付記）
6) 英文の綴りは米国式とした（固有名詞の場合を除く）。
7) 英文中（見出しを除く）、日本語音をローマ字綴りで表示した普通名詞については、それが英語化しているか否かを問わず、項目ごとに初出するもののみ斜体（イタリック）で表示した（例：*kimono, judo, shogun*）。
8) 英文中の固有名詞は、新聞、書物、映画、等々の出版物名、作品名に限り斜体（イタリック）で表示した（例：*New York Times, Kojiki, Rashomon*）。
9) 英文中、日本人名（号を含む）の表記順については、古今を問わず日本語の読み順通りとした（例：Ashikaga Yoshimitsu, Katsushika Hokusai, Natsume Soseki, Yukawa Hideki）。
10) 本の大きさ、装丁は、携帯して手軽に活用し得るように配慮した。

第9版發行引言

自「日本-姿與心-」第8版發行後,已將近4年。在這段期間,世界的政治、經濟、社會的變化也非常劇烈。如衆所周知,近年科學技術的進步,不但令人目不暇給,在速度上也日益突飛猛進。

全世界經濟自前年中旬起,欣逢了史上難得復甦的局面,景氣也逐漸邁向長期擴大,世人方才開始謳歌之際,不料却急轉直下,事與願違的又陷入了百年以來最慘澹而嚴峻的經濟泥沼,時至今日,尚難以脫身。此外,日益深刻化而瀕危的生態環境,已是燃眉之急,人們雖聲嘶力竭的呼籲全球要削減二氧化碳的排放量,但因爲各個國家所置身的立場及狀況不同,要如何具體的解決及找出未來的因應之道,因爲缺乏基本共識,也持續窒礙難行。

由於交通與通訊的發達與進步,使得世界彼此的距離也益形縮小,不可避免的會因相互依存或是對立,而日形密切且錯綜複雜。在此狀況之下,我們確信世界上多數的人們應先要擁有共同而正確的資訊,在互相瞭解之下,方能解決人類共通的問題,而此共識的平台,有其存在之必要。爲了達到此一目的,在和各個國家與民族進行交流時,重要的前提是:事先必須互相瞭解彼此本身的立場與文化。

至目前爲止,每逢內文修訂之際,都會於此先行陳述本書發行的主要目的爲:「首先要讓日本人自身能够更瞭解日本,進而讓海內外的外國人士也能够以正確的方式瞭解日本。」爲了讓各界事務繁忙的讀者們能够更方便閱讀,本書以簡潔及易於理解的方式,將日本的面貌--「姿與心」作了整理,讓海內外各種立場的外國人士,都能借由認識本書的「良緣」,進而掌握住每個機會,輕鬆的進行彼此的交流。

這次重新改訂新版之際，除了盡可能的因應最近急速變遷的世界情勢，為了顧及最新、最完整的描述，在外交、經濟、產業、社會、環保及科學技術的項目，也作了全面性的改寫與數據上的更新。除此之外，在日本文化方面，也新增加了日本美術史的項目，讓讀者更能深度的瞭解日本。日本文化廳自前年3月起，也開始推動「文化力行動計劃」。目標是要倡導「文化將帶來更豐足的生活內涵，讓社會更加充滿活力」。不但要呈現出日本各地域文化特色，也要讓各地域社會更加活性化。對現今的日本而言，地域社會的活性化方面，已經是個重要的課題。同時，對於外國人在介紹日本時，從文化方面來出發，也是非常好的一個題材。

此次的改定，惟恐尚有許多項目未盡周全，或是解說上力有未逮、未能一語中的的疏漏之處。於此，尚仰讀者諸賢諒察，並惠予批評、賜教高見，以期作為改進。

有關此次改訂，除了本公司各關係部門的職員及退休前輩福澤信二、井上孝美、玉村佳人、吉橋宏，也得到學生社兒玉有平先生的襄助，特此申謝。

此外，本次的繁簡中文版本，仍委由前負責翻譯出版的漢思國際有限公司負責。

希望本書能夠加深讀者對日本的認識，對於日台交流與友好關係方面，也能略盡綿薄之力。我們也將持續努力充實內容，以期能對於讀者更有所助益。最後，感謝您的支持，並盼能繼續給予指教為禱。

2010 年 2 月

(株)日鐵技術情報中心

代表取締役社長　　阿部一正

前　言

本書原本是爲了新日本製鐵公司從業人員的需要，進而執筆編寫而成。

本公司也像日本其他大多數的企業一樣，最近幾年，隨著國際化的發展快速，不論是在國內外，公司職員與外國人的接觸機會也急速地增加。

在這樣的情況下，與外國人交談，除了業務上的對話之外，有關日本的實際情形或文化等方面，也往往成爲話題，經常被詢問。在這樣的情況下，如何能夠應對得體，又能充分地溝通彼此的意見，是一件非常困難的技巧。

這些理由可列舉如下：

第一，因爲外國人想要知道的事物，我們自己本身並不能掌握正確的知識；第二，即使擁有相關的知識，往往也無法說得清楚，表達上有困難。

因此，本書編輯的主要方針就是爲了解決這樣的難題，也就是說，爲讀者提供一些參考，來解決問題。從昭和 53 年（1978 年）5 月的初版發行以來，不只是本公司的職員，連公司外部的各界人士，大家都希望本書能夠印刷出版。

在這樣的情況下，加上學生社的鶴岡阺巳社長，也再三推動此事，希望本書的出版，能夠促進日本與國外間的相互友好，及加深彼此的理解，在不棄嫌內容稚拙的情形下，付梓出版了本書，這也是本書出版的緣由。

其實，欲使先天在歷史、文化等背景上，原本就有相當差異的外國人來瞭解日本，恐怕並非是一件容易的事。外國人對日本的認識，雖然不像過去，只知道「富士山、

藝妓」，但是，就算是到了今天，日本真正的面貌與精神，對一般的外國人來說，仍舊不甚清楚，這也是個不爭的事實。

這是由於介紹日本及相關的資訊十分的貧乏，與外國人的接觸機會本來就不多；而另一方面，則是因為過分強調日本與外國不同的特殊層面所造成的。

日本人經常被認為是不善於自我表現及自我主張的民族，這是起因於地理條件、歷史上的背景所造成的。因為日本本身長時間生活在與外界隔絕的封閉社會，也未感到有迫切需要對外國說明日本的必要性。

鎖國時代以後，日本對於全世界採取門戶開放的政策，大量的資訊由外國流入到日本。但是另一方面，由日本向國外傳達的資訊，程度上相對地比較少，簡直無法比較，呈現出非常不平衡的狀況。

本來在國際社會上，各國國民之所以能夠互相理解，在那最根柢的部分，應該有一部分是要認同彼此的主張及建立在互相認同的基礎之上。

而邁入先進國家之林，日本也被各國期待能夠更適當地參與各種國際性的活動，相信今後日本會在各個方面，全面地加強與各國間的關係來擴大影響力。但隨著這個情勢發展，日本與外國之間，難免會常常發生各種誤解及摩擦。今天，我們不但要加深對外國的認識，另一方面，我們也要努力把握所有的機會，有必要讓外國人能夠深入並廣泛的理解日本。

本書在初版執筆之前，對於經常赴外地出差或是公司駐外職員，以一些常與外國人交際的人為對象，把時常成為話題、被詢問到的各種事項，進行了問卷調查。而後，

將搜集到的 500 個例子當中，整理出 192 個項目，分別地加以解說，並附上對譯的文章。而關於這一次出版的內容，也作了若干的修正，再濃縮成 171 個項目。

本書的執筆與編輯成員，主要是由新日本製鐵公司能力開發部的青砥安男、百瀨孝、立山惠等人組成。

關於本書原稿的校閱等，是求助於本公司各部門及海外事務所的相關人士。另外，也承蒙苦瓜純一氏（初版發行時本公司能力開發室長）的多方指導，特此言謝。

此外，本書之得以出版，也要感謝學生社的鶴岡阯巳社長、三木敦雄常務董事以及土屋晃三氏等人士，謹此表示最深的謝意。

關於本書的編輯及結構上，惟恐尚有許多不足及遺漏，如果內容及解說上有任何不妥之處，懇請讀者諸賢，給予批評指教，以便日後予以改定。

昭和 57 年 7 月

新日本製鐵公司 能力開發部長

小川　一海

本書執筆、編輯之際，已特別留意的事項

1) 每個項目的解說，並非如同事典般的說明，只是表示話題中的一個例子而已。在文中儘量引用具體的例子和客觀的數據，加上與外國的對照或相關性來說明，採用讓外國人容易理解的方式。

2) 採用中文、日文對譯的方式。

3) 關於解說的附加說明，附記於卷末。

4) 關於說明時引用其他文獻時，除了表示書名、作者名（或是譯者名）出處之外，主要的參考文獻、資料等，都一並列記於卷末。

5) 內容所使用的單位名稱、數量值等，如下列方式：

   年　　號：公元

   時　　代：公元或日本史上所使用的時代名或年號

   度 量 衡：以公制法（附記英制碼磅制）

   金　　額：日元或美元

   溫　　度：攝氏（並附記華氏）

6) 英文的拼音，採用美式的拼音標示（固有名詞除外）。

7) 中文譯文中，日本語音以羅馬字母的拼音來標示（標題及固有名詞除外）。

8) 本書的尺寸、大小、裝訂是採用易於攜帶、輕便型的裝訂方式。

目　　次

目　次

日本

―その姿と心―

1 地理

a）位置・国の広さ

日本は、アジア大陸の東側に南北 3,000 km（1,860 マイル）にわたって位置する弧状の島国である。本州・四国・九州・北海道の四つの主な島と、散在する 7,000 弱の島からなっている。これらは日本列島と総称されている。

首都東京は、東経 140 度（ニューギニア島・オーストラリア中央部とほぼ同経度）、北緯 36 度（中国の青島・イランのテヘラン・地中海のマルタ島・ジブラルタル海峡・アメリカのグランドキャニオンなどとほぼ同緯度）にある。
東京から各地への距離は次のとおりである。

ニューヨーク	10,850	km	(6,740	マイル)
ロサンゼルス	8,740	〃	(5,430	〃)
リオデジャネイロ	18,560	〃	(11,530	〃)
ロンドン	9,560	〃	(5,940	〃)
パリ	9,740	〃	(6,050	〃)
ベルリン	8,910	〃	(5,540	〃)
ローマ	9,880	〃	(6,140	〃)
モスクワ	7,500	〃	(4,660	〃)
テヘラン	7,680	〃	(4,770	〃)
デリー	5,860	〃	(3,640	〃)
シンガポール	5,320	〃	(3,310	〃)
北京	2,100	〃	(1,300	〃)
ソウル	1,160	〃	(720	〃)
シドニー	7,830	〃	(4,870	〃)

国土面積は約 37 万 8,000 km²（14 万 6,000 平方マイル）で、マレーシアよりわずかに大きく、中国やアメリカの 25 分の 1・ブラジルの 23 分の 1・インドネシアの 5 分の 1 にあたる。

b）気候

日本列島は南北に長く、南は亜熱帯から北は亜寒帯まで広範囲にわたっているが、大部分の地域は温帯に属しており、海洋性の温暖な気候で、四季の区別がはっきりしてい

1　地　理

a）日本的地理位置、國土面積

日本位於亞洲大陸的東側，南北縱長達 3,000 公里（1,860 英里），是一個位置上呈弧狀的島國。除了本州、四國、九州、北海道四個主要島嶼之外，還包含散布於四周約 7,000 個小島，這些島嶼，統稱爲日本列島。

日本首都東京位於東經 140 度（大約和新幾內亞島、澳洲大陸中央部的經度相同），緯度則位於北緯 36 度（大約和中國的青島、伊朗的德黑蘭、地中海的馬爾他島、直布羅陀海峽及美國的大峽谷等緯度相同）。

以下是從東京到世界各地的距離：

	公里	英里		公里	英里
紐約	10,850	（6,740）	莫斯科	7,500	（4,660）
洛杉磯	8,740	（5,430）	德黑蘭	7,680	（4,770）
里約	18,560	（11,530）	德里	5,860	（3,640）
倫敦	9,560	（5,940）	新加坡	5,320	（3,310）
巴黎	9,740	（6,050）	北京	2,100	（1,300）
柏林	8,910	（5,540）	首爾	1,160	（720）
羅馬	9,880	（6,140）	雪梨	7,830	（4,870）

日本的國土面積約 37 萬 8,000 平方公里（14 萬 6,000 平方英里），只比馬來西亞的面積稍大些，相當於中國及美國的 25 分之 1、巴西的 23 分之 1、印尼的 5 分之 1。

b）日本的氣候

日本列島因爲南北延伸較長，橫跨南邊亞熱帶到北邊的亞寒帶的廣泛範圍，大部分地域屬於溫帶、海洋性的溫暖氣候，四季的區別非常分明。此外，其中還受到複雜的地形及洋流的影響，因此依地域的不同，氣候有顯著的差異。

る。但し、複雑な地形や海流の影響により、気候の地域差が顕著である。

　起伏に富んだ山脈が日本列島を縦断し、その標高も高い部分は3,000ｍ（9,840フィート）におよんでいるため、太平洋側と日本海側の気候の差が大きい。太平洋側では、夏は南東の季節風が吹いてむし暑く、冬は乾燥した晴天が多い。日本海側では、冬は大陸方面からの北西の季節風による降雪が多い。この地方は世界有数の豪雪地帯で、新潟県などでは、積雪が4〜5ｍ（13〜16フィート）にも達するところがある。

　北海道を除く地域では、6月上旬から7月中旬にかけて梅雨と呼ばれる高温多湿の雨期がある。台風シーズンとなる8月から10月にかけて、日本列島は南西部を中心に暴風雨圏内に入ることも珍しくなく、台風の進路には多大な関心が払われる。本州・北海道の内陸部（とくに盆地）では降雨量が少なく、気温の上下差が大きいところがある。また、瀬戸内海の沿岸部は、前述の梅雨期以外は概して雨が少なく、気候は温暖である。

　日本の大部分の地域でもっともよい季節は春と秋で、とくに新緑のもえる4〜5月ごろと、さわやかで木の葉の色づく、9月下旬から11月中旬ごろまでの山野の風景が美しい。
　梅雨・台風・豪雪はいずれも愉快なものではない。なかでも、風水害の大部分は台風がもたらす。台風のころはちょうど稲の開花〜結実期にあたるので、農家の心配も大きい。しかしながら、これらが与える自然の恵みも大きい。梅雨期の降雨は稲作になくてはならないものであり、台風時の大雨や冬の積雪は水資源を豊かにする。

ｃ）地形
　　日本列島は太平洋や日本海などの海に囲まれ、大陸とは

由於山脈起伏富於變化，縱斷於日本列島，其中因為海拔較高的山脈，超過 3,000 公尺（9,840 英尺），造成太平洋側與日本海側的氣候差異性很大。在太平洋側方面，夏季吹著東南季風，天氣較為悶熱；冬季則為乾燥而多晴。在日本海側方面，冬季由於大陸吹來的西北季風帶來大量的降雪，有些地方的降雪可達 4～5 公尺（13～16 英尺），像是新潟縣等地，是世界上屈指可數的豪雪地帶。

除了北海道之外的地域，從 6 月上旬到 7 月中旬是稱為「梅雨」的高溫、多濕的雨季。颱風季節是 8 月至 10 月之間，在日本列島當中，以西南部為中心，時常會進入暴風雨圈內，也是常有的事。對於颱風的走向，人們總是有著莫大的關心。本州島及北海道的內陸地區（特別是盆地），也有降雨量較少、溫度上下差異較大的地方。此外，瀨戶內海的沿岸部，除了前述的梅雨季以外，都是屬於雨量較少，氣候較為溫暖的區域。

日本大部分地區最舒爽宜人的季節是春、秋兩季，特別是在新綠萌芽、百花盛開的 4～5 月之間，以及秋高氣爽、紅葉似錦的 9 月下旬到 11 月中旬左右，是山野景色最為美麗的季節。

梅雨、颱風、豪雪都令人感到不愉快，其中尤其以颱風所帶來的風災水害最為嚴重。而且，由於颱風來臨時，正是水稻開花結穗的時期，最為農民所擔心。雖然如此，但也因而受惠於大自然所帶來的恩典。梅雨季節的降雨，是農耕水稻時所不可或缺的；颱風時的豪雨和冬季的積雪，也讓水資源更形充沛而豐富。

c）日本的地形

日本列島是由太平洋及日本海所環繞，與大陸是以淺大陸棚鄰接著。在太平洋側方面，則有非常陡深的日本海溝和伊豆小笠原海溝。

浅い大陸棚で接している。太平洋側には非常に深い日本海溝や伊豆小笠原海溝がある。

　日本の地形は変化に富んでいる。川は短く急流で、山あいでは深い峡谷をつくり、海岸線は複雑に入りくんでいる。風光明媚なところが多く、温泉地も点在している。

　日本列島は環太平洋地震帯の上にあり、火山活動も活発で、世界でも有数の地震多発地帯となっている。20世紀以降では、東京を中心とした首都圏に壊滅的な被害を与えた1923年の関東大震災（マグニチュード7.9）をはじめとして、最近では1995年の阪神・淡路大震災（マグニチュード7.2）、2004年の新潟県中越地震（マグニチュード6.8）などが発生している。

　日本の国土の約4分の3は山地および丘陵地で、国土の3分の2は森林に覆われており、森林率は66.4％と世界の国々の中でもトップクラスである。農業用地は13％、宅地は3％で、工業用地はわずか0.4％にすぎない。

d）人口

　日本の総人口は1億2,769万人（2008年）であり、これは、中国（13億1,448万人、2006年）、インド（11億1,773万人、2006年）、アメリカ（2億9,940万人、2006年）、インドネシア（2億2,205万人、2006年）、ブラジル（1億8,677万人、2006年）、パキスタン（1億5,677万人、2006年）、ロシア（1億4,315万人、2005年）、バングラデシュ（1億4,180万人、2006年）、ナイジェリア（1億3,377万人、2005年）に次いで世界第10位である。

　日本の人口密度は1km^{2}当たり343人である。

　人口の分布は、温暖で交通・産業の発達した太平洋側の海岸沿いの平野に多く、本州の南関東から北九州にかけて人口の70％が集まっている。また、工業の発展にともなって、人口が都市に集中し農村では著しく減少した。

日本的地形，非常富有變化。河流短而湍急，造成山際間的深崖峽谷，海岸線也是錯綜複雜。因此有許多風光明媚、景色秀麗之處，同時也散布著一些溫泉名勝。

日本列島由於位在環太平洋的地震帶上，因此火山活動非常頻繁，也是世界著名的地震多發地帶。20 世紀以後，以東京為中心的首都圈區域，受到了 1923 年的關東大地震（規模 7.9 級）的襲擊，造成了毀滅性的災害。最近數年，則發生了 1995 年阪神淡路大地震（規模 7.2 級），2004 年則有新潟縣中越大地震（規模 6.8 級）。

日本的國土約有 4 分之 3 是山地及丘陵地，且 3 分之 2 是被森林所覆蓋，森林面積占全國的 66.4%，這在全世界各國當中，算是名列前茅。農業用地占 13%，住宅用地為 3%，而工業用地則僅占 0.4% 而已。

d）日本的人口

日本的總人口數為 1 億 2,769 萬人（2008 年），次於中國（13 億 1,448 萬人，2006 年）、印度（11 億 1,773 萬人，2006 年）、美國（2 億 9,940 萬人，2006 年）、印尼（2 億 2,205 萬人，2006 年）、巴西（1 億 8,677 萬人，2006 年）、巴基斯坦（1 億 5,677 萬人，2006 年）、俄羅斯（1 億 4,315 萬人，2005 年）、孟加拉國（1 億 4,180 萬人，2006 年）、奈及利亞（1 億 3,377 萬人，2005 年），位居世界第十位。

日本人口密度為每 1 平方公里 343 人。

人口多分布於氣候溫暖、交通方便及產業發達的太平洋沿岸平原，從本州島的南關東到北九州之間，就集中了日本全部人口的 70%。此外，隨著工業的發展，人口集中於都市地區，農村的人口則顯著地減少。

人口 100 万人以上の都市は、東京 23 区（874 万人）を
筆頭に横浜市、大阪市、名古屋市など 12 ある。

e）山・川・湖
　　日本の約 70％は山地で本州の中央部には飛騨・木曽・
赤石の三つの山脈があって、3,000 m 級（1 万フィート級）
の山々がそびえている。これらはそれぞれ北・中央・南ア
ルプスとも呼ばれ、また、総称して日本アルプスといわれ
る。これは 1896 年に、イギリス人ウェストンによって名
付けられた。

　　富士山は、標高 3,776 m（12,388 フィート）の日本で
もっとも高い山である。典型的な円錐形活火山で、美しい
広い裾野をもち、冬には中腹まで雪におおわれ一層美しさ
を増す。1707 年に大噴火があったが、それ以後約 300 年
の間噴火していない。現在、日本には浅間山・阿蘇山・桜
島・雲仙岳・三原山など約 60 の活火山がある。

　　川は短くて急流が多く、もっとも長い信濃川でも
367 km（228 マイル）である。落差の大きい急流は水力発
電に適し、美しい峡谷をつくっているが、交通にはほとん
ど利用できず、洪水を起こす危険もある。

　　湖の多くは山間部にあり、水が澄んでいて眺めのよいも
のが多い。もっとも大きい琵琶湖の面積は 674 km²（260
平方マイル）で、西ヨーロッパ最大のレマン湖（ジュネー
ブ湖）の約 1.2 倍である（ただし、北米五大湖最小のオン
タリオ湖の 3.5％）。また、もっとも深い湖は田沢湖で、
水深 423 m（1,388 フィート）である。日本第 2 の湖は面
積 168 km²（65 平方マイル）の霞ケ浦であり、土砂などに
よって外海と分離してできた。

f）植物
　　日本は気候の地域差が顕著であるため、植物の生態は複
雑で種類も豊富である。日本にある約 4,500 種の植物のう
ち、約 1,000 種は日本固有種である。
　　北海道をふくむ日本北部には、針葉樹でもトドマツやハ

人口超過 100 萬人以上的都市,東京 23 區（874 萬人）,及橫濱市、大阪市、名古屋市等,共有 12 個。

e）日本的山川、湖泊

日本約有 70%是山地,縱貫於本州島中央的飛驒、木曾、赤石的三條山脈,高聳著 3,000 公尺級（1 萬英尺級）以上的雄偉群山。這些山脈被統稱為北、中央、南阿爾卑斯山,也總稱為日本阿爾卑斯山脈。這是由英國人威斯頓於 1896 年所命名的。

富士山海拔 3,776 公尺（12,388 英尺）,為日本最高的山,也是一個典型的圓錐形活火山,有著美麗而廣闊的山麓;冬季的富士山,從山頂到半山腰,覆蓋著銀白的皓雪,更增添了幾許秀麗。富士山曾於 1707 年火山爆發過,之後約 300 年間,都沒有再活動。現在,日本還有淺間山、阿蘇山、櫻島、雲仙岳、三原山等約 60 座的活火山。

日本的河川短而多急流,最長的信濃川也僅有 367 公里（228 英里）。因為落差大的急流,最適於水力發電,也形成了景色優美的峽谷景觀。但是在交通運輸方面,幾乎完全無法利用,有時甚至還會有引發洪水的危險。

日本的湖泊多分布於山區之間,湖水清澈且景色宜人。其中最大的琵琶湖面積是 674 平方公里（260 平方英里）,約比西歐最大的蕾曼湖（日內瓦湖）大 1.2 倍（但僅為北美五大湖中,最小的安大略湖的 3.5%）。其中最深的湖泊是田澤湖,水深有 423 公尺（1,388 英尺）。此外,日本第二大湖是霞之浦,面積為 168 平方公里（65 平方英里）,是外海被沙洲等分隔而成的鹹水湖。

f）日本的植物

日本的氣候由於地域上的差異,有顯著的不同,在植物的生態方面,呈現非常複雜且豐富的景觀。日本國內的 4,500 種植物當中,約有 1,000 種是日本固有的品種。

包含北海道的日本北部地區,可以看到與西伯利亞地

イマツなどシベリア地域と似かよった植物がみられる。本州中央部から九州の平地には、クリなどの温帯落葉樹が多い。東北地方から中部山岳地帯には、ブナ・カエデなどが広がる。山々は5月から6月に美しい新緑におおわれ、秋には色とりどりの紅葉に彩られる。

サクラは日本人にはことのほか愛され、日本全土で植林されている。毎春、サクラの開花は沖縄から始まり、日本列島を北上する。花は一週間で散ってしまうが、「桜前線」を追って旅行すれば、約3カ月間サクラの花を楽しむことができる。

春は、さまざまな食べられる野草や山菜が摘める季節である。秋は、山林にキノコ狩りに出かけるシーズンになる。キノコのなかでは、マツタケはその香りから第一とされている。

g）動物

日本は植物相が複雑なので、動物相も寒帯性動物から熱帯性動物まで、多様である。

北海道には、ヒグマなどシベリアの動物と同種のものがいる。本州には中国大陸・朝鮮半島と共通した動物がたくさんいる。典型的なものはキツネ・タヌキである。また、本州にはシカ・キジなどの固有種がいる。このほかに、高山地帯の鳥で四季に応じて羽根の色を変えるライチョウがいる。かつて本州に生息していたニホンオオカミは、今は絶滅している。

日本には北海道を除くどの地方にも、ニホンザルが1種だけ生息している。サルは本来熱帯性の動物であるが、ニホンザルは青森県（北緯40度）にも生息しており、サルの北限になっている。雪の中ではねまわるサルが見られるのは日本だけである。

沖縄や南西諸島には、イリオモテヤマネコ・ハブなどの熱帯性動物も多い。

方相類似的西伯利亞冷杉、偃松等針葉林植物。從日本本州中央部到九州的平原地域，有許多像栗樹類的溫帶落葉林。而從東北地方到中部山岳地帶，則廣泛分布著山毛櫸、楓等植物。群山於 5～6 月間，覆蓋著美麗的新綠；在秋天，則是在各色紅葉的點綴下，顯得五彩繽紛。

　　櫻花特別受到日本人喜愛，而在日本全國廣為種植。每年的春天，櫻花從沖繩開始綻放，逐漸北上。櫻花盛開後，大約一個星期之內就會凋零；但是如果隨著「櫻花前線」來旅行的話，大概可享受到為期約三個月的賞花樂趣。

　　春季也是摘取各式各樣可食用野草或是山菜的季節，秋天則是前往山林採食菇類植物的好季節。菇類當中，尤其以松茸的香味最為上等。

g）日本的動物

　　由於日本植物種類非常複雜，因此動物種類也包括從寒帶動物到熱帶動物，呈現多樣化分布。

　　在北海道，有棕熊等與西伯利亞同種的動物。在本州島，也有許多與中國大陸、朝鮮半島同種的動物，典型的動物有狐、狸貓等。此外，也有鹿、雉等日本原生的品種。還有羽毛顏色會隨著季節而變化的高山鳥--雷鳥。然而，曾經棲息於本州的日本狼，現在已經絕種。

　　日本除了北海道之外，只有一種猴子（日本猴）遍居於各地。猴類本來是熱帶性動物，但是日本猴却例外地在青森縣（北緯 40 度）也能生存，這是猴類生存的最北極限，也只有在日本，才能看到在雪中跳躍戲耍的猴群。

　　在琉球（沖繩）和南西群島，也有稱為「西表山貓」、「眼鏡蛇」等多種熱帶性動物。

2　歴史

a）日本人の祖先・日本国の起源

　　日本列島には旧石器時代から人間が住み始め、これまで最古のもので3万年以上前の石器や人骨が出土している。この人々を日本人の祖先とする見方が有力であるが、その後も中国大陸や朝鮮半島、東南アジアなどからさまざまな人達が渡来して文化を伝え、しだいに混血し現在の日本人が形成されていったと考えられている。日本民族はモンゴロイド（ニグロイド、コーカソイドと並ぶ三大人種のひとつ）に属しており、日本人の乳児の多くは、モンゴロイドに顕著な小児斑という青い斑紋が臀部に現れる。

　　紀元前1万年から紀元前4〜3世紀ごろまでの縄文時代の人々は、おもに狩猟・漁労・採集などによって生活し、独特の文様をもち、世界最古の土器といわれる縄文土器を作っていた。3世紀ごろまでの弥生時代には、稲作が広く行われ、金属器も使われるようになり、その後の日本人の生活の原型が形作られた。よく知られている三内丸山遺跡（青森県）は縄文時代の、また吉野ヶ里遺跡（佐賀）は弥生時代の集落跡である。

　　弥生時代末期の3世紀前半、中国の史書によると、日本では女王・卑弥呼が統治する邪馬台国という連合王国が栄えた。当時の日本は多くの小国家に分かれ抗争も多かったが、卑弥呼の出現により国内は安定したと伝えられる。なお、邪馬台国の所在地については、北九州説と畿内説とがあり、まだ結論が出ていない。

　　4世紀には、近畿地方に比較的大きな勢力を持つ豪族が出現したが、最後にこれを統一したのが後の天皇家につながると言われる大和朝廷（ヤマト王権ともいう）である。大和朝廷は、5世紀ごろまでに、九州から東北地方南部までを支配した。

2 歷 史

a）日本人的祖先、日本國的起源

日本列島從舊石器時代，就有人類居住，到目前為止，出土當中最古老的，有超過三萬年以上的石器及人骨等。這些人們曾被認為是日本人的祖先，但是根據推測，也包含了許多後來從中國大陸、朝鮮半島、東南亞等地遠渡而來，或是移居到日本傳達文化的人們，逐漸地混血而成為現在的日本人。日本民族屬於蒙古種（與尼格羅種、高加索種並列為三大人種之一），很多日本人的嬰孩，都會特別顯著地在臀部出現蒙古人種特有的青紫色蒙古斑。

從公元前 1 萬年到公元前 4～3 世紀左右的繩文時代，當時人們的生活方式主要是以狩獵、漁撈、採集等為主，也製作了具有獨特繩索圖樣、被認為是世界最古老的繩文土器。到了公元 3 世紀的彌生時代，稻作生產已非常普遍，也開始會使用金屬器具，生活樣式也成為日後日本人生活的原型。著名的三內丸山遺址（青森縣）是屬於繩文時代，而吉野之里（佐賀縣）則是屬於彌生時代聚落的遺跡。

彌生時代末期的 3 世紀前半，依照中國史書的記載，日本是由女王卑彌呼所統治，被稱為邪馬台國的聯合王國。當時日本分據著許多小的國家，彼此經常抗爭，傳說是因為卑彌呼的出現，國內才開始安定。此外，關於邪馬台國的所在地，有「北九州說」及「畿內說」等說法，但是尚未獲得定論。

公元 4 世紀，近畿地方開始出現勢力較大的豪族，最後由其統一而延續成為後來的天皇世家，被稱為「大和朝廷」（也稱為大和王權）。大和朝廷於公元 5 世紀左右，支配著從九州到東北地方南部的地域。

このように長い期間をかけて徐々に国が統一されていったので、何年何月をもって日本の国が生まれたと決めることはできない。8世紀に編さんされた史書の『古事記』および『日本書紀』には、紀元前660年に初代の神武天皇が建国し即位したと書かれている。その即位の日が現在の暦では2月11日にあたるため、この日を「建国記念の日」として国民の祝日としている。

b）古代（4〜12世紀）

　4〜5世紀にかけて大和朝廷により統一された日本は、大陸から文字・制度・仏教・儒教・工芸技術などの文物を導入して国の基礎をかためた。このころ天皇は、有力な豪族の協力によって政治を行っていた。国民は主として稲作中心の農業に従事していた。

　3世紀後半から7世紀前半は古墳時代と呼ばれ、天皇家や豪族の大規模な墳墓が多数築造された。はじめは近畿地方など西日本が中心であったが、関東地方や東北地方にも広がっていった。これまで全国で16万基以上の古墳跡が確認されている。

　7世紀に中国（唐）の制度にならい、日本も法治国家体制（律令政治）をつくった。土地や人民は、豪族の支配から離れて国のものとなり、一般農民は1人2,300 m²（0.57エーカー）の土地を国から与えられて一定の税金を納め、国防にも従事することになった。

　しかし、この制度も8世紀から崩れ始め、貴族が土地を私有して荘園にしていった。貴族は土地と人民を支配して富を蓄え、平安朝文化に代表される独自の貴族文化を形成した。

c）中世・近世（12〜19世紀前半）

　貴族に使われていた武士は、各地方で農民を直接支配す

由於日本國是經過非常長的期間，逐漸統一而成，因此很難斷定是於何年何月所建立。在公元 8 世紀所編的「古事記」及「日本書紀」的史書裏，有記載著公元前 660 年，初代神武天皇建國及即位的事跡。由於神武天皇的即位日，相當於現在陽曆的 2 月 11 日，所以這一天被訂爲日本的「建國紀念日」，並成爲國定假日。

b）古代（4～12 世紀）

從 4～5 世紀，大和朝廷逐漸地統一了日本，並從大陸引進文字、制度、佛教、儒教、工藝技術等文物，奠定了國家的基礎。此時的天皇，憑藉著有勢力的豪族協助以掌控政治。人民則從事以稻作爲主的農業。

從公元 3 世紀後半到 7 世紀前半，稱爲「古墳時代」，天皇家及豪族修造了大規模的墳墓。最初是在近畿地方等，以西日本爲中心，之後也擴及到關東及東北地方。至目前爲止，全國已確認約有 16 萬座以上的古墳遺跡。

7 世紀起，開始學習中國（唐代）的制度，完成了法治國家體制（律令政治）。從此，土地和人民脫離了豪族的支配，成爲國家所擁有；一般的農民，國家給予一個人 2,300 平方公尺（0.57 英畝）的土地，除了繳納一定的稅金之外，也得服國防勞役。

但是，這個制度在公元 8 世紀起開始崩解，貴族把土地私有化，土地成爲私人莊園。貴族支配了土地及人民之後，開始累積財富，形成了代表平安朝代的獨特貴族文化。

c）中世、近世（12～19 世紀前半）

原本受到貴族所控制的武士，由於直接支配著各地的農民，而逐漸地擁有勢力。在公元 12 世紀末取得政權後，

ることにより力をつけ、12世紀の終わりに政権をとり、以後19世紀後半まで約700年間政権を持ち続けた。

　武士の棟梁は天皇から征夷大将軍に任命されて幕府（将軍の中央政府）を設け、各地域の封建領主を支配した。これらの封建領主は、土地と人民を支配することについて将軍から承認をうけ、将軍に対して忠誠を誓った。

　1603年江戸（今の東京）に徳川幕府が開かれ、以後260年余り日本を統治した。徳川幕府は、国の統治機構としての幕藩制を確立して全国の大名を支配し、国内戦争を防止する体制を確立した。また、社会階級を固定し、その相互移動を禁じる「士農工商」の身分制度を敷き、これにより国の経済基盤（米の生産）を支える農民を、完全に支配した。さらに、幕府は1639年には、外国との外交関係を断ち、外国との往来を禁止する「鎖国」政策をとった。平和な時代が続く間に工業や商業が発達し、商品・貨幣経済を握る商人階級の経済力がしだいに武士階級を凌駕するようになった。

　一方、江戸時代には文化、教育がめざましく発展し、次の近代国家発展期の基礎をつくった。なかでも各地に設けられた「寺子屋」では、「読み・書き・そろばん」が教えられ、識字率をはじめとする民衆の教育レベルの向上に役立った。

d）近代（19世紀後半～1945年）

　日本は、1853年のアメリカの提督ペリー来日を契機として鎖国を解き、通商貿易が始まった。しかし、これは幕府を窮地に追いこむこととなった。貿易により経済的危機がもたらされ、これを機会に反幕府勢力が強くなったからである。この勢力が次第に優勢となり、ついに、1867年

到19世紀後半爲止，共持續地掌控了將近700多年的政權。

　　武士中的最大權威者，稱爲「棟梁」，被天皇任命爲「征夷大將軍」，設置「幕府」（將軍的中央政府）支配各封建領主。而各封建領主受到將軍的承認之下，支配著土地及人民，並宣誓效忠於將軍。

　　1603年江戶（現在的東京）成立了德川幕府，其後大約統治了260年左右的日本。德川幕府是將國家的統治機構，確立爲幕藩制，以此制度控制全國的「大名」(諸侯)，來防止國內的戰爭。此外，也頒定了禁止階級間相互移動的「士農工商」身分制度，此舉可說是將支撐國家經濟基礎（米糧的生產）的農民，完全地加以掌控住。此外，加上1639年幕府實施了禁止與外國往來的「鎖國」政策，斷絕了與外國的外交關係。在此持續長期的和平時代中，由於工商業的發達，商人階級掌握商品與貨幣經濟的經濟力量，而逐漸地凌駕於武士階級之上。

　　在另一方面，江戶時代的文化及教育方面，也十分地蓬勃發展，奠定了其後發展成爲近代國家的基礎。其中在各地所設立的「寺子屋」，皆教授民衆「讀、寫、算盤」，這對於國民的識字率與提升民衆教育水平方面，有著非常大的貢獻。

d）近代（19世紀後半～1945年）

　　由於1853年美國貝利提督來日的契機，日本打開了鎖國，開始與海外通商貿易，但這也將幕府逼到窮途末路的地步。由於貿易的影響帶來了經濟危機，也因爲這個機會，促使反對幕府的勢力增強。當這個勢力逐漸轉爲優勢時，終於迫使幕府於1867年交出了政權，稱爲「大政奉還」（政權由幕府交還給天皇）。次年1868年，明治天皇登基，成

に幕府は大政奉還（政権の幕府から天皇への返還）を行い、翌 1868 年に明治天皇を上にいただく新政府が成立した（これを明治維新という）。これは明らかな内戦であったが、この際の両勢力の賢明な指導者の措置により、江戸における大規模な武力衝突と流血は避けられた。

幕府倒壊後 20 年間に、日本は欧州諸国に範をとる諸施策を実行して、近代国家に発展していった。士農工商の身分制度の廃止とともに武士階級の経済的・社会的特権もなくなった。統治制度の面では、内閣制度の設置、憲法の制定（議会の開設、司法権の独立、国民の権利義務を定めた）、ドイツ式陸軍とイギリス式海軍の設立、地方制度の改革などが行われた。経済の面では、土地制度の改革と官営事業による産業振興、貨幣制度の統一が行われた。社会文化の面では、近代的学校制度が確立された。このようにして、日本社会は欧米の文化・制度を積極的に取り込んでいった。

これらの近代化により国力は充実したが、日本はアジア各地で権益拡大を図るアメリカ・イギリス・フランス・オランダ・ロシアなどと衝突することとなった。

1904 年に起きた日露戦争は、日本の国運を賭した戦争であった。日本は強国ロシアを陸海において破り、1905 年アメリカの斡旋によるポーツマス条約により戦争は終結した。国内では、19 世紀の終りごろから産業革命が進展し、資本主義が発達し、第 1 次世界大戦以後は政党政治も一般化するようになった。

しかし、1929 年の世界恐慌の影響で経済が行き詰るなか、軍部が台頭して、しだいに日本の政治や外交を牛耳るようになり、1931 の満州事変、1932 年の五・一五事件、1933 年の国際連盟脱退、1936 年の二・二六事件を経て、1937 年には日中戦争が勃発した。アジアにおける、日本

立了新政府（稱爲明治維新）。當時，一度瀕臨內戰邊緣，但在雙方賢明領導者的轉寰之下，避免了大規模的流血與武力衝突。

幕府下台後，有 20 年的期間，日本以歐洲諸國爲典範，實施各種政策，發展成爲近代國家。隨著廢止士農工商的身分制度，武士階級在經濟及社會上的特權也隨之消失。在統治制度方面，設立內閣制度並制定憲法（開設議會、讓司法權獨立、制定國民的權利與義務），同時設置德國式陸軍、英國式的海軍及進行地方制度的改革等。在經濟方面，實施了土地制度的改革，及借由官營事業來振興產業、統一貨幣制度。在社會文化方面，確立了現代的學校制度。如上所述，日本社會開始積極地擷取歐美的文化與制度。

由於實施了近代化，國力得以充實。但是日本也與在亞洲各地擴大權益範圍的美、英、法、荷蘭、俄羅斯等國家，發生了衝突。

1904 年發生的日俄戰爭，是日本賭上國運的一場戰爭。日本擊敗強權國家俄羅斯於陸、海之上，1905 年在美國的調停下，簽訂了朴茨茅斯和約，結束了日俄戰爭。於日本國內方面，從 19 世紀末開始的產業革命也有很大的進展，促進了資本主義的發達；第一次世界大戰以後，政黨政治也逐漸普及化。

然而，由於 1929 年的世界大恐慌，造成經濟蕭條的危機，使軍方的勢力抬頭，軍方勢力逐漸地控制了日本政治及外交的領導權，1931 年滿洲事變（九一八事變）、1932年五一五事件（青年將校射殺首相犬養毅）、1933 年退出國際聯盟，繼而於 1936 年發生二二六事件（1483 名陸軍青年官兵集體軍事叛變）、1937 年爆發了中日戰爭。在亞洲各地，日本和諸先進國家之間，在權益的爭奪上更形劇烈，列強們相繼凍結日本海外的資產，並採取禁止資源對日本出口等措施。

と先進諸国との間の権益の争いは一層激化し、列強諸国による日本の海外資産凍結、資源の対日輸出禁止などが行われた。

　1941年12月8日、ついに日本はアメリカ・イギリス・オランダに対し宣戦を布告し、太平洋戦争が勃発した。これにより、1939年ドイツがヨーロッパで口火を切った戦争は、三国同盟を結んだ日・独・伊と連合国との間の第2次世界大戦へと広がった。

　当初、日・独・伊軍が優勢であったが、やがて形勢は逆転した。日本は、はじめの半年間に東南アジアと西南太平洋の広大な地域を占領下に収めたが、その後、アメリカ軍を主力とする連合国軍は反撃に転じた。1945年アメリカ軍は沖縄に上陸し、広島・長崎に世界史上初の原子爆弾を投下し、さらにソ連が対日参戦した。こうした打撃によって、日本は1945年8月15日降伏し、太平洋戦争は終わった。すでにイタリアとドイツは降伏していたので、これによって第2次世界大戦は終結した。

e）現代（その1）（1945〜1980年代前半）

　アメリカ軍を主力とする連合国軍の占領と間接統治のもとで、日本は民主主義的平和国家への道を歩むこととなった。民主化への基盤として、新憲法の制定（1947年）、婦人参政権を認めた選挙法の施行、労働者の権利を守る労働関係法の制定などが行われた。

　1951年、サンフランシスコでの平和条約調印により、日本は独立を回復した。しかし、米・ソの対立（冷戦）のために、この時点で条約に調印したのはアメリカおよび西側自由主義諸国だけであった。同じ日、日本とアメリカは日米安全保障条約を締結し、日本はアメリカに基地を提供することに合意した。こうして日本は西側陣営の一員となった。

　日本は、その後も東側社会主義諸国との友好関係を回復する努力を続けた。1956年には日ソ共同宣言がまとまり、

1941 年 12 月 8 日，日本終於對美國、英國、荷蘭宣戰，爆發了太平洋戰爭。由於 1939 年德國已在歐洲點燃了戰火，日本與德國、義大利所結成的三個軸心國與聯軍間的戰爭，也演變成第二次世界大戰。

大戰之初，日本、德國、義大利的軍隊處於優勢，可是情勢很快地就隨之逆轉。在剛開始的半年期間，日本占領了東南亞及西南太平洋的廣大地域。然而，隨後以美國為主力的聯軍，轉而開始反攻。1945 年，美軍在沖繩登陸後，接著又對廣島、長崎投下世界史上首見的原子彈，接著蘇聯也對日宣戰。在此打擊之下，日本終於在 1945 年 8 月 15 日宣布無條件投降，結束了太平洋戰爭。由於義大利、德國早已投降，因此世界第二次大戰也宣告結束。

e）現代（之 1）（1945 年～1980 年代前半）

戰後日本被以美軍為主的聯合國軍隊占領，在聯軍間接統治的基礎下，日本開始邁向民主主義的和平國家道路。作為邁向民主化的基礎，是先制定新憲法（1947 年）及實施承認婦女參政權的選舉法，與保障勞工權利的勞動關係法等相關法令。

1951 年，日本簽署了舊金山和平條約，恢復成為獨立國家。但因為美蘇的對立（冷戰），因此參加簽署舊金山和平條約的國家中，也只有日本和西方自由主義陣營的國家。同一天，日本也與美國締結了美日安全保障條約，同意提供美國軍事基地。從此，日本也成為西方陣營的一員。

此外，日本也繼續致力於恢復與東歐社會主義國家之間的友好關係。1956 年簽訂了日蘇共同宣言；同年日本加

同年日本の国際連合加盟が承認された。中華人民共和国との国交は 1972 年に回復し、1978 年には日中平和友好条約が調印された。

　この間に日本は高度経済成長をはたし、1975 年にはアメリカ・イギリス・フランス・西ドイツ・イタリアとともに第 1 回主要先進国首脳会議（サミット）にも参加した。

　1980 年代には、日本経済はいっそう国際競争力を強め、1980 年代後半のプラザ合意による、日本円の対外為替レートの急激な上昇をも、耐え抜くことができた。日本の経済指標の上昇は、めざましいものがあった。巨額の貿易黒字、低い失業率、消費者物価の安定などである。ドル換算による 1 人あたりの国民所得も、世界のトップクラスに上昇した。

　このような戦後の経済的発展は、日本人のライフスタイルにも大きな変化をもたらした。とりわけ、1964 年以降の変化は顕著で、東海道新幹線が開通し、東京オリンピックがアジアではじめて開催された。「3 種の神器」といわれたテレビ・電気洗濯機・電気冷蔵庫などの家電製品や乗用車の普及、高速道路網・内外航空路の整備、電話・ファクシミリなどの、通信網の発達によって、国民の生活は便利で快適なものになった。強い日本円のおかげで、年間1,000 万人もの日本人が海外旅行に出かけるようになった。

f）現代（その 2）（1980 年代後半以降）

　1980 年代半ば、日本電信電話公社や日本専売公社など、大きな公共企業体の民営化が行われ、1985 年にそれぞれ日本電信電話株式会社（NTT）と日本たばこ産業株式会社（JT）になった。1987 年には国鉄が 7 つの鉄道会社（JR）に分割・民営化された。1989 年には、日本では初めて税率 3 ％の消費税（付加価値税）が導入された。この税は1997 年に 5 ％に引上げられ、現在にいたっている。

　1986 年後半から急激な株価と地価の上昇によって生じたいわゆる「バブル経済」は、1990 年初頭から崩壊が始まり、その後遺症である不良債権問題を抱えたまま、日本

入聯合國受到承認。1972 年與中華人民共和國建立外交關係，而後於 1978 年簽署了中日和平友好條約。

在此期間，日本展現了高度的經濟成長，1975 年日本與美、英、法、西德、義大利，共同參加了首度召開的第一次西方高峰會議。

1980 年代，日本經濟更增強了國際競爭力。從 1980 年代後半的廣場協議之後，儘管日元匯率急遽的升值，但日本的經濟指標持續地上升，表現得非常優異：巨額的貿易順差、低失業率、穩定的消費者物價等。以美元匯率換算每人平均國民所得，也上升到位居世界的最高水準。

日本戰後如此快速的經濟發展，大幅改變了日本人的生活方式，特別是 1964 年以後的變化尤為顯著，東海道新幹線通車，東京奧林匹克也在亞洲首次舉辦。被稱為「三種神器」的電視、洗衣機、電冰箱等的家電產品，與汽車的普及化、高速公路網及國內外航空路線的開通，加上電話、傳真機等通訊網的發達，國民生活達到了非常方便又舒適的水平。此外，受惠於日元的大幅升值，最近幾年均有超過 1,000 萬的日本人都能出國旅遊。

f）現代（之 2）（1980 年代後半以後）

1980 年代中期，日本電信電話公社及日本專賣公社等，大型的公共企業體開始民營化，1985 年國營企業也各自成為日本電信電話株式會社(NTT)和日本香烟株式會社(JT)。1987 年日本國鐵也在民營化的政策下，分割為 7 個鐵路公司(JR) 。1989 年日本首度導入 3%的消費稅（附加價值稅），1997 年又提高到 5%，直到今日。

從 1986 年代後半開始，由於股價與地價急遽的攀升，創造了所謂的「泡沫經濟」。1990 年代初期開始崩潰，因

経済はおよそ 10 年の間低迷を続けた。しかしその後、公的資金の投入、金融再編をへて、中国向け輸出を中心とした外需などにより、成長を持続することができるようになった。

　この間、2001 年から一連の日本の「構造改革」が実施された。具体的には、政府・行政組織の再編成（1 府 21 省から 1 府 12 省へ）、道路公団および郵政事業の民営化、石油公団の廃止や、金融、雇用ほか各分野での規制緩和などである。また、従来からの科学技術立国に加え、知的財産立国、司法制度改革などの政策が打ち出された。

　しかし、アメリカのいわゆるサブプライム問題に端を発した金融危機を契機に、2008 年後半以降、世界同時不況が起こり、日本も、製造業の大幅な減産、非正規社員をはじめとする大量の解雇など、深刻な経済・社会問題に直面した。

g）日本が急速に近代化を実現した原動力

　日本の近代化は 1867 年、200 年余りの鎖国を解いてスタートした。翌年、新しく誕生した明治政府は次のような「五箇条の御誓文」を布告した。

　　一、広く会議を興し万機公論に決すべし

　　一、上下心を一にして盛んに経綸を行うべし

　　一、官武一途庶民に至る迄各其の志を遂げ人心をして倦まざらしめんことを要す
　　一、旧来の陋習（ろうしゅう）を破り天地の公道に基づくべし
　　一、知識を世界に求め大いに皇基を振起すべし

　明治政府の基本的な政策は、国を開いて世界各国と交渉を持ち、国を富まし軍事力を強化して国の独立を維持することであった。進取の精神に富む明治の指導者達は、この政策を断行した。

爲不良債權所産生的後遺症問題，日本經濟大約有 10 年，都持續處於低迷的狀態。但是之後由於政府投入資金，金融重新加以整編，加上以中國爲中心的出口等外需，讓日本經濟逐漸恢復而持續成長。

在此期間，從 2001 年起日本開始進行一連串的構造改革。具體而言，實施了政府行政組織的再編成（由 1 府 21 省縮編到 1 府 12 省）、道路公團及郵政事業的民營化、廢止石油公團，及將金融及雇用等各個領域的法律限制加以鬆綁等。此外，政策上也從原來的科學技術立國，轉變成爲智慧財産立國，以及推動改革司法制度等政策。

不料之後美國發生了二次信貸的金融危機，造成全世界同時發生金融大海嘯，自 2008 年後半開始，日本的製造業也開始大幅度減産及大量解雇非正式員工等，又開始被迫面對深刻的經濟及社會問題。

g）日本急速實現近代化的原動力

日本的近代化始於 1867 年，在解除 200 多年的鎖國政策後，開始推動近代化。次年，新誕生的明治政府宣布以下的「五條御誓文」：

一、廣興會議，衆事務決於輿論公評。
二、上下一心，致力於振興經綸。
三、官武協同，乃至於庶民各遂其志，勿使人心倦怠爲要。
四、破除舊有陋習，基於天地公道。
五、求取知識於全世界，振興皇國基業。

明治政府的基本政策，是採取開國政策與各國交涉，並以富國強兵來維持國家的獨立。富有進取精神的明治維新指導者們，果斷地實施了這個政策。

上記の政策を含めて、日本近代化の原動力となったと思われる諸要因を次に列挙する。

①政府は封建時代からの藩制を撤廃し、近代国家における地方行政単位として県をおき、中央集権体制を整備した。

②士農工商の階級制度を廃止し、全国民に機会均等の教育制度を設置した。日本を近代化するには、それを推進する国民一般の知的水準を高めなくてはならないという考え方から、政府は、国民の教育の普及に力を注いだ。

③農民に土地を売買する自由を認め、産業の育成をはかり、国営による鉄道・電話・郵便制度を開設した。また、官営のモデル工場を設立して、民間企業が興るのを誘導し（例：長崎造船所・富岡製糸工場）、貸付金などの援助も積極的に行った。

④各分野に積極的に外国人顧問を招き、外国の技術や制度の導入・吸収に努めた（たとえばボアソナード［仏］立法および法学教育、ベルツ［独］医学教育、クラーク［米］農業教育、モレル［英］鉄道建設、トッペ［独］八幡製鐵所操業など）。

⑤国民が、「文明開化」を旗じるしに、西洋の文明を進んで摂取した。また、よく働き、よく貯蓄して、近代化に必要な資本を造出した。

　以上のような日本の近代化の原動力は、すでに鎖国による平和な封建時代に、その基盤が形成されていたと考えられる。すなわち、武士階級の統治の経験は、官僚制と組織能力を持った人材を育てていたし、貨幣や度量衡の統一、道路や航路の整備がなされており、米をはじめとして、国全体の流通経済が整備されていた。農業技術や織物などの手工業技術もかなり発達していた。

　初歩的ではあったが教育も普及し、識字率も半数近くで

包括上述政策，以下列舉日本近代化原動力的各種要因：

①日本政府廢除了從封建時代開始的藩制，將近代國家的地方行政單位改設爲「縣」，開始實施中央集權體制。

②廢止士農工商的階級制度，讓全國人民都能接受平等的教育制度。這是考慮到在推動日本近代化時，首先必須提高一般國民的知識水準。因此，日本政府不餘遺力的推動國民教育，並使其普及化到每個角落。

③承認農民自由買賣土地，並有計劃的培育産業，以國營的方式開辦鐵路、電話、郵政制度。此外，設立了公營的示範工廠、獎勵民間企業投資（例如：長崎造船所、富岡紡織廠），並積極地提供貸款等協助。

④在各個領域積極地招聘外國顧問，並致力於導入及吸收外國的技術與制度（例如：伯亞索那德〔法〕的立法及法學教育、貝爾茲〔德〕的醫學教育、克拉克〔美〕的農學教育、莫列爾〔英〕的鐵路建設及杜貝〔德〕的八幡製鐵所作業指導等）。

⑤國民在服膺於「文明開化」的旗幟下，積極地攝取西洋的文明。此外，日本人民也勤奮的工作，儲蓄所得，創造出近代化所需的資本。

　　如同上述，日本的近代化原動力，實際上在鎖國時期、和平封建的時代當中，就已經奠定基礎。換句話說，經由武士階級統治的經驗，已經培育出官僚制度與具備組織能力的人才，加上貨幣及度量衡的統一，與道路、航路的各種整建都已經完成，因此從米爲首，全國的流通經濟網絡都已成形，農業技術及紡織等的手工業技術，也相當的發達。

あり、海外の知識摂取の下地となった。

（吉田茂著『日本を決定した百年』を参考にした。）

由於基礎教育已經相當普及，識字率也將近一半，這也成爲吸收海外知識時的根基（參考吉田茂著「決定日本的百年」）。

3 政治

(1) 天皇

a) 天皇の憲法上の地位

　　現行憲法では、天皇は、日本国の象徴であり日本国民統合の象徴であつて、この地位は、主権の存する日本国民の総意に基く、と定められている。憲法の定める国事に関する行為のみを行い、国政に関する権能をもたない。国事に関する行為には、内閣の助言と承認を必要とし、内閣がその責任を負う。

　　国事に関する行為とは、国会の指名に基づいて内閣総理大臣を任命、内閣の指名に基づいて最高裁判所長官を任命、また内閣の助言と承認に基づき、憲法改正・法律・政令および条約の公布、国会の召集、衆議院の解散、総選挙施行の公示、栄典の授与、批准書およびその他の外交文書の認証、外国の大・公使の接受などである。

　　このように、天皇は政治上の権限をもたないが、外交儀礼上は元首として扱われる。

b) 皇室の歴史

　　日本の現存する最古の史書によると、紀元前660年に初代の天皇が即位したことになっている。しかし、天皇の存在を史実に即して説明できるのは、4〜5世紀以降である。7世紀に中国の法律制度を導入して、天皇はみずから政治をすることになったが、実際に政治を行った期間は短かった。9世紀以後政治は貴族や武士よって行われた。しかし、各時代の実権者は、天皇を倒してみずから天皇になるということはなく、政治の大権を天皇から授かるという形を取った。

3 政 治

（1）天 皇

a）天皇在憲法上的地位

日本現行的憲法中，天皇爲日本國家和日本國民統合的象徵，而此地位源於擁有主權之國民的總意。基於憲法，天皇僅能夠行使憲法所規定國事的相關行爲，而關於國政方面則無權能。行使國事相關行爲時，必須要接受內閣的建議及認可，而內閣必須對此負責。

所謂與國事的相關行爲，是基於國會的提名，任命內閣總理大臣；基於內閣提名，任命最高法院的大法官；在內閣的建議及認可下，行使修憲、公布法律、政令及條約，召集國會、解散衆議院，實施總選舉公告，賜與榮譽、批准書及認證外交文書、接見外國大使或公使的到任等。

如同上述，天皇在政治上不擁有統治權限，而於外交禮儀上，尊爲國家元首。

b）皇室的歷史

日本現存最古老史書中記載，初代天皇即位於公元前660年，但是能夠依照史實說明天皇的存在，是在4～5世紀以後的事。7世紀中引進了中國的法律制度之後，天皇雖然親自掌理朝政，但是實際上執政的時間甚短。9世紀以後的政治是由貴族及武士執政。然而，各時代的擁有實權者，却從未推翻天皇成爲皇帝，都是由天皇授予政治大權的形式爲之。

19世紀、大政奉還（1867年）によって、天皇は再び国の統治権を行使することになったが、実際は立法・行政・司法の三権分立の形をとった、立憲君主制であった。第2次世界大戦後、現行憲法による、天皇および皇室の形になった。

以上のように、日本の天皇は古代以来みずから国政の実権を掌握するということはほとんどなく、そのため政争に直接まきこまれることが少なかった。天皇が日本国民統合の中心であるとする観念を国民の間に強く根づかせたのは、古代以来の伝統と権威に加えて、天皇が時の政治の動きに対して超然とした存在であったという史実があるからであろう。

現行の皇室典範では、皇位継承者は天皇の男系男子のみと定められている。近年政府は国民世論の動きもふまえて、諮問会議を設け女性天皇の可能性も含め皇位の安定的継承の検討を始めた。

c）天皇・皇后・皇太子

125代目の現天皇（今上天皇）の名前は明仁（あきひと）である。1933年12月23日に生誕、1989年1月7日に皇位を継承された。

日本では通常、天皇の存命中はお名前を呼ぶことはしない。崩御後はおくり名をつける。たとえば、124代天皇の名前は裕仁（ひろひと）であったが、在位の元号が昭和であったので、いまは昭和天皇と呼んでいる。

皇后の名前は美智子で、民間（正田家）の出身で、テニスを通じての今上天皇とのロマンスは有名である。

皇太子の名前は徳仁（なるひと）で、1960年生誕、学習院大学と英国オックスフォード大学に学ばれた。1993年民間出身の小和田雅子さんと成婚され、2001年12月1日

19 世紀由於大政奉還（1867 年），天皇重新行使國家統治權，但是實際上採用了立法、行政、司法三權分立的立憲君主制。在第二次大戰後，依照現行的憲法，成爲天皇及皇室的形式。

　　如上所述，自古以來，日本天皇親自掌理國政實權的情形幾乎非常少，因此也較少有直接捲入政爭的情事。而天皇之所以能够成爲統合日本國民的中心，並且此觀念根深蒂固於國民之間的原因，是因爲自古以來的傳統及權威，再加上前述天皇在歷史上對於當時政治的動向，都保持著超然存在的緣故。

　　現行皇室典範中規定，天皇的繼承人必須是天皇的男系男子。最近，日本政府基於國民輿論的動向，也設立了諮詢會議，開始檢討皇位安定繼承的問題，其中也包括了將來女性天皇繼位的可能性。

c）天皇、皇后、皇太子

　　現今在位的第 125 代日本天皇爲明仁，於 1933 年 12 月 23 日誕生，而於 1989 年 1 月 7 日繼承皇位。

　　日本通常於天皇在位時，並不直接稱呼其名，而在駕崩後以追諡年號稱之。譬如說第 124 代天皇名爲裕仁，而在位的年號爲「昭和」，所以尊稱爲「昭和天皇」。

　　皇后名爲美智子，出身於民家（正田家）。因爲透過網球而與現今天皇展開的羅曼史，至今仍是一段有名的佳話。

　　皇太子名爲德仁，誕生於 1960 年，曾就學於學習院大學及留學於英國的牛津大學。1993 年與平民出身的小和田雅子成

皇太子夫妻に女子のお子さま(内親王愛子さま)が誕生した。

（2）政治

a）日本国憲法

　　現在の日本国憲法は、太平洋戦争終結の翌年の1946年に公布され、1947年5月3日から施行された。

　　この憲法は、明治時代に制定された「大日本帝国憲法」の内容を一新したものである。前憲法との違いをいくつかあげると、象徴天皇、主権在民、平和主義、基本的人権の尊重、国際紛争を解決する手段としての戦争の放棄などである。第9条に定められた戦争放棄の条項は、世界の憲法のなかでも稀有である。

　　近年憲法改正是非の論議が政党を中心に高まっている。この背景には、冷戦後の多極化した国際情勢と日本の役割、自衛隊の憲法上の位置づけ、自衛隊の海外派遣などの実態と第9条との整合性の問題、また選挙での護憲勢力のあいつぐ後退などがある。戦後60年以上一言一句変えられたことのない日本国憲法改正の是非をめぐっては、さらに国民的議論が続くものと予想される。

b）統治機構

　　日本の統治機構は、立法・行政・司法の各機関が独立した三権分立制である。

　　国の唯一の立法機関である国会は、国権の最高機関で、衆議院と参議院の二院から成っている。両議院とも国民の選挙によって選出された議員で組織されている。国会の権限として、内閣総理大臣の指名、内閣不信任の決議、法律案の議決、予算の議決、条約の承認、裁判官に対する弾劾裁判、憲法改正の発議などがある。

婚。2001 年 12 月 1 日，皇太子伉儷誕生了一位可愛的女兒（內
親王愛子）。

（2）政治

a）日本國憲法

現在日本的憲法是在太平洋戰爭結束的次年，1946 年時公
布，而從 1947 年 5 月 3 日開始實施。

這部憲法是將明治時代所制定的「大日本帝國憲法」的內
容，予以大幅度的更新。與戰前憲法不同之處，茲列舉如下：
天皇爲象徵性元首、主權在民、和平主義、尊重基本人權及放
棄戰爭作爲解決國際紛爭的手段等。特別是第 9 條，規定放棄
戰爭的條款，在世界各國憲法之中，也是非常罕見的。

最近數年，關於如何修憲的議題，也常以政黨爲中心，被
提出來討論。而此修憲的背景是由於冷戰之後，國際情勢已呈
多極化發展，日本本身的角色定位、自衛隊於憲法中的位階，
以及現在已經派遣自衛隊前往海外的既定事實，加上憲法第 9
條的整合性等問題。此外，又因爲接連幾次的選舉，造成護憲
勢力的衰退等，也是其中的原因。如何著手修改自戰後 60 年當
中，未曾修改過一字一句的日本憲法，關於修憲議題方面，相
信還需要在國民之間，進行更多廣泛討論，才能形成共識。

b）日本的統治機構

日本的統治機構是以立法、行政、司法各機關獨立的三權
分立制。

國家唯一的立法機關是國會，也是國家權力的最高機關，
由衆議院及參議院兩院所構成。兩議院都是經由國民選舉所選
出的議員所組成。國會的權限爲：提名內閣總理大臣、提出對
內閣不信任案的決議、修訂法律、審查預算、承認條約、彈劾
法官，以及提出憲法修正案等。

行政権は内閣に属し、内閣は内閣総理大臣とその他の国務大臣で組織され、行政権の行使について国会にたいし連帯して責任を負う。内閣は一般行政事務のほか、法律を執行し、外交関係を処理し、条約を締結し、予算を作成し、政令を制定する。これらの業務を分担するため、国務大臣を長とする1府12省庁がおかれている。これは、1949年以来半世紀にわたり続いてきた行政機構を再編したもので、2001年1月から新体制に移行している。内閣の統一を保つために、内閣総理大臣は国務大臣の任免権をもつ。

　司法機関として裁判所がある。最高裁判所と下級裁判所（高等裁判所・地方裁判所・家庭裁判所・簡易裁判所）とからなる。すべて裁判官は、その良心にしたがい独立してその職権を行い、憲法および法律にのみ拘束される。最高裁判所の長官は内閣の指名に基づき天皇が任命し、そのほかの裁判官はすべて内閣が任命する。最高裁判所は、一切の法律・命令・規則または処分が憲法に適合するかしないかを決定する権限を有する終審裁判所である。

　2009年5月から、裁判員制度が開始された。国民の司法への直接的参加を認め、国民から事件ごとに選ばれた裁判員が裁判官とともに審理に参加する裁判制度をいう。原則として民間から選ばれる裁判員6人および裁判官3人により構成される。死刑または無期懲役・禁固に相当する重大な刑事事件を対象とする。

　日本国憲法においては、国の統治機構のほかに、地方自治が認められており、地域住民の意思にもとづく施政を行うとしている。全国に1都（東京都）、1道（北海道）2府（大阪府、京都府）、43県（青森県から沖縄県まで）の包括的地方公共団体がある。都道府県のもとには、基礎的地方公共団体としておおよそ1,700の市区町村がある。

c）選挙
　国会議員、都道府県・市町村（東京の区をふくむ）の各首長、および各議会議員は、直接選挙で選ばれる。選挙権

行政權則屬於內閣，內閣是由內閣總理大臣及其他的國務大臣所組成。關於行政權的行使，對國會負有連帶的責任。內閣除了一般行政事務之外，並執行法律、處理外交關係、締結條約、編制預算、制定政令等。為了分擔這些業務，設置以國務大臣為首的 1 府 12 個省廳（部會）。這是將 1949 年以來、持續了約半個世紀的行政機關，進行了再編組，自 2001 年 1 月開始成為新的編制。此外，為了維持內閣的統一，內閣總理大臣擁有國務大臣的任免權。

司法機關則有「裁判所」（法院），由「最高裁判所」（最高法院）及「下級裁判所」（高等裁判所、地方裁判所、家庭裁判所、簡易裁判所）等組成。全部的法官，按照自己的良心來行使獨立的職權，只受到憲法及法律的約束。最高裁判所（最高法院）的大法官是經由內閣推出名單後，由天皇任命，其他的法官則是全部經由內閣來任命。「最高裁判所」（最高法院）有權決定所有的法律與命令是否與憲法牴觸，為最終審判的機關。

自 2009 年 5 月實施陪審團制度，開始認可國民可以直接參與司法。這是依照各個事件，分別自國民當中選出陪審員，再與法官一起參加審理的司法判決制度。原則上，是由民間選出 6 名陪審員及 3 名法官所組成。而審理的對象，是對於死刑或是無期徒刑等的重大刑事案件。

在日本憲法當中，除了國家的統治機構之外，也承認地方自治，地域居民可以依照當地自身的意願來進行施政。全國包括有 1 都（東京都）、1 道（北海道）、2 府（大阪府、京都府）及 43 縣（從青森縣到沖繩縣）都屬於地方公共團體。在上述都道府縣之下，基礎的地方公共團體，大約有 1,700 個市區町村。

c）選舉

國會議員及都道府縣、市町村（包括東京的各區）的各級首長及各議會議員，全部都是經由直接選舉所選出。20 歲以上

は、20歳以上の男女全員にあるが、被選挙権は、参議院議員と都道府県知事は30歳以上、それ以外は25歳以上の者にある。女子は1945年にはじめて選挙権と被選挙権を得た。

現在、国会議員と都道府県の知事および同議会議員の大部分は、政党の党員であるかまたは政党の推薦を受けた者である。2009年秋現在、民主党と自由民主党の二大政党をはじめ、公明党、日本共産党、社会民主党など10以上の政党が国会に議席を有している。一方、市町村の首長および各議会議員では、特定の政党に属さないという意味の「無所属」を標榜する者が多い。選挙運動は、ポスター・テレビ・立会演説会・街頭演説などにより行われる。選挙は無記名自由投票で行い、選びたい人の氏名を、選挙によっては政党名を自分で書く。国会議員の選挙の投票率では、1958年の77%が一番高かった。

1994年に選挙法が改正され、衆議院総選挙は中選挙区制から小選挙区比例代表並立制に切り換えられた（定員1の小選挙区300議席と全国11ブロックの比例代表180議席）。この改正後の衆議院選挙では、どの政党も安定過半数を得られない時期が続いたが、2005年には「郵政民営化こそ、すべての改革の本丸」をスローガンに掲げた自由民主党が圧勝した。

その後、2009年8月に行われた衆議院総選挙において、民主党が過半数の議席を獲得し、政権交代を果した。自由民主党以外の政党が衆議院第一党となったのは初めてである。民主党の、この衆院選マニフェスト（政権公約）の主要施策は、税金の無駄使いの根絶と官僚の天下りの廃止、子供手当の支給、高速道路の無料化、高校授業料の無償化、農業の戸別所得補償、年金制度の一元化などであった。「国民の生活が第一」の政治を実現するために国家予算の総組み替えを行うとするなど、政策の立案・遂行の仕

的男女都擁有選舉權，但是被選舉權的年齡則有所限制，參議院議員及都道府縣的首長必須年滿 30 歲以上，其他的被選舉人，必須年滿 25 歲以上。女性是從 1945 年起，獲得了選舉權與被選舉權。

現在大部分的國會議員、都道府縣的「知事」（領導首長）及同議會的議員，都是屬於各個政黨的黨員或是由政黨所推薦的人選。2009 年秋，除了民主黨及自由民主黨的二大政黨之外，還有公民党、日本共產黨、社會民主黨等 10 個以上的政黨，在國會中擁有席次。但是另一方面，市町村的首長以及各議會的議員，常有人標榜自己不屬於任何特定的政黨，而以「無所屬」來自稱。選舉活動是經由文宣、電視及問政說明會、街頭演說等的方式來舉行。選舉時是採用無記名投票的方式，個人自行圈選所屬意的候選人，有時會因不同的選舉也勾選認同的政黨。而國會議員選舉時的投票率，以 1958 年的 77%爲最高。

1994 年時修正了選舉法，將衆議院的選舉，由中選區制改制成爲小選區的比例代表並立制（名額 1 名的小選區 300 席，與全國 11 分區的比例代表 180 席）。在修正衆議院選舉辦法後，有一段時間無一政黨能穩定獲得過半數席次，直到 2005 年自民黨以「郵政民營化，才是所有改革的核心」的口號，才贏得了全面壓倒性的勝選。

之後，於 2009 年 8 月所舉行的衆議院總選舉，民主黨因爲取得超過半數的席次，實現了政權更替，這是第一次自民黨以外的政黨，在衆議院成爲第一大黨。民主黨的選舉公約當中，主要的政見爲：杜絕浪費公帑；禁止官僚們退休後轉任到其他機關或民間企業，繼續享有高薪職位；加發兒童津貼；高速公路免除通行費；減免高中學費；以戶別爲單位補助農家；年金制度的一元化等。爲了實現以「國民生活爲第一優先」的政治理念，進行國家總預算的構造改革，在政策立案及實施方面上，則以「脫離依賴官僚體系」、「（交由國民所選出的）政治家主導」等，來作爲主要的訴求。

組みを「脱官僚依存」「（国民に選ばれた）政治家主導」へ
転換することを旗印にした。

d）治安・警察・交番

　警察は英語・フランス語でPoliceというが、この語源は
ラテン語で国家を意味する。社会の安全や治安を維持し、
秩序を守るという任務をもつ国の行政機関である。多くの
国と同様に、警察には①犯罪の予防、②発生した犯罪の捜
査、③テロ対策、などの治安維持の主要な３つの役割が
ある。

　日本は、水と安全はタダであるという観念が長年続いて
いた。強盗事件はアメリカの140分の１、フランスの70
分の１であり、「日本の治安の良さは世界一」という定評
がある。2007年現在の日本の犯罪件数（警察が把握した
件数）は約191万件で、その75％が窃盗、４％が詐欺・横
領・偽造・収賄などの知能犯、別の４％が暴行・傷害・脅迫
などの粗暴犯、殺人・強盗など凶悪犯は0.5％であった。犯
罪件数は10万人当たり1,776件であり、他の先進諸国を
日本と比べるとアメリカは日本の2.2倍、イギリスは3.1
倍、ドイツは3.6倍、フランスは3.5倍である。犯罪検挙
率も28.6％でアメリカ・イギリスより高い。

　警察の組織は、内閣府の外局である国家公安委員会の下
に警察庁があり、警察庁の指揮監督の下に各都道府県の警
察本部がある。そのうち、東京都の本部だけは警視庁と呼
ばれ別格の大きな組織である。これは東京に、皇居、各国
大使館、国会、総理大臣官邸、最高裁判所などの国の重要
機関があるからである。各都道府県警察本部の下に各地方
の警察署がある。

　日本の警察の特徴は、警察署の下に置かれる数多くの
派出所の存在である。派出所は「交番」と呼ばれ市民に

d）治安、警察（公安）、交番

警察是英、法語，稱爲「Police」，語源是從拉丁語而來，意味著國家。主要是以維持社會安全或維護治安及秩序，爲其基本任務的國家行政機關。與多數國家相同，警察基本上主要負責三種維持治安的任務：①預防犯罪；②發生犯罪後的搜查；③防恐對策等。

長久以來，日本人的觀念中，總以爲水與安全是完全免費的。強盜搶劫事件僅爲美國的 140 分之 1，法國的 70 分之 1，「日本的治安爲世界第一」這也是受到全世界公認的事實。2007 年日本的犯罪件數（警察所掌握的件數）約有 191 萬件，其中有75% 爲竊盜，4% 爲詐欺、盜領、僞造、收賄等智能犯罪，其他約 4% 爲暴力、傷害、恐嚇等的粗暴犯，至於殺人、強盜等的凶惡犯，僅占 0.5%。犯罪件數爲每 10 萬人 1,776 件，與其他先進國家比較，美國是日本的 2.2 倍，英國爲 3.1 倍，德國爲3.6 倍，法國爲 3.5 倍。而檢舉犯罪率爲 28.6%，也比英、美兩國都要來的高。

日本警察的組織，隸屬於內閣府外局的國家公安委員會，旗下設有警察廳，在警察廳的指揮及監督下，於各個都道府縣設有警察本部。在其中，僅有東京都本部，稱爲「警視廳」，爲特別設置的一個巨大組織。這是因爲在首都東京有皇居、各國大使館、國會、總理大臣官邸及最高法院等國家重要機關。在各個都道府縣警察本部之下，設有各地方的警察署。

日本警察的特徵，是在警察署之下，設有大量的派出所。派出所俗稱爲「交番」，對於市民而言，已成爲非常親近的存在。

は非常に身近な存在である。交番は全国におよそ 6,400 箇所（東京都内に 1,200 箇所）ある。1994 年からは「交番」（KOBAN）という正式名称になり、派出所には「KOBAN」の文字が目立つように掲げられるようになった。KOBAN は国際語として世界に通用している。交番の語源は「警官が交代でいつでも番をしている場所」からきている。交番は地域のパトロール、犯罪捜査、犯人留置、交通整理、住民の安全確保などの役割を果たすことは諸外国と同様である。しかし日本の交番はこのほかに、幼児・生徒・両親の交通安全指導、地域の防犯・防災ネットワークの援助、落し物管理、迷子やはぐれたペットの保護、さらには住宅・事業所を戸別訪問し防犯対策の助言や異常有無の確認を行うなど非常にきめの細かい住民サービスを行っている。

　交番のほかに、緊急事態に対応するために警察署直通の 110 番制度もある。住民は交番と警察を頼りにしていて、何か困るとまず警察に連絡・相談する習慣が身についている。こうしたことから、警察は犯罪捜査にも住民の協力が得られやすい。

　近年は一人暮らしの女性や高齢者を狙った電話による巧妙な振り込み詐欺、外国人による組織犯罪などが大きな問題となっている。

　交番のシステムは最近ではタイ、シンガポール、ハワイなどでも取り込まれ、KOBAN で通用している。

e）自衛隊
　日本は、第 2 次世界大戦終了時、降伏の条件に基づいて全陸海軍が解体された。
　1950 年、日本の治安維持のため警察予備隊が設置された。これが 1952 年に保安隊に再編され、さらに 1954 年、現在の自衛隊になった。

交番在全國大約有 6,400 處（東京都內約有 1,200 處）。1994 年開始，「交番」(KOBAN)成為正式稱呼，在派出所也懸掛顯著的「KOBAN」文字標誌。而「KOBAN」也成為國際用語，在世界通用。交番的語源是由「警察交接值班，一直都有人駐守的場所」而來。交番負責地區的巡邏、犯罪搜查、留置犯人、交通指揮、確保居民的安全等，它所發揮的功能與各國相同。但是日本的交番，除了上述之外，還肩負著幼兒學生及父母親的交通安全指導；對於地域的公安、防災網路的支援；管理遺失物品；保護走失的孩童及寵物；更對於住宅、公司事業所進行戶口訪問，協助提供防盜的意見及確認有無異常狀況等。可說是對於鄰近居民提供無微不至的服務。

除了「交番」之外，在緊急事件發生時，也有可直接聯絡警察的 110 報案制度。居民也習慣依賴交番與警察，如果有什麼事情感到困擾時，總是會先跟警察連絡或聽取意見，如此一來，警察在偵查犯罪時，相對地也很容易獲得居民的合作與協助。

最近數年，因為詐騙集團針對獨居女性及高齡者，以巧妙的電話詐騙手法（偽裝親人來電詐欺、匯款詐騙），加上外國人組織犯罪等，已成為治安上的大問題。

最近在泰國、新加坡、夏威夷等，也開始採用「交番」系統來維護治安，所以「KOBAN」這個名詞，還可以通用於海外各國。

e）自衛隊

日本在第二次大戰結束時，基於投降的條件，全部的陸海軍都被解散。

1950 年為了維持治安，因而設置了警察預備隊，1952 年再編成為保安隊，而在 1954 年成為現在的自衛隊。

1947 年施行の現行憲法では、国際紛争を解決する手段としては、国権の発動たる戦争を放棄する旨規定している。しかし、このことは国家の固有の権利である自衛権の放棄を意味するものではない。自衛隊は、「わが国の平和と独立を守り、国の安全を保つため、直接侵略および間接侵略に対し、わが国を防衛することを主たる任務とし、必要に応じ公共の秩序の維持に当る」（自衛隊法第 3 条）ものとして設置されている。

　文民統制の原則の下、自衛隊の最高指揮監督権は内閣総理大臣が有し、国務大臣である防衛大臣が自衛隊の隊務（通常の業務）を統括している。自衛隊には、陸上自衛隊・海上自衛隊・航空自衛隊がある。自衛隊員は 24 万人強であり、すべて志願制度によっている。

　自衛隊は国内の大規模災害時には救援出動している。また海外においても次のような活動をしている。

・1992 年 6 月「国連平和維持活動協力法（PKO 協力法）」が国会で成立し、これに基づき、1992 年から 2000 年までにカンボジア、モザンビーク、ソマリア、ボスニア、東チモールなど世界各地に 40 回にわたり自衛隊の部隊が派遣された。

・2001 年 11 月からは「テロ対策特別措置法」に基づき、自衛隊の艦艇、航空機がインド洋に派遣された。
・2003 年イラク人道復興支援特別措置法が成立し自衛隊がイラク南部のサマーワ地区に人道復興支援および治安維持後方支援のため派遣された。

・2005 年にはインドネシア・スマトラ島沖地震による未曾有の津波災害の救済支援のため自衛隊がスマトラ島アチェ地区に派遣された。

・2009 年にはソマリア沖で頻発する海賊の活動から、付近を航行する日本関係船舶の護衛を実施するため自衛隊がソマリア沖・アデン湾に派遣された。

1947 年實施的現行憲法中規定，解決國際紛爭的手段是不以發動國權，放棄使用戰爭的方式。但這並不是意謂著日本就此放棄了國家固有的權利--「自衛權」。設置自衛隊的目的，是基於：「為了維持日本的和平與獨立，保衛國家的安全，對於直接侵略及間接侵略，以防衛日本為主要任務，必要時可使用於維持公共秩序。」(自衛隊法第 3 條)

在以文官統治的原則下，自衛隊的最高指揮監督權是隸屬於內閣總理大臣，通常的行政業務是由國務大臣中的防衛大臣所負責。自衛隊有陸上自衛隊、海上自衛隊及航空自衛隊，自衛隊總人數約有 24 萬人左右，全部都是服志願役。

自衛隊於國內發生大規模災害時，出動支援救援任務。此外，在海外也進行下列活動：

· 1992 年 6 月日本國會通過了「聯合國和平維持活動法 (PKO 協力法)」，基於此法，從 1992 年至 2000 年的期間，派遣部隊至柬埔寨、莫三鼻克、索馬利亞、波士尼亞、東帝汶等世界各地共 40 次。

· 2001 年 11 月基於「反恐對策特別措施法」，日本開始派遣自衛隊艦艇、飛機到印度洋。

· 2003 年通過了伊拉克人道復興支援特別措置法，自衛隊被派遣到伊拉克南部薩馬沃地區，進行人道援助、維護治安與後勤支援。

· 2005 年由於印尼蘇門答臘島大地震，造成前所未見的大海嘯災害，為了救援任務，派遣自衛隊到蘇門答臘島的亞齊省地區進行支援任務。

· 2009 年因為索馬利亞外海經常發生海盜劫持活動，為了護衛附近航行的日本相關的船舶，因此自衛隊被派遣到索馬利亞的亞丁灣海域。

（3）外交

a）外交の基本方針

　　日本は 1945 年の第 2 次大戦終結後、連合軍による占領を経て、1951 年世界主要国との講和条約を結び、1956 年国際連合に加盟して国際社会復帰を果たした。以来日本は平和憲法の理念（日本国憲法第 9 条は戦争の永久放棄をうたっている）の下に専守防衛の基本姿勢に徹し、外交三原則を守るとともに、唯一の原爆被爆国として非核三原則を堅持している。

　　（外交三原則）
　　①国際連合の目的に沿って、国際社会の平和と安全に寄与する。
　　②自由・民主主義・基本的人権・不平等の是正、市場経済、多角的自由貿易体制などの普遍的価値を共有する自由主義諸国とともに行動し、自らの安全と繁栄を求める。
　　③アジア・太平洋地域の一国として、同地域の平和と安全に貢献する。
　　（非核三原則）
　　核兵器を持たず、作らず、持ち込まさず

　　戦後 64 年、冷戦終結後 20 年、今日の国際社会にはさまざまな問題が頻発している。グローバリゼーションは、世界に恩恵をもたらしたが、その反面宗教・民族の対立、地域紛争、国際テロ、各種兵器の拡散、人身・有害薬物の取引、エイズ・SARS などの感染症、地球環境問題などの負の遺産をも 21 世紀に引き継いだ。日本周辺においても緊張が続いており、また、食料、エネルギー、資源を海外に依存している日本にとっては、シーレーン（海上交通路）の安全確保は国民生活の維持にとって重要である。（特に東シナ海、マラッカ海峡、インド洋など）。

（3）外交

a）日本外交的基本方針

1945 年第二次世界大戰結束後，日本經歷了盟軍占領，1951 年與世界主要國家締結了和平條約，1956 年加入聯合國，回歸到國際社會。自此以後，日本即基於和平憲法的理念（日本國憲法第 9 條：永久放棄戰爭條款），徹底以「專守防衛」的基本姿勢，遵守外交三原則；因爲是唯一被投擲原子彈的被爆國家，因此也堅持「非核三原則」。

（外交三原則）

①遵從聯合國的目的，對於國際社會的和平及安全，作出貢獻。

②在自由、民主主義、基本人權、消除不平等、基於市場經濟及多角的自由貿易體制等普世價値之下，與自由主義各國一起並肩行動，追求自身的安全與繁榮。

③以身爲亞太地域的一員，對於本地域的和平與安全，作出貢獻。

（非核三原則）

不擁有、不製造、不引進核子武器。

雖然戰後已 64 年，且冷戰結束也逾 20 年，但是今日國際社會，依然頻繁地發生著各種問題。全球化帶給世界許多的恩惠，但是在另一方面，宗教及民族的對立，地域紛爭、國際恐怖主義及各種武器的擴散，販賣人口、有害藥物的交易、愛滋病、非典型肺炎(SARS)等傳染病與地球環保問題等負面遺產，也一起移轉到 21 世紀。日本的周邊地域，也依然處於緊張的情勢之中。此外，日本在糧食、能源與資源等方面，大都仰賴於海外，如何確保海上交通運輸的安全，是攸關維持國民生活的重要課題（特別是東中國海、馬六甲海峽、印度洋等）。

b）各国との外交

1）アメリカ

アメリカは日本の重要な同盟国である。戦後の日本外交は日米同盟を基軸として展開されてきた。日米両国は、自由主義世界の基本的価値と利益を共有しており、安全保障をはじめとして、政治・経済・文化などの幅広い分野において協調している。

冷戦終結後世界は、多極化時代に入ったが、東アジア地域、中東など世界に緊張と不安定要素が存在し、現状においても日米同盟の重要性は依然として変わらない。

日本とアメリカの交流の歴史は長く、2004年には日米和親条約成立の150周年記念を迎えた。アメリカの艦隊司令官ペリー提督が国使として日本に来航したのは1853年のことで、これにより日本は世界に門戸を開き、国際社会の一員となった。日本の国運を賭けた日露戦争を、1905年のポーツマス条約により終結できたのもセオドア・ルーズベルトアメリカ大統領の仲介によるものであった。その後欧米と日本のアジアにおける権益をめぐる争いから、1941年から4年間日米両国は熾烈な太平洋戦争を戦ったが、1945年に完全に終結した。

戦後締結した、平和条約および日米安全保障条約は、両国関係の中核を成すものとして今日に至っている。この間日本はアメリカとの安全保障体制のもと経済復興に集中し、廃墟の中から立ち上って世界の先進国の一員に列するまでになった。両国の国を挙げての激しい対立の後、一転して極めて緊密な友好同盟関係を結び、それが60年におよぶという事実は稀有の事例である。

2）東アジア

ア）中国

2007年には日本からの輸出が40.4兆円とアメリカを抜いて第1位となるなど、日中は双方にとって、きわめて重要な二国間関係にある。政府は、中国を互いにアジア・世界に対する大きな責任を負うパートナーと位置づけ、「戦略的互恵関係の構築」に向けて首脳会談、日中ハイレベル経

b）與各國的外交

1）美國

美國爲日本的重要同盟國。戰後的日本外交，是以日美同盟爲基軸，向外開展。日、美兩國除了共同擁有自由主義世界的基本價值與利益，從安全保障開始，到政治、經濟、文化等各個廣泛的領域都進行協調與會商。

冷戰結束後，世界進入到多極化的時代，然而在東亞地域、中東等，依然存在著許多緊張與不安定的因素，在此現狀之下，日美同盟的重要性依然不變。

日本與美國的交流歷史，源遠流長，2004 年在日本，迎接了日美親善條約成立的 150 周年紀念。1853 年美國艦隊司令官貝利提督以國使的身分，初次造訪日本，自此時起，日本開始對世界展開大門，成爲國際社會的一員。而日本傾全國之力、攸關國運的日俄戰爭，在 1905 年締結朴茨茅斯和約，也是經由美國總統西奧多‧羅斯福的調停。之後，日本與歐美在亞洲，因爭奪權益而發生紛爭，日美兩國燃起了熾烈的戰火，從 1941 年開始進行了 4 年的太平洋戰爭，於 1945 年完全結束。

戰後所締結的和平條約與安全保障條約，成爲兩國關係的核心，直至今日。在這段期間，日本在美國安全保障的體制下，集中力量於復興經濟，從廢墟中重新站立，終能成爲名列於世界先進國家的一員。日美兩國在傾全國之力激烈的對立之後，又一轉成爲非常緊密而友好的同盟關係，而此一事實也持續了60 年，這在歷史上也是非常稀有的事例。

2）東亞

i) 中國

2007 年從日本出口到中國的金額有 40.4 兆日元，已經超過美國，成爲第一位，對於中日雙方而言，兩國間的關係已極爲重要。日本政府將中國設定爲：對於亞洲及全世界負有重大責任的夥伴，雙方領導人也持續進行著「構築戰略互惠關係」的會談，並經由中日高層經濟等會議，來加深理解彼此的合作關

済会談などを通じて理解・協力関係を深めている。しかし、近年の日中関係には、両国の歴史認識問題、日本の排他的経済水域における中国の海洋調査活動、日中・中間水域近接海域での石油・ガス採掘、尖閣諸島領有権問題など懸案事項もある。

イ）韓国

韓国とは 2007 年の貿易総額が 9.6 兆円（うち輸出は 6.4 兆円）と第 3 位の貿易相手国であり、韓国にとって日本は最大の輸入超過国（貿易赤字国）である。韓国との間には歴史認識問題、竹島の領有権問題などがある。政府は、2008 年に大統領に就任した李明博（イミョンパク）大統領と首脳会談を行い、「日韓新時代の構築」と「シャトル首脳会談を継続する方針」を確認した。

ウ）北朝鮮

北朝鮮をめぐっては、核保有、邦人拉致、ミサイル発射などの問題がある。北朝鮮、中国、韓国、アメリカ、ロシアおよび日本によって構成される 6 カ国協議がもたれている。

3）ASEAN・東南アジア諸国連合

ASEAN 諸国は地域共同体として結束を強めており、安全保障、経済、社会、文化を柱とする「ASEAN 共同体」の 2020 年設立を目指している。日本は ASEAN 諸国とは 30 年以上にわたる友好協力の歴史がある。日本と ASEAN は貿易、投資、ODA、人的交流の各分野において相互に重要なパートナーである。日本は ASEAN ＋ 3（日・中・韓）の重要メンバーとして今後も「ともに歩み、ともに進む」政策を推進する方針である。

4）中東

日本の原油輸入の中東依存度は、90％近くを占め、安定的な供給ソースとなっている。サウジアラビア、アラブ首長国連邦、イラン、カタール、クェートなどとの友好関係の維持は重要である。イラクについて

係。然而，最近數年，由於中日關係中，對於兩國歷史定位的認識；中國在日本排他經濟水域中進行海洋調查活動；中日鄰接海域中，有關石油和天然氣的開採；及釣魚台領土的歸屬等問題方面，尚有一些懸而未決的事項。

ii) 韓國

日本與韓國 2007 年的貿易總額爲 9.6 兆日元（其中出口 6.4 兆日元），爲第三位的貿易對手國。以韓國而言，日本也是韓國的最大貿易逆差赤字國。日本與韓國之間，尚存在著有關歷史認識及竹島領土歸屬等問題。日本政府於 2008 年與新任韓國總統李明博進行了首腦會談，確認了「構築日韓新時代」與「以穿梭外交的機制，來繼續進行首腦會談的方針」。

iii) 北朝鮮

對於北朝鮮問題方面，存在著擁有核武、綁架日人、發射飛彈等問題。現在由北朝鮮、中國、韓國、美國、俄羅斯及日本所共同組成的六國協議會談，持續進行協商。

3）ASEAN（東南亞國協）

ASEAN 各國基於強化地域共同體的共識下，以安全保障、經濟、社會、文化爲主軸，目標是於 2020 年設立「東協經濟共同體」。日本與 ASEAN 各國在過去 30 年的歷史當中，一向維持著友好合作的關係。日本與 ASEAN 在貿易、投資、ODA、人的交流及各個領域，互爲重要的夥伴。日本身爲 ASEAN+3（中、日、韓）的重要成員之一，今後也將基於「共同行動、並肩邁進」的方針，與各國一起連手推動各種政策。

4）中東

日本石油對於中東的依存度，大約占 9 成，也是維持安定供給的來源。與沙烏地阿拉伯、阿拉伯聯合大公國、伊朗、卡達、科威特等維持友好關係，是非常重要的。關於伊拉克，則基於人道復興援助特別措施法，派遣自衛隊在伊拉克南部的薩馬沃地區，進行醫療、供水、學校、道路整修復原等任務。

は、人道復興支援特別措置法に基づき、自衛隊を南部サマーワ地域に派遣し、医療、給水、学校、道路の復旧整備にあたった。

5）中南米

　ブラジルとの経済関係は、貿易額が2007年までの5年間ではほぼ倍増し、鉄鋼業、バイオ燃料、鉄道・港湾などの大型投資案件も進展を見せている。世界で初めての日本方式を採用したデジタルテレビ放送がブラジルで開始されるなど両国の経済関係の一層の深化が見られる。

　メキシコとの間には、2005年にEPA（経済連携協定）が発効した。これをうけて両国の貿易、投資の実績は飛躍的に拡大し、メキシコは日本にとって中南米最大の貿易パートナーとなった。日本には、さらなる裾野産業育成の支援が要請された。
　このほか、2007年には日本・チリ経済連携協定が発効したほか、パナマ運河拡張計画、クリーン開発メカニズム（CDM）、デジタルテレビの日本方式の普及なども期待されている。

c）分野別外交
1）日本および国際社会の安全と平和
　ア）国家安全保障
　　　日本は、①日米安全保障体制堅持、②適切な防衛力整備、③国際平和と安全確保のための外交努力、を三本の柱とする外交政策を推進している。

　　○米軍再編への対応
　　冷戦終結後の世界では、国際テロ、大量破壊兵器・弾道ミサイルの拡散など新たな脅威に対する安全保障体制の構築が必要となってきた。アメリカは、この課題に対処するため、軍事技術を最大限に活用し、機動性の高い防衛体制をめざして世界的軍事体制の再編成を計画し、日本を含む同盟・友好国に協力を求めている。日本は軍事情報の共有・保護強化、米軍の再配備、横須賀基地への原子力空母ジョージ・ワシントンの配備などの諸問題に協力し

5）中南美

與巴西的經濟關係，以貿易金額而言，至 2007 年爲止，5年當中幾乎呈現倍增，在鋼鐵業、生化燃料、鐵路、港灣等大型投資案件方面，也有相當多的進展。日本是世界首先跨入數位化電視領域的國家，巴西也開始採用此規格，準備開始試播，今後兩國的經濟關係，將可更形深化，這是可以預期的。

與墨西哥之間，2005 年 EPA（經濟合作協議）開始生效。受此影響，兩國間的貿易、投資等實績也呈飛躍般擴大，墨西哥對於日本而言，已成爲中南美洲最大的貿易夥伴。日本也提供援助，輔導培育墨西哥的相關基礎產業。

除此之外，2007 年日本與智利的經濟合作協議也開始生效，巴拿馬運河擴建計劃、綠色潔淨開發運營機構(CDM)及日本規格數位化電視的普及等合作案，也是相當令人期待的。

c）各個外交領域

1）日本及國際社會的安全及和平

ⅰ）國家安全保障

日本的主要外交政策是：①堅持美日安全保障體制；②進行適當防衛能力的整備；③在國際和平及確保安全方面，進行外交努力。以上述三原則作爲主軸，致力推動外交政策。

○對於美軍再編的因應方面

冷戰結束後的世界，由於國際恐怖活動、大型毀滅性武器、彈道飛彈的擴散等，對於此種新形態的威脅，勢必要構築安全保障體制。美國爲了因應這個課題，將軍事技術以最大限度的方式來靈活運用，目標是建立高機動性防衛體制，並計劃將軍事體制在全世界進行重新編組，同時也對於包括日本的同盟及友好國家請求合作。日本與美國在共享軍事情報及強化保護事項方面，以及美軍再布署和配置駐守於橫須賀基地的核子動力航空母艦喬治華盛頓號等事項上，進行了廣泛的合作。

ている。

〇ミサイル防衛システム（BMD）
　政府は、専守防衛の立場を堅持する日本を弾道ミサイルから守る唯一の手段が弾道ミサイル防衛システムであるとの判断から、その整備を決断し、2004年12月日米間で共同開発に関して合意した。その後日米の協力による共同研究・開発・生産が進められ、2007年日本のイージス艦「こんごう」が迎撃実験に成功した。

　イ）テロ対策
　　　日本政府は、2005年の第60回国連総会本会議、2007年のハイリゲンダムサミット、2008年の洞爺湖サミットなどにおける「国際的組織的犯罪に対する戦略決議」に基づき、引き続き積極的に協力していく方針を表明している。また、補給支援特別措置法に基づき、テロ対策に従事する船舶への海上自衛隊によるインド洋海上補給支援活動を行ってきた。
2）経済の安全保障
　ア）WTOを補完するFTA／EPA
　　　日本は、WTO（世界貿易機関）の定める統一的なグローバル・ルールに従い、多角的自由貿易の発展に貢献し、またその恩恵も享受してきた。一方、近年の世界の流れをみると、WTOを補完する手段としてFTAおよびEPAが重要な役割を担うようになってきた。WTOにおいて加盟国の増加や取り扱い分野の多様化に伴い、交渉が複雑化し、新たな分野・ルールについて迅速な合意が困難になってきたことが、その背景にあるとされる。日本は2002年のシンガポールを始め、これまで8カ国・1地域との間でEPA協定を締結してきている。
　　　FTA（Free Trade Agreement・自由貿易協定）：特定の国・地域の間で関税を撤廃し、物・サービスの自由化を目的とする協定
　　　EPA（Economic Partnership Agreement・経済連携協定）：FTAを基礎として、さらに投資、人（たとえば看護師・介護師）の移動、政府調達、

○飛彈防衛系統（BMD）

　　日本政府因爲堅持專守防衛的立場，判斷防衛彈道飛彈的唯一手段，就是構築彈道飛彈的防禦系統，因此日美之間於2004 年 12 月，交換了共同開發的合意文件。之後，經由日美的合作，進行了共同研究、開發、生産，2007 年日本宙斯盾艦「金剛」在攔截實驗時，已經成功地攔截了彈道飛彈。

ii）反恐對策

　　日本政府於 2005 年第 60 回聯合國總會的正式會議、2007年海利根達姆高峰會議（八大工業國高峰會議）、2008 年的洞爺湖高峰會議等，基於「對於國際上組織犯罪的戰略決議」，都積極地表明繼續合作的方針。此外，在反恐對策上，是基於補給支援特別措施法，派遣海上自衛隊至印度洋進行海上補給支援活動。

2）經濟的安全保障

i）FTA／EPA 讓 WTO 更加健全

　　日本遵守 WTO（世界貿易組織）所規定的國際貿易規則，對多角化的自由貿易發展，作出了貢獻，也享受到 WTO 的恩惠。但在另一方面，觀察最近數年的世界潮流，將 WTO 以補完的手段而出現的 FTA 及 EPA，已逐漸地扮演著重要的角色。這是因爲隨著 WTO 加盟國家的增加及各個分野的多樣化，往往在此背景下，多國間的交涉也顯得日益複雜，在新的分野及規則方面，要迅速地取得協議往往非常困難。因此，日本於 2002年開始，以新加坡爲首，到目前爲止，已經和 8 個國家及 1 個地域締結了 EPA 協議。

　　FTA（Free Trade Agreement, 自由貿易協定）：是特定的國家或地域之間，撤銷關稅，其目的是讓物品及服務，更加自由化。

　　EPA（Economic Partnership Agreement, 經濟夥伴協定）：以 FTA 爲基礎，再加上投資、人的移動（例如：醫療看護師、複健師），及政府採購、智慧財産（專利、著作權等）的協定，著眼點是以更寬廣的分野，來強化彼此間經濟的關係。

知的財産（特許・著作権など）のルールづくりなど、より広い分野での経済関係強化を目的とする協定

イ）排他的経済水域（EEZ）

排他的経済水域とは、国連海洋法条約（1994年発効）において認められている自国の経済的主権のおよぶ海域を指す。具体的には海岸線から200海里（370 km）以内の海域における水産資源・鉱物資源の探査・開発の排他的権利が認められている。同時にこの海域における資源・環境管理（乱獲・海洋汚染防止など）の義務を負う。

日本は、国土は約38万 km²で世界第60位であるが、排他的経済水域の広さでは約448万 km²でアメリカ、フランス、オーストラリア、ロシア、カナダについで世界第6位である。

3）ODA（政府開発援助）

1954年に始まった日本のODAは1976年の戦後賠償終了とともに急速に拡大し、1991年から2000年までの10年間は世界最大の供与国であった。しかし、その後は財政難の中で縮小を余儀なくされ、2007年は第5位に後退した（順位はドルベース・支出純額ベース）。

2008年、日本政府の2大援助機関の統合、すなわち独立行政法人国際協力機構（JICA）のもとに、国際協力銀行（JBIC）海外経済協力部門が統合され、技術協力、有償資金協力、無償資金協力の3つを一元的に実施する統合援助機関として援助の一層の効率化が図られることとなった。日本のODAは、①地球環境、②途上国の経済発展、③民主化・市場経済化支援、④国際平和、⑤極度の貧困と飢餓の克服などを含む国連ミレニアム開発に重点がおかれている。

（4）国旗・国名

a）国旗

日本の国旗は日の丸または日章旗といわれている。両

ii）排他的經濟水域（EEZ）

排他的經濟水域，是指聯合國海洋法條約（1994 年生效）所承認的本國經濟主權海域。具體而言，是從海岸線 200 海浬（370 公里）以內的海域，有關水產資源、礦物資源的探勘、開發，都承認為此國排他的經濟水域。同時在此海域，也負有資源、環境管理（防止濫捕及海洋污染）的義務。

日本的國土面積約有 38 萬平方公里，在世界排名約 60 名，但是以排他的經濟水域的範圍而言，約有 448 萬平方公里，僅次於美國、法國、澳大利亞、俄羅斯、加拿大，為世界第六位。

3）ODA（政府開發援助）

1954 年開始的日本 ODA，隨著 1976 年戰後賠償的結束，而急速擴大，從 1991 年開始到 2000 年為止的 10 年間，是世界最大的援助國。但是在此之後，因為財政日益困難，規模也縮小，2007 年以後退到第五位（順位是以美元計算、支出淨額為基礎）。

2008 年日本在獨立行政法人國際協力機構(JICA)的基礎上，把原本國際協力銀行(JBIC)的海外經濟協力部門加以重新整合，將技術協助、貸款資金協助、無償資金協助等三項，統合成為一元化的援助機關，這是為了將援助更加效率化所作的措施。日本 ODA 主要的重點，是針對聯合國的千年發展目標的方針：①地球環保；②開發中國家的經濟發展；③民主化和市場經濟化的支援；④國際和平；⑤克服極度的貧困與饑餓等。

（4）國旗、國名
a）國旗

日本的國旗稱作「日之丸」或是「日章旗」。二者都是意味著太陽升起的意思。而白底中心的紅圓，是表示太陽。古代使

方とも昇る太陽の旗という意味である。白地の中心の赤い円は太陽を表す。昔から神社の旗やのぼりに用いられ、16世紀ごろから日本を表す旗として船に揚げられた。

「太陽の出る所」という意味の国号（日本）とも合致するので、1870年に商船に揚げる国旗として制定された。1999年には日章旗が国旗として法制化された。

国旗としての正式な寸法は、縦横比が2対3、日章の直径は、縦の長さの5分の3、日章は旗面の中央となっている。
国章は日本では定められていない。

b）国歌

日本の国歌として歌われている「君が代」の歌詞は、10世紀に完成した『古今和歌集』に収録されている和歌であるが、作者は不明である。曲は明治時代になって宮内省の林広守により作曲され、慣習的に「国歌斉唱」の際に用いられるようになった。

『君が代は　千代に八千代に　さざれ石の　巌となりて　苔のむすまで』
歌詞の意味は、「天皇の御世は、小さな小石が岩になって、その岩に苔が生えるほど先まで永遠に続くように」である。「君が代」は1999年に国歌として法制化された。

c）国花

日本では桜が国を代表する花と考えられているが、国花としての法制度はない。桜は日本の神話にもあらわれており、桜の花の散り方の潔さが、武士の人生観に結びつけられた。

日本各地に桜の名所があり、満開の桜の木の下で酒宴を開くのが日本人の楽しみになっている。日本の桜の70%から80%はソメイヨシノという品種である。

また、皇室の紋章が菊であるため、菊も日本を代表する花とされている。

用此旗幟在神社或是旗桿上，在 16 世紀左右，作爲代表日本的旗幟而使用在船幡之上。

因爲意味著是「太陽升起之處」，也與日本的國號（日本）相一致，因此於 1870 年被制定爲在商船上所懸掛的國旗。1999 年日章旗經由立法，成爲國旗。

日本國旗的正式的尺寸，縱橫比爲 2 比 3，而日章的直徑是縱長的 5 分之 3，日章位於旗面正中。

國徽方面，日本並沒有規定。

b）國歌

日本的國歌「君之代」歌詞，原本是收錄在古今和歌集（是 1,000 年前的作品）中的和歌，作者不詳。曲調則是明治時代宮內藝人林廣守所作，習慣上是在「國歌齊唱」時使用。

「願國君世代永傳，從千代至八千世代，岩成而苔青。」

歌詞的意思是：「願天皇世代代永相傳，如小石凝結成岩石，青苔附生於上，直到千秋萬世。」1999 年「君之代」經由立法，成爲日本國歌。

c）國花

日本一般認爲櫻花是代表國家的花，但是沒有關於國花方面的法律規定。櫻花也在日本的神話中出現，皎潔不染的櫻花在凋謝時，都是很乾脆的飄零而去，這也和武士的人生觀結爲一體。

在日本各地，都有賞櫻的名勝之處，在盛開的櫻花樹下，舉行酒宴是日本人的樂趣之一。日本的櫻花 70%到 80%是屬於吉野櫻的品種。

此外，日本皇室的徽章是菊花，因此菊花也成爲代表日本的花。

d）元号

　東洋の国には時代ごとに呼び名をつけるところがある。古代中国には、皇帝が時をも支配するという思想があった。これに基づいて漢の時代（紀元前2世紀）から元号が用いられるようになった。東アジアでは他国を支配すると、自国の元号を使わせる習慣があった。そのため、強国は元号制度を独立の証として誇示した。日本では、7世紀に「大化」と号したのが最初である。日本の制度では、天皇が元号の終わりと次の元号の始まりを定めてきた。

　しかし、19世紀後半の「明治」以降は、おのおのの天皇は一代に一つの元号を用いるという原則（一世一元制）が定められた。すなわち、天皇が前天皇の位をついだ年を元年とし、天皇が亡くなるまで、同一元号を使用する。「明治」以降は、「大正」、「昭和」と続き、現在の元号は「平成」で、1989年1月8日から始まる。

　元号の制定の手続きは、1979年の元号法によって定められている。

e）国名のいわれ

　日本人は、自国をニッポンまたはニホンと呼んでいる。これは、7世紀のはじめ政治を行っていた聖徳太子が中国に送った国書に、自国のことを「日の出るところ」と表現したことが起源になっている。その意味をとって漢字で表記したもの、すなわち「日本」が国名として使われるようになった。「日本」は、はじめヤマトと発音されていた。奈良時代に、ニホンまたはニッポンが用いられるようになった。

　二つの読み方は現在どちらも使われている。両者を区別する法的根拠または一般ルールはない。ただし、国際スポーツ大会や郵便切手などに使われる場合は、通常ニッポンと発音される。

　Japan、あるいはこれに類するヨーロッパの言語での呼び方の由来には、2説がある。一つは昔、中国北部地方で、日本国のことを Jihpenkuo と呼んでいたのを、ポルトガル人がジパング Zipangu または Jipangu と聞いたという説である。今一つは、中国南部地方で日本のことを Yatpun というのを、オランダ人が Japan と聞いたという説

d）年號

　　在東方的國家，對於每個時代，常有另外取名的習慣。這是源自於古代中國的思想，當時認為皇帝也可以支配「時令」。基於這個思想，從漢朝（公元前 2 世紀）開始使用年號。在東亞，如果某國支配其他國家時，有強迫其使用本國年號的習慣。因此對於強國來說，「年號」是表示自己的獨立自主，並且是一種誇示。日本於公元 7 世紀時，最初使用的年號是「大化」。以日本的制度而言，天皇可以決定年號的結束及下一個年號的開始。

　　但是 19 世紀後半的「明治」時代以後，各個天皇原則上僅使用一個年號（一世一年號制）。也就是制定天皇即位時的年份為元年，而持續使用同一年號，直到駕崩時為止。「明治」以後，接著是「大正」、「昭和」，現在的年號是「平成」，從 1989 年 1 月 8 日開始。

　　現在制定年號的程序，由 1979 年的元號法來作統一規定。

e）國名的由來

　　日本人稱自己的國家為「Nippon」或是「Nihon」，這是在 7 世紀初，執政的聖德太子在送往中國的國書裏，稱自己的國家為「日出之處」，因而成為日本國名的起源。「日本」是取其原意的漢字表記，之後即開始使用「日本」做為國名。「日本」最初發音成「Yamato（大和）」，而在奈良時代開始使用「Nihon」或是「Nippon」的名稱。

　　這兩種名稱到現在都還被使用著，至於如何區別，並無法律上的根據或是一般的規則。只是使用在國際性的運動比賽或郵票上時，通常會使用「Nippon」。

　　「Japan」這個名稱的由來，或是類似於此歐洲語言的稱呼，有兩種說法。其中之一是古代中國北部地區稱日本為「Jihpenkuo」，而葡萄牙人聽成「Zipangu」或是「Jipangu」。另一種說法，是中國南部地方稱日本為「Yatpun」，而荷蘭人聽成「Japan」而起源。

である。なお英語による日本の正式国名表示は、Japan で
ある。

此外，日本用英語表示的正式國名爲「Japan」。

4 経済

（1）全般

a）戦後の日本経済の流れ

1）戦前水準への回復期（終戦～1950年代前半）

終戦直後の日本の鉱工業生産は、戦争勃発当時（1941年）の水準の7分の1に落ち込み、国民は深刻な食糧危機とインフレーションに苦しんだ。しかし、日本はその戦争の廃墟の中から、西ドイツと並んで「奇跡の復興」といわれる復興振りを示した。日本を占領したアメリカを主体とする連合軍は、日本経済の民主化のために、①財閥解体・独占禁止、②農地改革、③労働権の確立、の3つの基本政策を導入した。

同時に日本政府は、産業の基礎である石炭および鉄鋼生産のために、資材・資金・労働力を重点的に投入するいわゆる傾斜生産方式を実施した。日本経済は1948年ごろから回復の兆しを見せたが、依然として戦後の激しいインフレとそれに続く深刻な不振から本格的には立ち直れなかった。

この状態から立ち直る契機となったのは、1950年に勃発した朝鮮戦争にともなう在日米軍向けの資材・サービスの需要（朝鮮特需4億ドル）であった。こうして日本経済は復興の歩みを速め、1950年代半ばまでに、ほぼすべての経済指標が戦前の水準にまで回復した。

2）高度成長期（1950年代後半～1960年代）

1950年代後半から1960年代終わりまで、日本経済は「もはや戦後ではない」（1956年経済白書）を合い言葉に国民総生産（GNP）は年平均10％の高い成長率を示した。この間、日本の産業は生産規模・生産効率・製品の品質などを大幅に向上させ、重化学工業の飛躍的な発展の基盤を固めた。さらに、この時期には、国際競争力の強化をはかるための、大型合併が目

4 經　濟

（1）整體概況
a）戰後日本經濟的概況
1）回復到戰前水平的恢復期（戰後～1950年代前半）

　　第二次大戰結束時，日本工礦業的生產，減少到戰爭爆發時（1941年）水平的7分之1，國民被迫在深刻的糧食危機與通貨膨脹中受苦。但是日本在戰後的廢墟中，與西德並稱為「奇跡似的復興」，表現的讓世人刮目相看。以美國為主的盟軍占領日本時，為了讓日本經濟民主化，導入了三項基本政策：①解散財閥；禁止企業獨占；②實施農地改革政策；③確立勞動權。

　　同時，日本政府在煤炭及鋼鐵等基礎產業上，將器材、資金、勞動力作重點式的投入，也就是說先推動所謂傾斜式的生產方式。在此政策下，日本經濟於1948年左右開始復甦，但是由於戰後急速的通貨膨脹問題，而顯得欲振乏力，並沒有真正的恢復元氣。

　　而得以復甦的契機，是得力於1950年韓戰的爆發。韓戰時，日本大量供應了駐日美軍的資材及服務的需要（朝鮮特需4億美元）。在此情況下，日本經濟加快了復興的腳步，到了1950年代中期，幾乎全部的經濟指標都已恢復到戰前的水平。

2）高度成長期（1950年代後半～1960年代）

　　1950年代後半到1960年代結束時，如同1956年「經濟白皮書」中的描述：「已不再是戰後」，國民生產總值(GNP)年平均有10%以上的高成長。這段期間，日本的工業因為生產規模及生產效率、產品品質等，都大幅度的提升，奠定了日後重化學工業高度成長的基礎。此外，在這段時期，為了強化國際競爭力，有許多大型企業進行合併。

立った。

日本はまた、輸入・為替の自由化をすすめ、1962年には輸入自由化率が88%に達し、1964年にはIMF8条国に移行した（為替制限の原則撤廃）。また資本の自由化も進んだ。1960年代後半には輸出が拡大し、国際収支も黒字基調に転じた。

この時期の日本の高度成長の要因は次のようなものであった。

①高い教育水準と勤勉な人的資源の保有があった
②戦争で破壊された設備に代わって世界最新の設備・技術を導入できた

③アメリカを中心とする自由貿易体制下で自由に原料輸入と製品輸出ができた
④アメリカ、ヨーロッパに追いつこうとする労使共通の目的意識と相互協力があった

⑤国民の高い貯蓄性向、銀行の積極的融資による十分な投資資金が確保できた

⑥平和国家政策のもと、資金・人材を経済活動に集中できた
これに加え、憧れの国であったアメリカ並みの生活水準を実現したいと考える国民の強い願望があった。

一方では、高度成長の陰の部分として、公害問題が発生した。

3）安定成長期（1970年代〜1980年代前半）

1970年代に入ると、高度経済成長にもかげりがみえはじめた。国外からも重大な攪乱要素があいついで押し寄せてきた。そのひとつは、1971年のニクソン米国大統領によるドルの金兌換停止であった（ニクソンショック）。これにより、23年間続いた1ドル360円時代が終わった。円は1ドル308円の一時期を経て、変動相場制に移行し、1973年には1ドル260円台になった。

1973年と1979年に起きた2度の石油危機も、日本

另一方面，日本也積極地推動進口及匯率自由化，1962
年達成了 88％的進口自由化比率，而於 1964 年加入 IMF，
成爲八大會員國（原則上廢止外匯的管制）。此外，也積極
地推動資本的自由化。1960 年代後期，由於出口擴大，國
際貿易收支也轉爲經常性順差。

　　這個時期日本高度成長的要因，可歸類如下：

①擁有高教育水平及勤勉的人力資源。
②舊有的設備因爲受到戰爭的破壞，而導入了世界最先進
　的設備與技術。
③受惠於以美國爲中心的自由貿易體制，可自由進口原材
　料及出口產品。
④爲了迎頭趕上美國及歐洲，企業與勞工在共同的目標意
　識之下，同心協力合作。
⑤日本國民儲蓄意願很高。此外，銀行也積極地給予融資
　貸款，充分地確保了投資資金的來源。
⑥在和平國家的政策下，資金及人才主要都集中在經濟活
　動方面。
　　加上日本國民強烈地希望能過著如同美國生活般的水
準。
　　但是另一方面，也受到高度成長的負面影響，發生了
公害的問題。

3）安定成長期（1970 年代～1980 年代前半）
　　進入 1970 年代之後，高度經濟成長也開始日漸下滑。
再加上國外也接連地發生一些重大的擾亂因素。其中之一
爲美國尼克森總統在 1971 年廢止了金本位（美元兌換黃
金）制度。因爲這個政策，致使持續了 23 年之久的 1 美元
兌換 360 日元固定匯率制的時代宣告結束。之後，經過一
段 1 美元兌換 308 日元的短暫時期，日元轉爲浮動匯率制，
到了 1973 年日幣已升值成爲 1 美元兌換 260 日元。

の産業界は次のような努力により迅速に克服すること
ができた。
　①省エネルギー技術の開発による、エネルギーコス
　　トの削減
　②工場のオートメーション化とコンピュータの活用
　　による生産効率と品質水準のさらなる高度化
　③産業構造の多様化：「重厚長大」の重工業依存体
　　質からの脱却と「軽薄短小」の高付加価値産業
　　（エレクトロニクスなど）の育成

　④生産性向上限度内での賃金要求など、労働組合の
　　協力によるインフレの早期克服

　また、政府も積極的なオイル外交を展開し、中東諸
国を歴訪して日本に対する「友好国」評価と原油供給
の約束を取りつけた。

4）バブルの生成期（1980年代後半～1990年代初め）
　この間の日本経済の進展により日本の貿易黒字が拡
大し、対日批判が強まった。アメリカにおける対外経
済不均衡を解消するため、1985年、先進5カ国はドル
安誘導の協調介入を実施することで合意した（いわ
ゆるプラザ合意）。
　その直後から、円の対ドルレートは急騰を続けた。
この円高は日本の輸出産業を直撃し製造拠点を海外に
シフトする動きが活発化した。また、公定歩合の引き
下げによる金融緩和や、土地取引を中心とする諸規制
の撤廃などの諸政策がとられた。この結果、1987年
ころから個人消費、民間設備投資などの内需主導の自
律的拡大過程に入った。

　しかし、金融緩和によって生じた潤沢な国内資金は
土地や株の投資に向かい、資産インフレが起こった。
投機は過熱し、地価の高騰はとどまるところを知ら
ず、適正価格の3倍にも達した。いわゆる「バブル経
済」の出現である。
　この事態に対処するため、政府は厳しい金融引締め
策に転換し、銀行に対し通告により土地関連融資の抑
制を要請した。この頃より景気の急速な下降が始まっ
た。土地取引の縮小により地価が急落し、また株価も
急落し、バブルの崩壊が始まった。株価は1989年12

1973 年與 1979 年中，所發生的兩次石油危機，也讓日本的產業作出以下的努力，而得以迅速的克服：

①開發節約能源的技術，降低能源成本。

②工廠導入了自動化生產及活用電腦化管理，使得生產效率及產品的品質水準更加高度化。

③產業構造的多樣化：從「重厚長大」的重工業轉換到「輕薄短小」的高附加價值產業（電子產業等），重點是從製造業移轉到服務業。

④只有在提升生產性的情況之下，才會提出加薪等的要求。因為工會的協助，從而很快地控制了通貨膨脹。

另一方面，日本政府也積極地拓展石油外交，多次訪問中東各國。使得中東將日本列為「友好國家」，日本在原油上，也獲得了供應無缺的保證。

4）泡沫經濟生成期（1980 年代後半～1990 年代初期）

在這段期間由於經濟的發展，日本的貿易順差不斷地增加，海外對於日本的批判也日益增強。為了改善對於美國等出口經濟的不均衡，1985 年先進五國進行介入，達成了讓美元匯率逐漸貶低的協議（也稱為廣場協議）。

在此之後，日元對美元的匯率開始急升。在此日元升值的影響下，直接衝擊到日本的出口產業，也促使了製造業的據點開始大量移往海外。再加上調低利率的金融緩和政策，以及政策上撤銷了諸多限制土地交易為主的法律規定。因此，自 1987 年左右，日本開始進入了個人消費、民間設備投資等，以擴大內需為主導的過程。

但是在另一方面，由於金融緩和造成資金過度寬鬆，國內豐沛的資金都轉而投資到土地及股票上，造成資產的過度膨脹。過熱的投機也讓股價和地價不斷上升，彷彿沒有頂點，達到正常價格的 3 倍之多。換句話說，已出現「泡沫經濟」的狀況。

月の最高値 38,915 円から 2003 年 4 月には 7,600 円に
下落した。
5）バブルの崩壊と長期景気低迷期（1990 年代初め〜
2000 年）
　　1990 年代初頭には日本各地でバブルの崩壊が顕在
化し始め、景気は急減速した。地価や株価の下落が続
き、景気の回復力はその後も弱々しかった。

　　1997 年 11 月、大手の証券会社や銀行が破綻した
（山一證券、日本長期信用銀行、北海道拓殖銀行な
ど）。このことは国民の金融システム全般に対する信
頼の低下と心理的動揺を招いた。破綻を免れた金融機
関にとっても、膨大な不良債権の処理が大問題であっ
た。銀行の貸し渋りは、企業の設備・新規事業投資の
障害、企業倒産、景気の低迷という、悪循環をもたら
した。

　　政府はこうした事態に対処するため、70 兆円とい
う過去に例のない公的資金を投入して金融秩序の安
定・回復を図るとともに、税収不足を補うため多額の
国債（地方自治体は地方債）を発行し財政面からの景
気刺激をはかったが、2002 年までは景気回復の兆し
は見られなかった。
　　上記の政策の結果として、国家・地方の財政は 700
兆円を超える赤字を背負うという重大な事態となって
いる。
　　企業は長引く不況の中で生き残りのため、いわゆる
リストラ（実体は人員合理化）を断行した。企業倒産
も増加し、1997 年 7 月から連続 4 年以上も雇用・所
得が減少した。とくに失業率は年々上昇し、1999 年
3 月には 4.8％、2001 年末には 5.6％・失業者数は 360
万人を超え、政府の調査開始以来最悪の水準に達し
た。これらの社会・経済の停滞は「失われた 10 年」と
呼ばれている。

6）景気回復と世界同時不況（2001 年以降）
　　2001 年 4 月に発足した小泉内閣は、「失われた 10
年」を回復するため、①経済・財政、②行政、③社会
保障の各分野にわたる一連の「構造改革政策」を打ち
出した。

爲了控制這樣的情況，日本政府轉而採取緊縮的金融政策，通知各個銀行抑制和土地關聯的融資。在此時期，由於景氣開始急速的下降。造成土地交易萎縮、地價暴跌，加上股價也開始急跌，泡沫經濟遂開始瓦解。股價於 1989 年 12 月的最高點 38,915 日元，到了 2003 年 4 月，跌回到 7,600 日元。

5）1990 年代泡沫經濟崩潰及長期景氣低迷（1990 年代初期～2000 年）

　　1990 年代初期，日本崩潰的泡沫經濟在各地開始顯現，景氣也急轉而下。因爲地價及股價持續下跌，造成之後景氣復甦的力道，總是欲振乏力。

　　1997 年 11 月大型證券公司及銀行倒閉（山一證券、日本長期信用銀行、北海道拓殖銀行等）。這使國民對於整體金融制度的信賴開始瓦解，心理上也產生動搖。至於其他沒有破產的金融機關，也面對如何處理龐大不良債權的難題。這些又造成銀行不願意貸款，企業也無法進行設備投資，形成企業對於投資新事業時的障礙，也造成企業倒閉、陷入景氣低迷不振的惡性循環。

　　日本政府爲了解決此問題，投入了史無前例規模高達 70 兆日元的公共資金，企圖安定及恢復金融秩序。此外爲了彌補稅收不足，也發行了大量的國債（地方自治體則爲地方債），從財政面來刺激景氣。但是到 2002 年爲止，景氣依然未見好轉。

　　因爲上述政策的結果，造成國家及地方財政上，出現超過 700 兆日元的赤字，已經逐漸成爲嚴重的事態。

　　企業在這樣長期不景氣的局面下，爲了生存，也開始大力推動「構造重整」（實際上就是裁員）。企業倒閉也隨之增加，造成 1997 年 7 月開始，連續超過 4 年以上雇用及所得都減少。特別是失業率年年上升，1999 年 3 月超過 4.8%，而 2001 年底更上升到 5.6%，失業者突破 360 萬人，這是自從日本政府開始調查以來最差的數字。這些社會及經濟的停滯，被稱爲「失落的十年」。

6）景氣恢復與世界同時不景氣（2001 年以後～）

　　2001 年 4 月成立的小泉內閣，提出了所謂挽回「失落

金融機関に対しての大規模な公的資金の注入なら
びにゼロ金利政策という超金融緩和策を実施した。ま
た、金融ビッグバンと呼ばれる銀行と証券の垣根の撤
廃、海外の金融機関の日本における活動の規制緩和な
どにより潤沢な資金が出回ることとなった。さらに中
国経済の進展、自動車・電気産業を中心とする競争力
のある企業の台頭により、日本経済はバブル経済崩壊
後ようやく立ち直りを見せた。

　この間、製造業においては設備、人員、負債の三つ
の過剰を解消し国際競争力を回復した。また金融機関
でも不良債権の処理が進み、消費の回復、失業率の改
善、株価のもち直し、企業の収益の改善・設備投資の
回復などが軌道に乗り始めた。しかし、賃金の改善に
はいたらず、好況感なき景気回復と言われる状況が5
年以上続いた。反面、規制緩和のひとつとしての派遣
労働をはじめとする不安定な就労形態での雇用の拡大
により、賃金格差という新たな問題も出現してきた。

　2008年になって、1929年の大恐慌をしのぐとも言
われるアメリカを震源とする世界同時不況が起き、日
本経済もその余波を受けて深刻な事態に直面した。
　問題の発端はアメリカの低所得者向けの住宅ロー
ンであるサブプライムローンの破綻であった。アメリ
カの金融の規制緩和による一種のバブル現象である。
サブプライムローンによって住宅を取得した多くの人
が返済不能に陥った。これが引き金となって、歴史あ
る大手投資銀行リーマンブラザーズの破綻につなが
り、アメリカは未曾有の金融危機に陥った。金融機関
の信用収縮が急速に生産・雇用などの実体経済にも波
及し、消費・輸入などが激減した。日本の自動車・電
機・鉄鋼・機械その他の産業もこの間の円高とあい
まって大幅な減産を強いられ、深刻な雇用問題への懸
念が増大した。日本のみならず世界各国は、この非常
事態を乗り切るために、金融緩和・財政出動などの景
気対策を模索・実施した。

的 10 年」的口號，對於①經濟、財政；②行政；③社會保障的各方面，進行一連串的「構造改革政策」。

對於金融機關，在注入大規模的公家資金的同時，並開始實施零利率的超級金融緩和政策。此外，也進行了金融大改造，將銀行不得經營證券業的限制取消，並將外資金融機構在日本活動的限制加以鬆綁，因此有些豐沛的資金開始浮現。再加上中國經濟的發展，以及以汽車、電子產業為中心的一些具競爭力的的企業開始抬頭，日本經濟逐漸地從泡沫經濟崩壞後，開始復甦。

在這段期間，製造業方面因為解決了設備、人員及負債三項過剩的問題，得以恢復國際競爭力。加上金融機關對於不良債權的處理告一段落、消費開始恢復、加上失業率的改善、股價的回復、企業收益的改善及恢復設備投資等，都開始逐漸步上軌道，但是在工資方面，卻沒有多大的改善。雖然表面上來說景氣已經恢復，但實際上却感受不到，這樣的狀況將近持續了有 5 年之久。另一方面，因為法規鬆綁，造成原本法律上有所限制的派遣業雇用擴大，這也造成就業上的不安定，出現工資差別待遇等的新問題。

進入 2008 年之後，被稱為有凌駕 1929 年世界大恐慌的規模，以美國為震央的金融大海嘯，讓世界經濟同時進入不景氣，這讓日本經濟也受到牽連，進入非常嚴峻的局面。

問題的起因，是肇始於美國對低所得者所提供的二次信貸，發生大規模的倒帳，這也是美國緩和金融限制下的泡沫現象。許多借取二次信貸的人無法償還貸款，導致歷史悠久的大型投資銀行雷曼兄弟破產，讓美國陷入空前未有的金融危機。由於金融機關的信用緊縮，也急速地波及到生產、雇用等的實體經濟，造成消費、進口等的急速萎縮。加上日本的汽車、電機、鋼鐵、機械等其他的產業，也受到日元升值的影響，被迫大幅度的減產，進而發生深刻的雇用問題。不單單是日本，世界各國也為了要度過這非常時期，都開始摸索實施金融緩和或是財政挹注等對策。

b）構造改革のあゆみ
1）経済・財政の改革
ア）金融システムの再編成・健全化

2003年までの12年間に4つの都銀・長銀・信託銀行・地方銀行、16の第2地方銀行、27の信用金庫、134の信用組合が破綻した。また大手銀行でも、経営効率・競争力強化をめざす経営統合が行われた。金融持株会社制の解禁も銀行の大型合併やグループ化を加速した。2008年4月現在では次の3大フィナンシャルグループがあり、それぞれの傘下に大手銀行や証券会社などを統括している。

・三菱東京 UFJ フィナンシャルグループ
・三井住友フィナンシャルグループ
・みずほフィナンシャルグループ

イ）異業種企業の参入

2004年6月の証券取引法改正により銀行や異業種による証券（株式）業への参入、異業種の銀行業への参入など金融システムの変革が進んだ。

ウ）国家財政の再建

政府は2001年以降国の財政健全化をめざし、国債発行の抑制（単年度の限度額30兆円）、特殊法人の統廃合、公共事業投資の抑制などの政策を実施してきた。しかし、政府の発表によれば国の公的債務は2008年7月現在で848兆円にのぼる（内容は赤字国債、建設国債、国鉄清算事業団承継債務借国債、民間よりの借入れ、政府短期証券など）。さらに、これに特殊法人政府保証債務ならびに地方の長期債務を加えると国と地方の債務合計は1,000兆円を超えると推定される。

日本政府の公的債務残高は名目国内総生産（GDP）の2倍にのぼり、OECD（経済協力開発機構）の国際比較によれば、主要先進国中もっとも高い水準にある。また2008年度の赤字国債発行額は24兆3,000億円で、国家予算（83兆円）の国債依存度も依然高い（30.5％）。

b）構造改革的過程

1）經濟、財政的改革

i）金融系統的再造和健全化

　　到 2003 年爲止，在 12 年的期間中，有 4 家都銀、長銀、信託銀行、地方銀行及 16 家第二地方銀行、27 家信用金庫、134 家信用合作社破産。此外，大型銀行爲了求生存，也進行了經營效率及強化競爭力等經營上的統合改革。金融持股公司制度的解禁也促使大型銀行的合併及加速集團化。2008 年 4 月，日本有三大金融集團，統籌控制旗下的大型銀行及證券公司。

- ・三菱東京 UFJ 銀行金融集團
- ・三井住友金融集團
- ・瑞穗金融集團

ii）異業種企業的參入

　　2004 年 6 月，由於證券交易法的修訂，銀行或是其他異業種得以從事證券業之外，後者也可以從事銀行業等，進行了金融系統方面的改造。

iii）國家財政的再建

　　日本政府在 2001 年以後，爲了將國家財政健全化，實施了抑制國債發行的措施（單年度限制發行 30 兆日元的額度），此外也對於特殊法人的存廢進行檢討，以及實施抑制公共事業投資等的政策。但是根據日本政府所公布的資料，國家債務在 2008 年 7 月，已經膨脹到 848 兆日元（內容有赤字國債、建設國債、國鐵清算事業團繼承債務國債、民間借款、政府短期債券等）。此外，如果再加上特殊法人政府保證債務及地方長期債務，推測國家與地方的合計債務超過 1,000 兆日元。

　　日本政府的國家債務餘額，已經超過國內生產總值 (GDP)的 2 倍以上，依照 OECD（經濟合作暨發展組織）國際比較的數據而言，在主要先進國家中，已是最高的水平。此外，2008 年度的赤字國債的發行額爲 24 兆 3,000

この過大な公的債務を解消し国家財政を建てな
　　おすことは、日本経済の国際的信用維持の観点か
　　らも、依然として緊急かつ、重要な課題となって
　　いる。
２）行政改革
　　ア）行政機構の改革
　　　　2001 年 1 月行政機構が 1 府 21 省から 1 府 12
　　省に再編成された。

　　イ）特殊法人の整理統合・民営化
　　　　政府の構造改革着手前には公社、公団、事業団
　　などの特殊法人は 74、認可法人は 86 あった。
　　　　政府は同時期に「特殊法人等整理合理化計画」
　　を策定し、これに基づき法人の整理統合・民営化
　　を進めた。
　　ウ）道路公団の民営化
　　　　4 道路公団（日本道路公団、本州四国連絡橋公
　　団、首都高速道路公団、阪神高速道路公団）につ
　　いては、2004 年 6 月に関連 4 法が成立し、6 つの
　　100％政府出資の特殊会社（東日本、中日本、西
　　日本、首都、阪神、本州四国連絡の各高速道路会
　　社）が 2005 年に設立された。

　　エ）郵政の民営化
　　　　郵政 3 事業（郵便、郵便貯金、郵便保険〔簡易
　　保険〕）は、2007 年 4 月に民営化された。従来の
　　郵政事業は窓口ネットワーク（郵便局網）、郵便
　　事業、郵便貯金事業、簡易保険事業の 4 つの、そ
　　れぞれ市場で自立する民営企業に、分離・移管さ
　　れた。
　　オ）派遣労働などの非正規雇用の拡大

　　　　労働分野では国際競争力の強化、雇用の流動化
　　をめざした規制緩和の結果、企業における終身雇
　　用、年功賃金、企業福祉というシステムが崩れつ
　　つある。1986 年、労働者派遣法が施行され、専
　　門特殊技能から順次解禁され、事務作業など 26
　　業種に拡大された。2004 年には製造業のライン

億日元，以國家預算（83 兆日元）而言，國債的依存度依舊非常高(30.5%)。

要如何解決如此龐大的債務及重建國家財政方面，就維持日本經濟國際信用的觀點而言，依然是一個緊急而重大的課題。

2）行政改革

i）行政機構的改革

2001 年 1 月行政機構從 1 府 21 省再編成爲 1 府 12 省。

ii）特殊法人的整理統合、民營化

日本政府著手構造改革之前，公社、公團、事業團等的特殊法人共計 74 個，認可法人有 86 個。

政府在同時期制定了「特殊法人等整理合理化計劃」，基於此計劃，進行了法人的整理統合及民營化。

iii）道路公團的民營化

關於 4 個道路公團（日本道路公團、本州四國連絡橋公團、首都高速公路公團、阪神高速公路公團）的民營化，於 2004 年 6 月完成了關聯四法的立法，改由 2005 年成立 6 家由政府 100%出資的特殊公司（東日本、中日本、西日本、首都、阪神、本州四國連絡的各個高速公路公司）。

iv）郵政的民營化

對於郵政三項事業（郵政信件、郵政儲金、郵局保險〔簡易保險〕），於 2007 年 4 月進行了民營化。原來的郵政事業的窗口網路（各分支郵局網）、郵政信件事業、郵政儲金事業、簡易保險事業的四個事業單位，在各自市場中謀求自立，分割移管到民營企業。

v）派遣勞動等非正規雇用的擴大

關於勞動方面，由於企業想強化國際競爭力及讓雇用趨向流動化，導致所謂終身雇用、年資叙薪、企業福利

業務への派遣も可能となり、また派遣受入期間も
1年から最長3年に延長された。各企業は、急速
な雇用拡大・景気変動にも対応できるため、この
制度を積極的に活用した。

　しかし、2008年後半からの経済環境の激変の
もと、非正規雇用者と言われる派遣労働者や1年
未満の期間雇用契約社員の大幅な雇用打ち切り、
解雇などの、動きがある。ワーキングプアなど賃
金・社会格差のみならず、規制緩和による制度そ
のものの是非も含め社会問題化している。

（2） 対外経済

a） 貿易

1） 貿易概況

　日本の貿易の最大の特徴は、食料品・原料・鉱物性
燃料の大部分を輸入に依存し、輸出のほとんどが工業
製品であるという点である。いわゆる伝統的な加工貿
易型であるが、加えて、輸入の60％前後を工業製品
が占めるなど、工業分野でも国際的な相互依存関係が
進展している点も近年の大きな特徴である。

　地域別には、中国を筆頭に経済発展が著しい東南ア
ジアの比重がもっとも大きく、輸出額、輸入額とも日
本の貿易額の40％台を占めている。その要因のひと
つとして、日本企業が1980年代後半頃より同地域に
生産拠点をシフトしてきており、日本からの資本財や
工業用材料および部品の同地域向け輸出が増大する一
方で、現地で生産された部品や最終製品が日本に輸入
されるという大きな流れが定着している。

2） 輸出

　日本は、ドイツ、アメリカ、中国に次ぐ世界第4の
輸出国であり、世界の総輸出額の6％を占めている
（2006年）。
　2007年の日本の輸出額は79兆7,300億円（7,127億
ドル）であった。相手地域別には東南アジアが最大で

等系統已經開始逐漸瓦解。1986 年實施了勞動者派遣法，從專門特殊技能開始鬆綁，現在逐漸地也擴大到事務作業等 26 業種。2004 年開始，製造業生產線業務開始可以使用派遣員工。此外，派遣的雇用期間也從 1 年延長到最多 3 年。各個企業因爲急需招募人員及因應景氣的變動，也積極地採用這個制度。

但是 2008 年下半年開始，由於經濟環境開始急遽惡化，企業將大量非正式雇用的派遣員工或是契約未滿一年的聘雇人員解雇。當時因爲法規的鬆綁，造成勞動新貧族不僅在薪資，往往在社會地位上也差人一截，現正浮現許多社會問題，這些問題值得探討。

（2）對外經濟
a）貿易
1）貿易概況

日本貿易的最大特徵，就是食品、原料、礦物性材料大部分都仰賴進口，出口幾乎都是工業產品，這也是所謂的傳統加工貿易的型態。此外，進口的 60%左右也是以工業製品爲主，工業方面也存在著國際相互依存的關係，這是最近數年發展中的最大特徵。

以地域別來觀察，其中以中國獨占鰲頭，經濟蓬勃發展的東南亞比重爲最大，進出口金額都占了日本貿易額的40%。其中原因之一是：日本企業從 1980 年代後期開始，將生產據點轉移到了這些地區，此舉造成日本的資本財或是工業用材料及零組件，出口到這些地區的情形大幅增加；在另一方面，又將現地生產完成後的零組件及成品，再進口回到日本，這已經形成一個固定而巨大的潮流。

2）出口

日本僅次於德國、美國、中國，爲世界出口第四位的國家。占全世界總出口金額的 6%（2006 年）。

2007 年日本的出口金額爲 79 兆 7,300 億日元（7,127億美元）。以貿易地域來觀察，以東南亞爲最大宗，占 48%

48%（中国15%、ASEAN12%、韓国8%、台湾6%、香港5%）、以下、北米22%（アメリカ20%）、欧州16%（EU15%。国別にはドイツ3%、オランダ3%、英国2%）、中南米5%、中近東4%、大洋州3%、ロシア・CIS2%、アフリカ2%であった。

商品別には、全体の97%を工業製品が占めており、その内訳は輸送用機器25%（自動車および同部品21%、船舶2%）、電気機器20%（半導体などの電子部品6%、IC4%）、一般機械20%（電算機類および同部品3%、原動機3%）、鉄鋼・非鉄金属12%、化学製品9%（有機化合物3%、プラスチック3%）、その他11%（科学光学機器2%）であった。

なお、2008年の日本の輸出総額は81兆200億円（7,759億ドル）であった。

3）輸入

日本は、アメリカ、ドイツ、中国に次ぐ世界第4の輸入国であり、世界の総輸入額の5%を占めている（2006年）。

2007年の日本の輸入額は67兆4,000億円（6,211億ドル）であった。相手地域別には東南アジアが最大で43%（中国20%、ASEAN14%、韓国4%、台湾3%）、以下、中近東18%（サウジアラビア6%、アラブ首長国連邦5%、カタール3%）、北米13%（アメリカ11%）、欧州12%（EU10%。国別にはドイツ3%、フランス2%）、大洋州6%、中南米4%、アフリカ2%、ロシア・CIS2%であった。

商品別には、筆頭は鉱物性燃料で28%（原油および粗油17%、液化天然ガス4%、石油製品3%）であった。これに食料品8%、原料品8%（非鉄金属3%）を合わせた非工業製品の合計は全体の44%であった。一方、全体の56%を占める工業製品の内訳をみると、電気機器13%（半導体などの電子部品4%、IC3%）、鉄鋼・非金属10%、一般機械9%（電算機類および同部品4%）、化学製品7%、輸送用機器3%、その他14%（衣類4%）であった。なお、産業の海外移転が進展し始めたのは1980年代後半頃からであるが、それ以前まで工業製品の輸入は全体の20〜30%程度で推移していた。

なお、2008年の日本の輸入総額は78兆9500億円

（中國 15%、ASEAN12%、韓國 8%、台灣 6%、香港 5%），接著是北美 22%（美國 20%）、歐洲 16%（EU15%。以國別而言，德國 3%、荷蘭 3%、英國 2%）、中南美 5%、中東 4%、大洋洲 3%、俄羅斯及 CIS2%、非洲 2%。

以商品別觀察，約有 97% 是工業製品，其中輸送用機器占 25%（汽車及汽車零件 21%、船舶 2%）、電機機器 20%（半導體等電子零組件 6%、IC4%）、一般機械 20%（電腦類及同類半成品 3%、發動機 3%）、鋼鐵、非鐵金屬 12%、化學製品 9%（有機化合物 3%、塑膠 3%）、其他 11%（科學光學機器 2%）。

2008 年日本的總出口金額爲 81 兆 200 億日元（7,759 億美元）。

3）進口

日本僅次於美國、德國、中國，爲世界進口第四位的國家。占全世界總進口金額的 5%（2006 年）。

2007 年日本的進口金額爲 67 兆 4,000 億日元（6,211 億美元）。以貿易地域別來觀察，東南亞爲最大宗，占 43%（中國 20%、ASEAN14%、韓國 4%、台灣 3%），接著是中東 18%（沙烏地阿拉伯 6%、阿拉伯聯合大公國 5%、卡達 3%）、北美 13%（美國 11%）、歐洲 12%（EU10%。以國別而言，德國 3%、法國 2%）、大洋洲 6%、中南美 4%、非洲 2%、俄羅斯及 CIS2%。

以商品別而言，占最大宗的是礦物性燃料 28%（原油及粗油 17%、液化天然氣 4%、石油製品 3%）。加上食品 8%、原料品 8%（非鐵金屬 3%），合計全體之中有 44% 爲非工業製品。在另一方面，占全體 56% 的工業產品當中，電機機器有 13%（半導體等的電子零件 4%、IC3%）、鋼鐵及非鐵金屬 10%、一般機械 9%（電算機類及同類半成品 4%）、化學製品 7%、輸送用機器 3%、其他 14%（衣類 4%）。除此之外，由於產業開始移轉到海外是從 1980 年代後半開始，之前的所進口的工業製品大約只占全體的 20～30% 左右。

（7,561 億ドル）であった。

b）国際収支
   1）概要
　　　　日本の国際収支は、経常収支の大幅黒字と資本収支
　　の大幅赤字を特徴としており、貿易や海外直接投資な
　　どで得た収入を、資本輸出の形で海外に投資するとい
　　う構図になっている。2008 年の経常収支は 16 兆 3,800
　　億円の黒字、一方の資本収支は 18 兆 3,900 億円の赤
　　字であった。
   2）外貨準備高
　　　　日本の外貨準備高は、2000 年初頭の 3,000 億ドルレ
　　ベルから急速に伸び、2008 年末には 1 兆 310 億ドル
　　と初の 1 兆ドル台を記録した。順位においては、1980
　　年代から恒常的に世界の首位を保っていたが、2006
　　年には中国に首位を譲り、以後世界で 2 番目の水準を
　　維持している。
　　　　ドルの機軸通貨国であるアメリカは 716 億ドルであ
　　る。
   3）貿易依存率
　　　　2007 年の日本の国内総生産（GDP）は 515.8 兆
　　円で、輸出金額は GDP の 15.6％を占め、2000 年の
　　10.2％から 5.4 ポイント上昇し、外需依存が増した。
　　他方、輸入は世界的な資源価格の急上昇に伴い GDP
　　の 10.9％を占めている。この結果、輸出から輸入を
　　差し引いた純輸出は GDP の 4.7％まで上昇した（2000
　　年は 1.5％）。

（3）産業

a）産業構造
　　　　日本の戦後の高度成長期は、第 2 次産業が大きく成長
　　したのが特色であった。やがて、経済の発展とともに第 3
　　次産業が急速に拡大し、1970 年代以降国内総生産（GDP）
　　の 50％を超えるまでになった。2007 年現在、1 次・
　　2 次・3 次産業の比率は、就業者数でそれぞれ 4.2％、
　　26.8％、67.7％、GDP（2006 年）では 1.5％、27.7％、
　　70.8％であった。

b）産業基盤
　　　　日本は石灰石・水など限られたものを除いて、見るべき

2008 年日本的總進口金額爲 78 兆 9,500 億日元(7,561 億美元)。

b) 國際收支

1) 概要

日本國際收支的特徵是，經常收支呈現巨額的順差，而在資本收支上呈現巨大的赤字。由貿易及海外投資所得到的收入，以資本輸出的方式，投資於海外。2008 年的經常收支爲 16 兆 3,800 億元的順差，資本收支則爲 18 兆 3,900 億日元的赤字。

2) 外匯存底

日本的外匯存底，從 2000 年初期的 3,000 億美元水平，急速地往上攀升，2008 年底已達到 1 兆 310 億美元，首次刷新 1 兆美元的紀錄。以順位而言，從 1980 年代開始就經常維持在世界首位，但於 2006 年讓位給中國，自此以後維持著第二位。

而發行美元通貨的美國爲 716 億美元。

3) 貿易依存率

2007 年日本的國內生產總值(GDP)爲 515.8 兆日元，出口金額占 GDP 的 15.6%，與 2000 年的 10.2%相比較，上升了 5.4%，這表示對於外需的依存度增加。在進口方面，隨著世界的資源價格的上升，已上升到占 GDP 的 10.9%。以出口減掉進口後，純出口則上升到 GDP 的 4.7% （ 2000 年爲 1.5% ）。

（3）産業

a) 産業構造

日本戰後的高度成長期，特別是第二次產業製造業的成長率非常高，之後隨著經濟的發展，第三次產業也急速的擴大，在 1970 年代以後，第三次產業已超過國內生產總值(GDP)的 50%。2007 年以就業總人數的比例，第一次、第二次、第三次產業的比率各爲 4.2%、26.8%、67.7%，占 GDP （ 2006 年 ） 的比重則爲 1.5%、27.7%、70.8%。

鉱物資源を持たない。また、木材・羊毛など、動植物原料についても輸入依存度が高い。したがって、資源の安定的な確保と効率的な利用が、常に重要な課題である。

国土が狭いため、工業用地も少ない。そこで、重化学工業化を推進した時には、海面を埋め立て、専用港をもった新立地を造成した。その結果、日本の産業基盤は、相応に整備されている。

また人的資源にも恵まれており、そのため産業構造の変化にも円滑に適応してきた。しかし近年、労働力人口の減少、その背景としての労働力の高齢化、労働意欲を持てない若年人口の増加が問題になっている。今後は、労働力の必要な質と量の確保が日本の産業にとってのさらなる課題である。

c）エネルギー事情

日本の1次エネルギー供給量は、23,780千兆ジュールである。その内訳は石油49.0％、石炭20.3％、原子力11.2％、天然ガス13.8％、水力2.9％、新エネルギーその他2.8％である（2005年）。

しかし、エネルギー資源は、水力を除いた残りのほぼ全量を輸入に依存している。そのため日本は、エネルギー資源の確保とエネルギーの節約に大きな努力と資金を投入してきた。また、政府は緊急事態にそなえて、石油の備蓄体制の整備を進めている。

電力におけるエネルギーの構成は火力66.1％、原子力26.3％、水力7.6％であり（2005年）、原子力発電は、1980年代以降急速に拡大した。しかし日本人は、核の取り扱いについてはきわめて敏感であり、原子力発電の安全性や核廃棄物の処理をめぐって、議論が続いている。

また、再生可能なエネルギー（太陽・風力・バイオマスほか）や水素・燃料電池などに関する技術開発が鋭意推進されており、独立行政法人新エネルギー・産業技術総合開発機構（NEDO）が、これらをふくめ幅広い支援を行っている。

b）産業基礎

日本除了石灰石、水等有限的資源之外，並沒有什麼礦物資源。此外，在木材、羊毛等動植物原料方面，進口的依存度非常高。因此如何確保安定的資源與有效率的利用，成為一項重要的課題。

因為國土狹小的緣故，工業用地也不多。因此在推動重化學工業的時候，是採用填海的方式，在海埔新生地上建設專用港。因此產業的基本建設相對地比較完善。

此外，日本受惠於豐富的人力資源，因此在產業構造產生變化時，也能夠靈活的加以調整適應。但是最近由於就業人口高齡化，以及缺乏勞動意願年輕人口的增加，已成為問題。今後如何確保勞動力必要的質與量，對於日本的產業是一個重大課題。

c）能源方面

日本一次能源的供給量，為 23,780 千兆焦耳，其中石油占 49.0%、煤炭 20.3%、核能 11.2%、天然瓦斯 13.8%、水力 2.9%、新能源及其他則占了 2.8%（2005 年）。

但是在能源資源之中，除了水力之外，大致上全面依賴進口，因此日本一直投入龐大的力量與資金，來確保能源資源的供應及著手進行如何節約能源。此外，日本政府也積極地進行建立石油的儲備體制，以備緊急事態時所需。

電力發電的能源構成比率為：火力發電占 66.1%、核能 26.3%、水力 7.6%（2005 年）。核能發電自 1980 年代以後急速地擴大規模。但是日本人對於如何處理核能方面的問題，非常地敏感，對於核能發電的安全性及核廢料的處理方面，尚持續著很大的爭議。

此外，對於再生性的能源（如太陽能、風力、生化）、氫氣、燃料電池等的技術開發方面，正在積極地推動當中。獨立行政法人新能源產業技術統合開發機構（NEDO），對於上述能源的開發項目，也進行廣泛範圍的支援。

d）第1次産業

1）食料の安全保障

ア）量の確保—食料自給率

日本の食料自給率は40％（2007年・カロリーベース、金額ベースで69％）で、OECD諸国および人口1億人以上の国37か国中でアイスランド、オランダなどと並んで最下位グループに入る。食用の米はほとんど自給であるが、食パンなどの主体である小麦は87％、納豆などの主体である大豆は95％が輸入原料に頼っている。たとえば、日本人になじみ深い「天ぷらそば」は、そばが79％、エビが90％、小麦（天ぷらのころも）が83％、大豆（天ぷら油の原料）が94％を輸入に依存している。2007年における穀物・肉・野菜・果物・魚介・加工食品の輸入額は約6兆円である。

輸入体制を維持する上では、生産地の気候変動、余剰食料の減少、価格の高騰、外貨の保有、輸送路の安全などへの問題対応が不可欠である

もう1つの問題は、日本人の食品の無駄使いである。2006年に日本人の食事に提供される食物のうち約26％が賞味期限切れや売れ残りや食べ残しなどにより破棄されたといわれている。すなわち、カロリーベースで、1日1人当たり660カロリーが何らかの形で破棄されている。これは3,000〜4,000万人を養えるカロリーである。

イ）質の確保—食の安全性

食の安全性を脅かすグローバルな問題としては、O-157、鳥インフルエンザ、BSE牛肉（牛海綿状脳症）などが広く知られている。これに加えて、最近の日本では、食の安全性や信頼性を揺るがす新たな問題がいくつも発生している。店頭の食品（主に海外原産）の一部に毒物や異物が混入される事件、あるいは業者による産地・成分などの偽装表示の問題である。

安全な食を求める日本の消費者の中には、生産者証明付き（「顔が見える」）食品や、地産地消（地域生産地域消費の略。地域で生産された農産物などを同じ地域で消費すること）の良さを見直

d）第一次產業

1）糧食的安全保障

i）量的確保--糧食自給率

　　日本的糧食自給率爲 40%（2007 年，以熱量卡洛里爲計算基礎，金額則爲 69%），在 OECD 各國及人口 1 億人以上的 37 國家當中，與冰島、荷蘭等並列，位居最低的一組。食米雖可以自給自足，但是製作麵包等主要原料的小麥，有 87%都依賴著進口原料，製作納豆等主要原料的大豆則有 95%。例如日本人常常食用的「天婦羅麵」當中，蕎麥麵粉有 79%、蝦 90%、小麥（炸蝦時，包覆於外皮的麵粉）83%、大豆（油炸用油的原料）94%，都是仰賴進口。2007 年當中，在穀物、肉、青菜、水果、魚蝦水產、加工食品的進口額約有 6 兆日元。

　　爲了維持糧食進口的平穩體制，對於生產地區氣候的變動、糧食庫存的減少、價格高漲、儲備外幣、運輸交通上的安全等相關問題，都需要採取因應的對策。

　　還有一個問題，就是日本人對於食品的浪費。2006 年提供給日本人餐點的食物，約有 26%是過了保存期限，或是庫存剩餘或是吃不完被丟棄的食物。換言之，以熱量計算爲基礎的話，平均每天每人約有 660 卡洛里，以某種不同的形式被丟棄。這些足足可以養活 3,000～4,000 萬人。

ii）質的確保--食品的安全性

　　威脅食品的安全性，以全球化的問題而言，衆所周知的有 O-157、禽流感、BSE 牛肉（狂牛症）等。除此之外，最近日本也接連發生了不少動搖食品安全性或是信賴性的新問題。店頭食品（主要是海外產品）當中，有部分竟混入有毒物質及異物，或是業者對於產地、成分等，以造假的標示來欺騙大衆。

　　爲了謀求安全的食品，日本消費者當中，也轉而出現購買提供「生產者證明書」（附照片可以看到生產者）的食品，或是當地產銷（當地生產的農產品，在當地消費）等的新動向，但是受到恩惠的只是某些富裕的階層，或是僅

す動きもみられるが、その恩恵を受けられるのは一部の富裕層や営農地域に限定される。安価で安全な食料を安定的に供給する仕組みの再構築が課題となっている。

2）農林業

　日本の農業（畜産を含む）は、252万人が就業し（2005年）、国内総生産（GDP）の1.1％を占めている（2005年）。農用地面積は国土の12.6％で、農家一戸あたり1.80ヘクタール（4.5エーカー、2005年）にすぎない。農業界の重要な課題としては、就業者の高齢化が進んでおり、若年後継者をどう確保するかということがある。また、食糧自給率が低いことも大きな問題であり（2007年は40％）、いかにして輸入食料に対抗して国内生産を維持していくかという課題もある。

　主な作物は、農業生産額の31％を占めるコメで、94％自給できている。そのほか生鮮野菜・牛乳・乳製品などは比較的自給率が高い。しかし、大量に消費される小麦・大豆は大部分を輸入に依存している。最近では、輸入品のリストは緑茶・そば粉など日本の伝統食品にまで拡大されている。

　畜産の経営規模は、養鶏を除いてきわめて小さく、輸入自由化の進展によって畜産の経営はますます厳しくなっている。2005年には、飼料全体の約59％が輸入された。

　林業は、4.7万人が就業している（2005年）。日本の国土面積の約3分の2は森林であり、2004年は伐採量が22,077万㎥であった。しかし、国内木材需要の約39％は輸入に依存している（2007年）。

3）水産業

　魚介類は日本人の主要な蛋白源になっている。1人1日あたり魚の消費量は184（2005年）グラムで、これは米国、英国の3倍である。

　日本の水産業は21万人が就業し、中国、ペルー、アメリカに次ぐ574万トンの漁獲量をあげている。このうち21％が国内養殖および内水面漁業、25％が沿岸漁業、53％が遠洋または沖合漁業である（2006年）。このように遠洋漁業への依存度が高いため、水産業界は、200海里漁業水域の設定や公海上でのサケ・マス漁の規制には、大きな打撃を受けている。近年、世界各国において、先進国における健康志向の高

限於務農的地區。如何再次重新建構食品的安全體制，以期能提供大眾便宜而安全的食品，並能持續安定地供給，這些課題也亟待解決。

2）農林業

　　日本的農業（包括畜牧業），雇用人數 252 萬人（2005年），占國內生產總值(GDP)的 1.1%（2005 年）。農業用地面積占國土總面積的 12.6%，每一戶農家平均僅擁有 1.80公畝（4.5 英畝，2005 年）的土地。今後農業界的重要課題為：農業的從業者大多都已邁入高齡化，如何確保年輕人能夠參與農業，成為後繼者。此外，糧食自給率太低也是一個大問題（2007 年為 40%），如何對抗進口食品，維持國內生產也是一個重要課題。

　　日本主要的農作物是食米，約占農業生產額的 31%，94%可以自給自足。此外還有生鮮蔬菜、牛奶、乳製品等的自給率較高。但是消費大宗如小麥、大豆等的農產品，大部分還是依賴進口。最近進口商品的範圍，也擴大到綠茶、蕎麥、麵粉等的日本傳統食品。

　　畜牧方面的經營規模，除了養雞之外，其他的規模都很小，隨著進口自由化的進展，畜牧業的經營也越來越困難。2005 年全國的飼料約有 59%都是依賴進口。

　　林業則有 4.7 萬從業人員（2005 年），日本的國土面積約有 3 分之 2 為森林所覆蓋，2004 年的砍伐量為 22,077萬立方公尺。然而，國內木材的需求，約 39%仍是依賴進口（2007 年）。

3）水產業

　　水產魚貝類是日本人的主要蛋白質的來源，每人每日平均魚的消費量為 184 公克（2005 年），為美國、英國的 3倍。

　　日本水產業的從業人數為 21 萬人，漁獲量為 574 萬公噸，僅次於中國、秘魯與美國。其中有 21%為國內養殖及淡水漁業、25%為沿岸漁業、53%為遠洋漁業及近海漁業（2006 年）。如上所述，因為對於遠洋漁業的依存度很高，

まりや、新興国における食の多様化の進展から、海産物の消費が上向いており、日本の漁業資源の確保が困難になりつつある。

　これらの事情により、日本が魚介類を自給するのは不可能となっており、輸入が輸出を上回っている（571万トン対79万トン：2006年）。
　日本では、鯨は大事な蛋白食糧源であったが、国際捕鯨委員会の決定に従い、調査捕鯨をのぞき捕鯨からは撤退した。

e）第2次産業
1）建設業
　建設業は、2007年には、就業者総数の8.6％を雇用し、国内総生産（GDP）の6.3％を占めた。
　企業数は52万に達する。このなかには、売上高が1兆円を超える大手のゼネコン（総合建設業者）数社も含まれるが、数のうえでは、小規模な工務店や下請けの専門企業が圧倒的に多い。全企業数の99％が資本金1億円未満である。

　建設業界では、景気の減速、公共工事の削減、建設資材の高騰、さらに非合法である談合からの脱却などの要因が重なり、2005年下半期以降倒産件数が増加する（2007年は10,959件）など厳しい状況下にある。

2）製造業
ア）概要
　製造業は日本の高度成長の立役者であった。近年、経済全体における比重は低下しているとはいえ、1,165万人（2007年）が就業し、国内総生産（GDP）の21.3％（2006年）を占めている。かつて中心であった鉄鋼や造船から、自動車や産業機械へ、さらにエレクトロニクスへと付加価値の高い技術集約型の分野へ拡大している。

　2008年秋以降、世界同時不況が急速に進行する中、日本の製造業も、さまざまな分野で大幅減産を余儀なくされ、業況の急速な悪化に直面して

而水產業受到 200 海浬漁業水域的限制，加上不能在公海捕捉鮭魚、鱒魚，而受到很大的打擊。最近數年，由於世界各國及先進國家健康意識的提升，及新興國家對於食品的多樣化需求，使得海產食品的消費需求也日趨擴大，因此在確保日本漁業資源方面，今後也是日益困難。

從上述的狀況，可以瞭解到日本的水產類已經無法做到自給自足，進口遠遠超過出口（571 萬噸對 79 萬噸，2006年）。

鯨魚在過去雖然是很重要的蛋白質來源，但是為了遵守國際捕鯨委員會的決議，除了調查捕鯨之外，日本已經停止捕鯨。

e）第二次產業
1）建設業
建設業在 2007 年雇用了就業者總數的 8.6%，占國內生產總值(GDP)的 6.3%。

企業家數超過 52 萬家，在其中也有幾家營業額超過 1兆日元的大型綜合建設公司。但是以家數來說，小規模的工務店及下游專門協力的承包商，則呈現壓倒性的多數。全體公司數之中有 99%都是資本額 1 億元以下的公司。

日本建設業界由於景氣的衰退、公共工程的減少及建築材料的高漲，加上非法的圍標而退出業界等多重因素，2005 下半年以後，倒閉的件數一直增加（2007 年有 10,959件），情況非常嚴峻。

2）製造業
i）概要
製造業是帶動日本高度成長的主角，最近雖然在全體經濟上的比重已略呈下降，但是從業者人數有 1,165 萬人（2007 年），占國內生產總值(GDP)21.3%的比重（2006年）。現在製造業正進行著結構性的改革，從過去以鋼鐵及造船為中心，轉移到以汽車及產業機械、電子等產業。此外，製造業整體上也逐漸地移轉到高附加價值的技術密集型的產品。

いる。

2008年の終わりには、自動車生産はフル操業であった年初に比べ23%減、鉄鋼生産は前年同期の32%減、石油化学原料のエチレン生産は前年同期の32%減など軒並み激減し、回復の兆しが見えない状況が続いている。各産業界では、工場の統合、高炉や製造ラインなど大型設備の休止・稼動日数の削減、大幅な人員削減などの緊急避難的措置により、経営の危機を乗り切ろうとする動きが広がった。

以下、主要業種について概観する。

イ）鉄鋼

日本の鉄鋼業は戦争によって壊滅的打撃を受けたが、戦後いち早く立ち直った。積極的な技術導入・相次ぐ効率的な臨海製鉄所の建設・旺盛な需要に支えられて、日本の粗鋼生産は1950年の年産500万トンからスタートし、5年ごとに倍増するという異例の速度で拡大し、1973年のピーク時には戦前の17倍の1.19億トンに達した。

その後、日本の粗鋼生産は1億トン前後で推移したが、2003年以降は世界的な需要拡大を背景に久しぶりに増加基調に転じ、2007年には1.20億トンと34年振りに記録を更新した。なお、日本は現在、中国に次いで世界第2位の鉄鋼生産国である。

日本の鉄鋼業は生産効率化、省エネ・省資源化を推進しコスト競争力の維持、向上に努める一方、新技術・新製品の開発にも注力し、ますます高度化する顧客の要求に対応してきた。例えば、モーター・トランスの効率を上げる電磁鋼板、高級自動車用鋼板、アラスカ、シベリアなどの寒冷地にも耐える高強度パイプの開発など、日本が世界をリードする製品分野は多岐にわたっている。

日本鉄鋼業の優れた技術の多くは、アジア・アメリカ・ヨーロッパ・アフリカなど世界の多くの国々にも供与されている。また、諸外国において日本企業と現地資本による鉄鋼合弁事業も数多く設立されている（アメリカ、中国、タイ、マレー

2008 年秋季以後，由於世界同時都受到金融海嘯帶來景氣低迷的影響，日本的製造業在各方面，也被迫大幅減產，業者的經營情況也有急遽惡化的趨勢。

2008 年年底，汽車生產要比年初滿線生產減少了23%，鋼鐵生產也比去年同期減少 32%。石油化學原料乙烯的生產也相同，比去年同期大幅減少了 32%，而且尚看不到景氣好轉的跡象。各產業界也積極地進行著工廠的合併、將高爐或製造生產線及大型設備等暫時停工、減少開工日數、大幅度削減人員等，幾乎是以緊急避難的方式，來度過這次經營危機。

以下就主要的業種作一概觀

ii）鋼鐵業

日本的鋼鐵業因為戰爭，受到毀滅性的打擊，但是在戰後也最早恢復生產。在旺盛的需要下，積極地導入技術，接連建設了高效率的臨海製鋼工廠，日本的粗鋼生產，從1950 年剛開始 500 萬噸的規模，以每 5 年倍增的速度，規模急速的擴大。在 1973 年的高峰時期，粗鋼的生產量達到了戰前的 17 倍，成為 1.19 億噸。

之後日本的粗鋼產量，大概都維持著 1 億噸左右。2003年以後，因為世界的需求擴大，又轉而成為增加的趨勢。2007 年達到 1.2 億噸，刷新了 34 年來的紀錄。此外，現在日本是僅次於中國，為世界第二的鋼鐵生產國。

日本的鋼鐵業致力於生產的效率化、推行節約能源、省資源化，藉以維持成本的競爭能力。另一方面，對於新技術、新產品的開發上，也順應客戶的高品質的要求，例如開發了馬達變壓器上的高效率鋼板、高級汽車用鋼板，或是開發了可使用在阿拉斯加或是西伯利亞酷寒地帶的高強度鋼管等產品。全世界當中，在多項的產品方面，日本鋼鐵業至今依然保持領先的地位。

日本鋼鐵業也將許多優良的技術，提供給許多亞洲、美國、歐洲、非洲等世界國家。此外，日本也和外國許多現地資本的鋼鐵業，共同設立了許多合資事業（美國、中國、泰國、馬來西亞、菲律賓、印尼、巴西等）。

シア、フィリピン、インドネシア、ブラジルなど）。

　鉄鋼は日本の主要な輸出品である。生産量にたいする輸出の比率（粗鋼換算）は、1980年の30％から1990年には一時17％に低下したが、最近再び増加傾向にあり2007年は32.7％であった。一方、輸入は1990年には日本の消費量の7.6％を占めたが、2005年は7.0％、2007年は6.2％と減少している。

　日本の鉄鋼業は、主原料である鉄鉱石と石炭のほぼ全量を輸入している。鉄鉱石の主な供給国はオーストラリア・ブラジル・インド、石炭はオーストラリア・カナダなどである。

　2008年後半以降、鉄鋼業も世界同時不況の波を受け、自動車産業の大幅な減産などにともない、高炉の休止などかつてない大規模な減産体制を余儀なくされている。

ウ）非鉄金属

　非鉄金属製品は大半を輸入原料に依存しているが、鉱石を輸入して精錬から行う方法と、地金を輸入して圧延・加工以降を行う方法がある。

　銅については、2006年には需要に見合う153万トンを生産した。国内鉱からの精錬は生産の0.1％で大部分は輸入鉱に頼っている。

　アルミニウムは地金で輸入し、それを日本で加工している。2006年の地金消費量は230万トンであった。石油危機以降、大部分の企業が多量の電力を必要とする精錬事業から撤退して久しい。

エ）一般機械・精密機械

　日本は、機械工業の基礎をなし「機械の機械」といわれる工作機械を、2007年に10.6万台、1兆3,032億円生産した。そのうち、8.2万台（78％、金額では90％）がコンピュータ制御のNC機であった。日本の工作機械工業は、質・量ともに世界の最高水準にあり、生産額の68％が輸出されている。

　産業用ロボットの生産量は、1980年代の間に4倍に増加し、1990年には約8万台が生産された。その後景気後退で減少をつづけたが、2000

鋼鐵在過去是日本主要的出口產品,但是生產量的出口比率(以粗鋼換算)從 1980 年的 30%,降低到 1990 年的 17%,最近又有增加的趨勢,2007 年為 32.7%。而進口方面,1990 年占了全消費量的 7.6%,2005 年為 7.0%,2007 年則減少為 6.2%。

日本的鋼鐵業使用鐵礦石及煤炭,幾乎全部都仰賴進口,鐵礦石主要是從澳大利亞、巴西、印度進口,而煤炭的主要供給國為澳大利亞、加拿大等地。

2008 年下半年開始,鋼鐵業也受到世界同時不景氣波濤的打擊,隨著汽車產業等的大幅減產,造成高爐被迫暫停生產,這也是過去從未發生的狀況。

iii)非鐵金屬

非鐵金屬的產品大部分都使用進口原料來生產。其中有進口礦石再加以精煉,或是進口條塊的初級品進行壓延、加工等的方式來生產。

日本在 2006 年生產了 153 萬噸的銅,大致符合需要。從國內礦石提煉的約占 0.1%,大部分都依賴進口的礦石原料。

鋁是輸入鋁錠條塊後,在日本再做後續加工處理。2006 年鋁條塊的消費量為 230 萬噸。在石油危機後,大部分的企業就從需要大量電力的精煉事業上撤退。

iv)一般機械、精密機械

日本機械工業的基礎,是以俗稱為「機械中的機械」的工具機(機床),在 2007 年生產了 10.6 萬台,約 1 兆 3,032 億日元。其中有 8.2 萬台(78%、金額為 90%)是屬於電腦操控的 NC 工具機。日本工具機械工業在質與量都已達到世界的最高水平,生產額當中有 68%都是出口。

產業用機械人的生產量,在 1980 年代中增加了 4 倍,1990 年生產了約 8 萬台。之後因為景氣衰退的緣故,轉為減少,而在 2000 年代之後恢復,2006 年為 10.9 萬台。2006 年底,日本國內有 35 萬台正在運作,這數量占全世界的 37%,為美國的 2.3 倍。

年代に回復に転じ 2006 年には 10.9 万台となった。2006 年末には、国内で 35 万台が稼働しているが、これは世界全体の 37%、米国の 2.3 倍にあたる。

このような工作機械と産業用ロボットは、機械技術とエレクトロニクスの結合した、いわゆるメカトロニクスの成果である。これらの技術は、建設機械・農業機械・事務機械などにも活用され、各種機械工業製品の機能を、著しく高度化させている。

精密機械工業では、カメラ・時計・医療機器など幅広い製品を生産している。2007 年には、日本は約 4,251 万台のカメラを生産した（デジタルカメラ 3,228 万台、ビデオカメラ 1,023 万台）。

最近パソコンへの取込が可能なデジタルカメラの伸びがとくに著しい。技術面でも日本は世界をリードしている。時計工業も 2007 年には 4 億 3,600 万個を生産し、世界市場で圧倒的な地位を占めている。

一般機械・精密機械産業も、2008 年下期以降の、世界同時不況の影響下にあり、輸出を中心とする、大幅な需要の落ち込みへの対応を、迫られている。

オ）家庭用電気機器

日本の家庭用電気機器産業は、2000 年に電子レンジ、カラーテレビ、電気洗濯機、電気冷蔵庫、電気掃除機、電気がま、換気扇、エアコン、VTR、テープレコーダー、DVD をそれぞれ 300〜800 万台生産した。

家電製品は、日本の電気機器メーカー発展の原動力であった。しかし近年、カラーテレビ、DVD ビデオ、ステレオセット、白物家電（冷蔵庫・洗濯機など）の生産は、コスト節減や貿易摩擦に対処するため、国外生産が主で、国内生産は高級機種が主体になっている。また、高い技術力が必要な部品（マイクロコンピューや液晶ディスプレイパネルなど）は日本で生産し、中国で組み立てる国際分業化も盛んである。

家電（電子・電気）製品の輸出は伸び悩んで

像這樣的工具機械與產業用機器人，是運用並結合機械與電子的技術，被稱爲「機電一體化」的成果。這些技術也應用在建設機械、農業機械、事務機械等用途，高度提升了各種機械工業產品的性能。

　　精密機械工業生產照相機、鐘錶、醫療機械等，產品的範圍非常廣泛。2007 年日本大約生產了 4,251 萬台的照相機（其中數位相機 3,228 萬台，攝錄放機 1,023 萬台）。

　　最近可與電腦連線的數位相機成長特別顯著，日本在技術上也領先各國。2007 年鐘錶工業生產量爲 4 億 3,600 萬支，在世界的市場上占有壓倒性的地位。

　　2008 年下半年開始，一般機械、精密機械產業也受到世界同時不景氣的影響，造成以出口爲中心的需求，大幅滑落，被迫採取因應的措施。

v）家用電器產業

　　日本家用電子電器產業，在 2000 年微波爐、彩色電視機、洗衣機、冰箱、吸塵器、電飯鍋、抽風機、空調、VTR、錄音機、DVD 各生產了 300～800 萬台。

　　家電產品，原本是日本的電器廠商發展的原動力。但是最近數年，彩色電視機、DVD 放影機、立體音響、白色家電（電冰箱、洗衣機等）的生產，爲了要節省成本及因應貿易摩擦等，多轉往海外生產，國內的生產主要是高級機種。此外，需要高技術力的零組件（微處理器或是液晶螢幕等）則是在日本生產之後，再到中國組裝，此種形式的國際分業也是非常盛行。

　　家電（電子、電器）產品的出口，雖然成長趨緩，卻仍然是一項重要的出口項目，例如 2007 年共出口 1.7 兆日元。

いるものの、依然として重要な輸出品目であり、2007年の輸出金額は1.7兆円であった。

カ）コンピュータ・エレクトロニクス

コンピュータ産業は、今日の情報社会において不可欠な役割をもち、2007年には、総数852万台のコンピュータが生産された。

このほとんどがパーソナルコンピュータ（パソコン）である。コンピュータ産業の生産額は、2007年は総額1.3兆円で、ソフトウェアの国内出荷額は、2007年には7,800億円であった。この他、テレビゲームの出荷額は、ハードウェアが9,600億円、ソフトウェアが6,700億円であった。

パソコンが普及しはじめたのは1980年代半ばからであり、それにともないコンピュータ全体の生産額は、1985年から1990年までの間に、年平均14.3%の急増を示した。その後も、日本におけるパソコンは企業内ネットワーク化、小売店での商品管理、またインターネットの利用もあって一般家庭にも広範囲に普及が進んでいる。

日本は、半導体素子および集積回路の世界有数の生産国である。2007年には、半導体素子は889億個、1.1兆円で、集積回路は381億個、3.8兆円を生産した。

なお、コンピュータの普及にともなって、サービス産業に属するソフトウェア産業も引き続き成長している。

しかしながら、この産業も、2008年後半に一挙に顕在化した世界同時不況の大きな影響を受けている。

キ）自動車

日本の自動車産業の本格的基礎が固まったのは戦後の1950年ごろであった。その後の発展はめざましく、1980年には生産台数が1,104万台に達してアメリカを抜き、それに続く15年間は世界第1位の地位を保った。1990年に1,300万台のピークを記録し、2002年以降は連続して1,000万台で安定している。国内生産の約半分は輸出されている。

一方、旺盛な海外需要に支えられて海外生産の伸びも顕著である。1995年には500万台、2000

vi）電腦、電子產業

電腦產業，以現在資訊化的社會來說，扮演著重要的角色，發展得非常快速。2007 年中生產總數為 852 萬台。

其中個人電腦（PC），占了壓倒性的比例。2007 年電腦產業的生產總額為 1.3 兆日元。軟體的國內出貨額，2007 年為 7,800 億日元。其他如電視遊樂器的出貨額，硬體為 9,600 億日元，軟體則為 6,700 億日元。

個人電腦開始普及化，是從 1980 年代中期開始，電腦的全體生產額隨之增加，從 1985 年到 1990 年之中，每年均有 14.3% 的高成長率。之後，隨著日本企業內部的網路化、零售商店中的商品管理，加上使用網路也廣泛普及到一般的家庭。

日本也是半導體組件及積體電路的世界最大生產國之一，在 2007 年生產了 889 億個、產值 1.1 兆日元（其中積體電路 381 億個、3.8 兆日元）。

此外，隨著電腦的普及化，屬於服務業的軟體業也有驚人的成長。

但是這個產業，從 2008 年後半年開始，也是受到迅速浮現全世界同時不景氣的影響。

vii）汽車工業

日本的汽車工業真正奠定基礎是在 1950 年代左右。之後，日本的汽車工業的發展驚人，在 1980 年汽車的生產量為 1,104 萬輛，從此之後連續 15 年超過美國，保持世界第一。1990 年生產量達到 1,300 萬輛的高峰，2002 年以後，也連續 4 年保持 1,000 萬台以上的紀錄。國內生產約半數都是出口。

另一方面，由於旺盛的海外需求，海外現地生產的成長也特別顯著。1995 年生產了 500 萬輛，2000 年超過 600 萬輛，2005 年則達到 1,000 萬輛，生產數量可以與國內相匹敵。因此 2006 年日系汽車的全球生產量已達到 2,200 萬輛。

年には 600 万台を超え、2005 年以降には 1,000 万
台と国内生産と肩を並べるようになった。この結
果、2006 年の日系自動車のグローバル生産量は
2,200 万台に達した。

　北米を中心とする海外における日本の自動車
への信頼と人気は、低燃費と高品質に支えられて
いる。加えて、地球環境の保全に貢献する車とし
て評価が高まっているハイブリッドカー（ガソリ
ンエンジンと電気モーターの組合せによるエネル
ギーの有効活用・低燃費化技術搭載車）は日本が
先行し、さらに市場を拡大しつつある。

　また、日本の自動車市場の特徴のひとつに、世
界でも極めてユニークな軽自動車（軽４輪車）と
いうカテゴリーの存在がある。

　これは、通常の乗用車（ミニバン、ワゴン車、
SUV を含む）より小型かつ小排気量であるが、
高速道路の走行も可能で、乗用車と同じく運転免
許証がなければ運転できない。規格的には、長さ
3.4 m・幅 1.48 m・高さ 2.0 m・排気量 660 cc 以下
という４つの条件をすべて満たしていなければな
らない。

　軽自動車は価格そのものが安い上、税金・保険
料・燃料費などの維持費も安い。従って、移動や
運搬の手軽な「足」として、戦後の日本社会に浸
透してきた。特に地方では買い物・通勤・子供の
送り迎えなどのセカンドカーとして普及し、また
軽トラックは農業・水産業・建設業・輸送業・商
業など幅広い分野で利用されている。

　2008 年後半からは、世界的同時不況が起り、
北米を中心として自動車の需要が急減した。世界
の自動車産業は、大幅な減産体制を、強いられて
いる。

ク）造船

　日本の造船業は、高い生産技術と工程管理能力
で世界的な信頼を得ており、日本の鋼船竣工量は
1,733 万総トンと世界の 31％ を占め、また新規受
注量は 13％ を占めた（2007 年）。

以美國為中心，海外對於日本汽車的信賴與歡迎的程度，主要是以省油、高品質為最大因素。加上對於地球環保有積極貢獻，受到很高評價的雙燃料系統車（利用汽油引擎與電動馬達的組合，將能源做最有效率的運用，搭載具備低油耗技術的車種），也是日本首先推出，預測這個市場將會更形擴大。

此外，日本汽車市場的特徵之一，就是也生產一些非常獨特的輕型汽車（輕四輪車），在全世界的汽車市場中，是一個非常特別的市場區隔。

這與平常的乘用車（包含 MINIVAN、WAGON、SUV）相比較，不但體積較小且為低排氣量，也能够開上高速公路，駕駛時需要與一般車輛相同的駕駛執照。以規格而言，必須要全部符合車長 3.4 公尺、寬 1.48 公尺、高 2.0 公尺，加上排氣量限制在 660cc 以下的條件才行。

輕型汽車除了價格低廉，同時在稅金、保險、燃料費等的維持費也很便宜。因此，在移動或是搬運時，也是最輕便的代步工具，自戰後以來，就滲透普及到全日本社會的各個角落。特別是在鄉下地方的購物、通勤，或是作為接送孩童等時的第二部車來使用。此外，輕型貨車被廣泛地使用在農業、水產業、建築業、運輸業、商業等方面。

2008 年後半開始，受到世界同時不景氣的影響，以北美為中心，汽車的需求也大幅減少。全世界的汽車工業也被迫採取大規模減產來因應。

viii）造船業

日本的造船業因為擁有高度的生產技術及工程管理能力，在世界上得到很高的評價，日本鋼製船舶的竣工量為 1,733 萬噸，占了世界的 31%。除此之外，新購訂單也占 13%（2007 年）。

ケ）化学

　化学工業は、従来はプラスチックなどの基礎素
材が主であったが、石油危機以降は医薬品などの
高機能品への転換が進んでいる。2005年の生産
額は38.5兆円である。このうち、石油精製業が
もっとも大きく33％を占めている。

　日本の石油化学工業は、汎用品分野では設備規
模の面で新鋭大型の欧米・中国・中東諸国に比べ
劣位に甘んじている。また、原料の面でも主とし
て石油を利用しているため、調達コストの安い天
然ガスを利用している中東・欧米諸国に比べて不
利である。
　他方、日本のメーカーはポリプロピレンなど製
品開発余地が大きい分野や高純度テレフタル酸な
ど高度の生産技術を要する分野での事業展開を行
い、優位性を保持しようとしている。

　工業薬品は、工業製品の原料のほか製造過程
での化学処理にも広く使われていて、産業活動に
は不可欠な物質である。日本は、産業の多様な需
要に応えるため長年技術開発を進めてきた結果、
国際競争力をもつ機能性化学品を多く保有して
いる。たとえば、液晶ディスプレイ用材料では
65.2％の世界シェアをもち（2005年）、半導体用
材料では73.1％のシェアを保有する（2005年）。

　日本の化学肥料工業は、消費者の有機農産物
および高品質米への志向の高まりから追肥が抑制
され、国内消費量は減少している。さらに、価格
の安い外国製の化学肥料の輸入も増えている。こ
のため、化学肥料工業は、構造的な不況が続いて
いる。
　医薬品は、一つの新薬の開発に9〜17年の期
間と約300億円の開発費用を要する製品である。
開発後は特許に基づき一定期間独占的に利益を上
げられ、製薬会社はこの利益を次の新薬開発に投
入する。国内製薬会社は事業規模・開発規模の差
が大きい欧米製薬会社との競争にさらされてい
る。このため、国内外の薬品メーカーの再編が進
展している。さらに、医療費抑制の要請から、厚

ix）化學工業

化學工業，原本是以塑膠等基礎原料為大宗，在石油危機之後，逐漸轉換為醫藥等的高機能項目。2005 年的生產額為 38.5 兆日元。其中以石油精煉業為最大，占了 33%。

日本的石油化學工業，在泛用產品方面，以設備規模面而言，因為依然保持現狀的關係，相較於以最新大型設備生產的歐美、中國、中東諸國，相對地呈現劣勢。此外，在原料方面，日本主要是利用石油提煉，因此與輸送等成本較低的中東、歐美諸國使用天然氣相比較，在競爭上是很不利的。

因此，在另一方面，日本的廠家現在著重於以 P.P（聚丙烯）等製品，此產品的開發前景看好。或是在需要高度技術提煉的高純度苯二甲酸方面，進行事業開發，藉以保持優位性。

工業藥品是除了工業製品的原料之外，在量產的製造過程當中，所進行的化學處理，也被廣泛地運用在產業活動上，是不可或缺的物質。日本為了因應產業多樣化的需要，長年進行技術開發的結果，擁有許多具有國際競爭力的機能性化學產品。例如，液晶螢幕用的材料在世界上的占有率高達 65.2%，半導體用的材料方面則有 73.1%的市占率（2005 年）。

日本的化學原料工業，因為消費者對於選擇有機農產品及高品質食米日漸增加，造成不再使用追肥，因此國內消費量也呈現減少。再加上進口外國製的便宜化學肥料增加，因此化學肥料工業，也是一直呈現結構上的不景氣。

在醫療藥品方面，因為在一個新藥的開發上，至少要花上 9～17 年的期間，同時需要投資約 300 億日元的開發費用。在開發完成後，在專利的期間內，可以享受到獨占的利益，製藥公司再將此利潤，投資到新藥開發上。國內製藥公司無論在事業規模，及開發規模上，與歐美製藥公司相比較，尚有一大段差距，因此無法與之競爭。因此國內外的藥品製造商也相繼進行合併或整編，再加上抑制醫

生労働省の薬価基準の見直しがなされている。

　特許期間が切れた医薬品は、他の製薬会社が自由に製造することができる。これらの薬品は後発品（ジェネリック医薬品）と呼ばれていて、新薬より価格が30％～70％廉いが、日本では医師にも一般市民にも、いまだ抵抗があり、普及が遅れている。

コ）繊維
　日本の工業化初期の段階を支えたのは繊維工業であった。現在日本は、しだいに在来型製品の国内市場を発展途上国に譲りつつあるので、業界では、高機能の新繊維の開発、高級織物、ファッション製品など、付加価値の高い分野への展開に力を入れている。

　縫製を中心に海外への工場進出も活発である。また、現在では最終製品の輸入が急増しており、特に中国製が2007年現在、輸入金額の約77.6％近くを占める。

　繊維業界の近年の流れとして、従来は上流の製糸・織物から下流の縫製・アパレルなどの分業が一般的であったものが、IT技術を駆使して、消費者のニーズの変化をとらえ、また極めて少ない在庫と海外の生産を最適に組みあわせた、製造小売型（SPA）の台頭が著しい。

　2005年の工業製品出荷額に占める比率は、繊維工業と縫製工業を合わせて1.5％であった。2006年の繊維の生産量は70万トンで、うち86％が化学繊維である。天然繊維の原料は、大部分を輸入に依存している。
　軽くて強いという特性をもつ新素材である炭素繊維は、航空機、自動車のみならず、ゴルフクラブシャフトなどのスポーツ用品、さらに近年は耐震性を確保するための建設資材としての用途も開発されている。

サ）窯業・製紙・ゴム
　窯業にはセメント・ガラス・陶磁器などが含ま

療費用的要求,厚生勞動省也正進行重新審核藥價的基準。

　　過了專利期的藥品,其他的製藥公司可以自由的生產與製造。這一些藥品俗稱為「後發藥品」,相較於新藥的價格,要便宜 30%～70%。但是日本一些醫師及一般市民對於使用這種藥品,仍有抗拒感,因此遲遲未能普及。

x)纖維工業

　　日本工業化的初期階段,纖維工業曾經是主要支柱。現在日本已逐漸地將國內市場的既定產品,拱手讓給開發中國家,業界也轉向開發高性能的新型纖維製品、高級紡織品、流行服飾等,投入附加價值高的領域。

　　設立以縫製為中心的海外工廠,也在積極地進行當中。最近,最終產品的進口也大為增加,特別是中國製品,在 2007 年進口金額中約占 77.6%。

　　纖維業界最近幾年的趨勢為:過去是從上游的紡紗、織布,到下游的縫製、成衣等分業而成,但是現在運用 IT 技術,可以敏感地掌握消費者的需求變化,或是以非常少的庫存及海外生產來做組合,從製造到零售一貫化(SPA)的抬頭,最近受到矚目。

　　2005 年工業產品的出貨額比率中,纖維工業與縫製工業的合計為 1.5%,2006 年纖維的生產量為 70 萬噸,其中有 86%是化學纖維,天然纖維的原料,大部分都是依賴進口。

　　碳素纖維為特性極為輕韌的新材質,不僅是航空及汽車業,也運用在高爾夫球桿等的運動用品上,最近幾年為了確保耐震性,連建築材料上的新用途,也正在開發當中。

xi)窯業、造紙業、橡膠產業

　　窯業之中,包含水泥、玻璃、陶瓷器等產業,2005 年的出貨金額約 7.6 兆日元。

れ、2005 年の出荷額は約 7.6 兆円であった。

　窯業の製品で新素材として注目されているのは、ファインセラミックスである。これは酸化物などの合成微粉末を焼き固めた磁器である。耐熱性、耐食性など保ちながら、電気的、光学的機能がすぐれていて、電子部品や触媒に使用されている。2007 年には約 222 億個生産された。ガラス工業でも、加工ガラスやガラス繊維に続いて、ニューガラスなどの高機能ガラスの需要創出が期待される。
　日本における紙・板紙の生産高は 3,127 万トンと、米国、中国に次いで世界第 3 位である（2007 年）。
　パルプ用原木とチップの 2006 年の消費は 3,512 万 m^3 で、その 70％が輸入材であった。最近は森林資源保護のため古紙利用が推進されており、古紙利用率は 61％、また古紙回収率は 72.4％と、ともに世界トップの水準にある（2006 年）。
　ゴムの需要も拡大を続けている。2006 年には、日本は、中国、米国に次ぐ、世界第 3 位の 205 万トンを消費した。消費量が最大のゴム製品は自動車用タイヤで、約 67％を占める。

シ）食料品
　食料品工業の製品出荷額（飲料・飼料・たばこなどを含む）は 2005 年には 33 兆円に達し、全工業の約 10.9％を占めた。
　この産業は成熟段階に入っているとされるが、レトルト食品や冷凍食品などの加工度の高い製品は需要が拡大している。また、消費者の健康志向から、無農薬食品の輸入増加や清涼飲料、特に茶系飲料の伸びが目立つ。酒類のなかでは、ビール類（発泡酒などを含む）は伸びているが、日本酒の生産は減少気味である。

3）高水準のものづくり技術
　日本の製造業の大きな特徴の一つとして、中小企業の高水準のものづくり技術（職人などの手による高度な製造技術）が、自動車・エレクトロニクス・高速鉄道などの、諸産業の一翼をになっていることがあげられる。

在窯業的產品中,「新陶瓷」特別受到矚目。它是利用酸化物的合成微細粉末,燃燒後結成固體的瓷器。由於它有耐熱及耐腐蝕性,又具備電氣及光學的性能,可以使用在電子零件及觸媒當中。2007 年的生產量約 222 億個。而玻璃工業方面,除了加工玻璃及玻璃纖維之外,也期待具有高性能的「新玻璃」來創造需要。

日本在紙及紙板的生產量為 3,127 萬噸,僅次於美國、中國,位居世界第三位(2007 年)。

2006 年紙漿用的原木及木漿消費量為 3,512 萬立方公尺,其中 70% 為進口。此外,最近為了保護森林資源,也一直在推廣再生紙的利用,再生紙的利用率為 61%,舊紙的回收率為 72.4%,這都是世界的最高水準(2006 年)。

橡膠的需求也持續擴大。2006 年日本僅次於中國與美國,成為世界第三位,消費量為 205 萬噸。生產量最大的橡膠製品為汽車的輪胎,約占 67%。

xii)食品工業

食品工業產品的出貨金額(飲料、飼料、香烟等)在 2005 年達到 33 兆日元,約占全工業的 10.9%。

此一產業雖然已進入成熟階段,但是由於速食包及冷凍食品等加工度較高的產品需求,還是持續地呈現擴大的趨勢。此外,由於現在消費者的健康意識,所以無農藥食品進口的增加及清涼飲料的成長,受到了矚目,特別是茶系列飲料的消費成長迅速。酒類中,啤酒類(包括發泡酒)的消費也呈現成長,而日本酒的生產,則有減少的傾向。

3)高水平的物品製造技術

日本製造業的一個很大的特徵是:中小企業高水平的物品製造技術(工廠師傅以高超的手藝來製造物品的技術),從汽車、電子、高速鐵路等,對於各個產業,都發揮了重要的功能。

日本の中小企業は個人事業者を含めておよそ420万
社で企業総数の95％以上、従業員数で8割近くを占
めている。中小企業は製造業でいえば、資本金3億
円・従業員300人以下のものをいうが、なかには従業
員10人以下の会社も多くある。
　日本人の手作業技能の高さは江戸末期には外国人に
も認められている。幕末に日本にやってきたアメリカ
艦隊のペリー提督一行は、1マイル（約1.6 km）先の
声が聞こえる電気通信機や、人を乗せて時速20マイ
ルで走る小型蒸気機関車などで日本人を驚かしたが、
逆に彼らも木工、石工、鍛冶、織物、製紙、漆器な
ど、ものづくり全般における日本人の技量の高さ、と
りわけ細部の精巧さと仕上げ水準の比類ない高さに目
を見張った。

　日本には「職人気質（かたぎ）」という言葉があ
る。すなわち、自分の納得いく作品を残すこと、その
プロセスとしてのものづくり、仕事そのものに何もの
にも代えがたい、やりがいと誇りをもつという伝統で
あり、これが現在も中小企業に生きているといえる。

　これらの技術は、東京都大田区に密集する中小企業
群を初めとして全国各地に、以下のような町工場が活
躍している。
　　○精密金型。自動車・エレクトロニクス機器など多
　　　くの産業に供給される部品を製造するための複
　　　雑・精密金型製造技術。

　　○「ヘラ絞り」技術。宇宙ロケットの先端部分、
　　　ジェット機のノーズコーン（先端の突出部）、パ
　　　ラボラアンテナなどを一枚の金属板を回転させな
　　　がらヘラという梃子棒を使って手作業で成形する
　　　技能。
　　○新幹線車両の先端の湾曲部分を手作業によって打
　　　ち出す板金仕上げ技能。

日本中小企業包含個人事業者，約有 420 萬家，占了企業總數的 95% 以上，從業人員數將近占了八成。以製造業而言，資本額 3 億、從業人員 300 人以下都算是中小企業，其中從業人員在 10 人以下的公司也很多。

　　日本人以高超而精巧的手藝，在江戶時代末期，連外國人都大感佩服。幕府末期，抵達日本的美國艦隊的貝利提督一行，雖然擁有能夠聽到 1 英里（約 1.6 公里）之外的電力通訊機，及時速 20 英里能夠坐人的小型蒸汽火車等，這些都讓當時的日本人大感吃驚。然而相反地，他們也看到日本的木工、石工、鍛鑄、紡織、造紙、漆器等，在全部的工藝製品上，都展現出高水準及出色的技能，對於精巧的細部構造及成品精緻的製作水準，也是令其嘆爲觀止。

　　在日本有句話，形容這些工匠爲「職人氣質」。也就是說，工匠（職人）在製作物品時，就是要做到力求盡善盡美，達到自己能夠接受、滿意的程度，而此製造的過程及工作的本質，是無法用任何東西所取代。傳統上職人就要能做出有成就感並能誇示於人前的作品。在今天的中小企業當中，這種精神依然被傳繼著。

　　從密集聚集在東京都大田區的中小企業群落開始，到全國各地街頭巷尾，這些小型工廠，還是非常地活躍。
○精密模具。供應汽車、電子機器等許多產業零組件的複雜、精密金屬模具的製造技術。

○「金屬延展」技術。從宇宙火箭的尖端部分到噴射機的鼻端（機頭前端突出的部分）、碟狀天線等，利用一片金屬板，旋轉後，使用如飯匙般的木棍，以手工就可打造成形的技能。

○新幹線車輛先端彎曲的部分，使用手工敲打板金，打造出流線形。

○直径 0.07 mm（髪の毛の太さ）の金製の電線の表
面に幅 0.01 mm の格子状の溝を掘りつける技術。
半導体チップに超スピードで配線する際の金線の
すべり止めに欠かせない。これらは顕微鏡を見な
がらの手作業である。

f）第3次産業
1）卸売・小売

卸売業・小売業は、2007 年には商店・企業数で 147
万店、就業者数で 1,171 万人、年間販売額で 545 兆円
となっている。

この業界には、従業員を千人以上抱える総合商社や
百貨店や大型スーパーマーケットもあるが、事業所の
ほとんどは小さい。たとえば、2007 年の調査による
と、小売店の 84％が従業員 10 人未満で、44％が 2 人
以下であった。卸売業の 74％も 10 人未満である。

伝統的な個人商店の減少は著しく、コンビニエンス
ストア（コンビニ）やディスカウントストアなどが増
加し、集客に成功している。コンビニは消費者ニーズ
に合わせた品揃えや営業時間の拡大、新規出店、ディ
スカウント店は低価格がその要因となっている。さら
に近年は、大規模資本による複合型の大型ショッピン
グモールが近郊の工場跡地などに建設され、買い物か
ら外食、娯楽まで提供するコンセプトで人気を集めて
いる。都市の中心部に立地し、高級品を中心にしてい
た百貨店（デパート）は、売り上げの減少が見られ、
生き残りのための再編を進めている。

日本の「総合商社」は、日本の経済活動の中で独
特の機能を持ち、その広範な活動で世界に知られてい
る。1990 年以降、輸出入取扱高の減少にともない、
その取引額は縮小傾向にあるが、商社各社はそれぞれ
の得意分野に経営資源を集中するとともに、単なる商
品の取扱い機能から、商社金融とも言われる与信機能
の代替、さらに資源の確保・食糧産地の開発などを自
ら推進する事業主体への転換を計りつつある。

近年、無店舗販売の比率が増加している。無店舗

○將直徑 0.07 公分（如頭髮般的粗細）金製電線的表面，割掘出寬 0.01 公分格子狀溝槽的技術。這是使用在半導體顆粒高速配線時，當成一個止滑點，在配線時不可或缺的，這也是使用人工在顯微鏡下作業。

f）第三次產業

1）批發、零售

　　批發業及零售業，在 2007 年的商店、企業數有 147 萬家，就業者的總數有 1,171 萬人，年營業金額 545 兆日元。

　　在此業界有從業員在千人以上的綜合商社、百貨公司或是大型超市，但是大部分的規模都很小。例如以 2007 年的調查，小賣商店的 84％的從業人數都未滿 10 人，44％都在 2 人以下，批發業商家的 74％也未滿 10 人。

　　但是以整體的趨勢來觀察，傳統的個人商店有日益減少的趨勢，而便利商店及量販折扣商店等則有增加的現象。便利商店為了迎合消費者的需求，以具備多樣化商品及延長營業時間，增設店面等吸引客源，加上折扣商店採取價格破壞的低價格策略而造成的。特別是最近數年，由大規模資本所投資的大型複合式購物商場，建立在近郊的工廠的舊址上，經營的概念是提供從購物、外食到娛樂等多方面複合式的需求，受到大眾的歡迎。這也造成位於都市中心，販賣高級品的百貨公司營收減少，為了生存而重新進行整編。

　　日本的「綜合商社」，在日本的經濟活動當中，有著獨樹一格的機能，以其廣泛的活動，而聞名於世。1990 年以後，隨著負責進出口金額的減少，營業額開始有縮小的傾向。但是各個商社也在各自所擅長的領域，以集中經營資源的方式，開始從單純負責貿易的機能，轉而成為推動商社金融的授信機能，或更進一步的確保資源供應、開發糧食產地等，逐漸轉換成為以自身推動事業主體的經營方式。

販売の主要なものには、通信販売、テレビ販売、電子商取引がある。中でもインターネットを利用した商品販売は、宅配便との組合せにより、全国・全世界の買い物が家庭にいながらにして可能となった。消費者向け電子商取引は、3.5兆円（2005年）から5.3兆円（2007年）へと拡大している。一方、企業間電子商取引は140兆円（2005年）から162兆円（2007年）となり米国の1.6倍の規模となっている。

　クレジットカードは、買物などの売買決済手段として日本でも浸透している。発行枚数は2007年度に3億枚の大台を突破し、国民一人当り保有枚数は単純平均で2.4枚となった。ただし、年間利用額は38.8兆円、国内家計消費支出に占める比率は14％と、米欧諸国や東南アジア諸国に比べると低い。比較的治安がよく現金所持への抵抗感が少ないこと、カード払いを借金とみなし避けたいとの考え方が根強いこと、などが主な理由とされている。

　一方、金融機関が発行するキャッシュカードは、ATM（現金自動預入支払機）で本人確認を行い、現金の引き出し、預け入れなどを行うためのものである。

　クレジットカードおよびキャッシュカードのいずれも、最近は磁気カードから偽造困難なカード（磁気ストライプカードの本体に、更にチップを搭載したもの）への切り替えが進んでいる。またキャッシュカードの場合、安全性がさらに高いとされる生体認証カード（チップ内蔵カードに、静脈模様などの生体情報を追加記録したもの）の導入も始まっている。

2）運輸
　　ア）国内輸送の概況
　　　　現在、日本の国内輸送では旅客、貨物とも自動車輸送が主体である。2006年の旅客輸送は、自動車65％、鉄道28％、航空機6％、旅客船0.2％であった。また、貨物輸送は、自動車60％、内航海運36％、鉄道4％、航空機0.2％であるが、近年旅客・貨物ともに輸送量の伸びが止まっている。国内輸送の今後の課題は、人口減少にともなう輸送量の減少に対応するため輸送効率を高めることと、人口の集中する大都市部での交通の渋滞緩和対策である。

　　　　近年の輸送形態の特徴は、目的地まで「もの」

最近數年，由於無店鋪販賣的比率增加。而無店鋪販賣主要的型態有：郵購（通訊販賣）、電視銷售、電子商業交易等。其中利用網路的商品銷售，因爲結合了宅配服務，在家中即可購買到從全國到全世界的商品。對於一般消費者的電子交易，也從 3.5 兆日元（2005 年）擴大成長到 5.3 兆日元（2007 年）。在另一方面，企業間的電子交易，從 140 兆日元（2005 年）成長到 162 兆日元（2007 年），這也達到美國規模的 1.6 倍。

　　在日本，信用卡也是在交易購物時，所常常利用的一個付款機制。發行卡數在 2007 年突破了 3 億張，平均每一國民擁有的卡片數有 2.4 張，但是每年的消費金額僅爲 38.8 兆日元，只占國內家庭消費支出的比率 14%，比起歐美各國或是東南亞各國還要來得低。主要的理由是因爲日本相對的治安較佳，且對於携帶現金的抗拒感較少，再加上使用信用卡，總認爲就等於是借錢，心裡上總是儘量避免使用。

　　在另一方面，金融機關所發行的現金提款卡，是在 ATM（銀行存提款機）上，進行本人的確認後，再提領現金或是存款。

　　信用卡跟現金卡，現在爲了避免僞造，都開始將磁條改換爲附加晶片的方式。此外，在現金卡方面，爲了更加提高安全性，已經開始導入生體認證卡片（在晶片卡當中，紀錄個人靜脈資訊等的生體數據）。

2）運輸業
i）國內運輸概況
　　現在日本國內運輸方面，旅客及貨物都是使用汽車運送爲主。2006 年旅客運輸的比例是汽車 65%、鐵路 28%、飛機 6%、客船 0.2%。而貨物運輸方面則是汽車 60%、國內航運 36%、鐵路 4%、飛機 0.2%。最近數年旅客及貨物的運送量的成長都有些停滯。今後國內運輸的課題爲：隨著人口的減少，預料今後運輸量也會隨之下降，因此要如何提高運輸的效率，及改善人口集中於大都市地區的交通壅塞問題。

を運ぶだけではなく「顧客の要求を満たすため」というキーワードが重要になっている。

この特徴の一つに「宅配便」の発達があげられる。宅配便は、一般の消費者を対象に行う小口荷物の運送で1976年に民間事業者が手がけて以降、宅配便取扱個数が2006年で年間29.4億個と隆盛となっている。冷凍食品の取扱などのサービス機能や海外宅配、また、個々の荷物追跡情報の提供などを加えて、消費者の多様なニーズに応えている。

産業界では、「ロジスティクス」の考え方が定着している。これは生産地点から消費地点までの、生産と「もの」の流れ、保管・サービスを一体化する仕組みである。

身近な例として「コールド・チェーン」の発展がある。生鮮食品を生産者から消費者まで、冷凍・冷蔵・低温の状態で、一貫して流通させるシステムで、商品の鮮度の維持、価格の安定に、大きく寄与している。九州で水揚げされた生きたままの魚を、東京の家庭で食べることも可能となった。この基盤として、高速道路網の発達が前提となった。

イ）自動車輸送

日本の道路総延長は、2006年で約120万キロであり、その約8割は舗装されている。これにともない、自動車輸送は国内輸送の主体となり、2006年では旅客総数660億人・9,200億人キロ、貨物総量では50億トン・3,470億トンキロであった。貨物輸送は、関東・中部・近畿の三大都市圏で全体の半分を占めていて、この地区では慢性的交通渋滞・大気汚染などの問題を抱えている。旅客輸送総人キロはやや減少気味であるが、高速バス網の発達によりバス輸送量はわずかに増加している。有料道路利用車のうちETC（有料道路料金無線自動決済システム）の利用率は、2002年に1％からスタートして以来急速に増えて、2008年現在は73％である。

高速道路は、自動車が高速かつ安全快適に走行できるよう、各都市の一般道路を通過することなく造られた専用道路で、出入はインターチェンジによることと、往復は中央分離帯を設置するこ

最近數年運輸型態的一個特徵，不僅僅是將「物品」搬運到目的地而已，而是「如何滿足客戶的需求」，這也成為提供服務重要的關鍵。

　　而此特徵之一，就是「宅配服務」（送貨到家）非常發達。宅配服務是以一般消費者為對象，主要是運送小型貨物，從 1976 年，民間企業開始進入這個市場以來，宅配的個數在 2006 年已經達到 29.4 億個，生意非常興隆。從能夠寄送冷凍食品等的服務機能到海外宅配，加上可以提供追蹤每件貨物的資訊等，對於消費者多樣化的需求，提供了貼心的服務。

　　產業界也將此稱為「物流」服務。這是從生產地到消費地點，將生產與物品的流通運輸、保管、服務等，成為一貫化的系統機制。

　　以周遭的例子而言，這也促成了「冷凍運輸線」的發展。這是將保持一貫冷凍、冷藏、低溫狀態的生鮮食品，從生產者運送到消費者手上的物流系統，這對於維持一定的商品鮮度及穩定商品價格方面，有著莫大的貢獻。在九州島現撈的活魚，可以馬上直送到東京的家庭裏食用。要達到此種目的，前提是需要發達的高速公路網作為基礎條件。

ii）汽車運送

　　日本道路的總公里數，2006 年約有 120 萬公里。其中約有八成是已鋪裝完成的道路。隨著公路的建設，現在汽車運送也成為國內運輸的主體，2006 年旅客總人數有 660 億人／9,200 億人公里，貨物總運量達 50 億噸／3,470 億噸公里。貨物運輸主要是集中在關東、中部、近畿的三大都市圈，占了全體的半數以上。在這些地區，相對地也造成慢性的交通堵塞、空氣污染等問題。運輸旅客總人數公里方面，雖有漸漸減少的趨勢，但是隨著高速巴士網的發達，搭乘巴士的運輸量，則有少許的增加。在使用收費道路 ETC（道路自動收費系統）的使用率方面，從 2002 年的 1%開始急速的增加，到 2008 年已達到 73%。

　　高速公路為了讓汽車以高速且安全的行駛，在各城市

ととしている。1966年に策定された後、現在は
1987年に高規格幹線道路網計画1万4,000kmが
計画実行されている。現在東名、名神、中央高速
道路などの縦貫道をはじめ、横断道や大都市圏の
環状道路などが全国に備わっており、さらに整備
が進められている。

ウ）鉄道輸送

　鉄道の全長は2万7,400km（1万7,100マイル）
であるが、そのうち80％近くが、国鉄の民営化
により1987年に設立されたJR7社の路線で占
められている。日本の鉄道は英国人技師の指導に
より、1872年に東京の新橋と横浜の間に開通し
たのが、最初である。

　日本の鉄道の花形は新幹線で、東海道・山陽新
幹線は東京・福岡間1,176km（731マイル）を約
5時間で走る。現在、このほか東北・山形・秋田
新幹線、上越・長野新幹線、九州新幹線が開通し
ている。新幹線の最高時速は300km（186マイ
ル）である。

　1988年、本州と北海道の間に青函トンネル（全
長53.85kmで世界一長い）、本州と四国の間に瀬
戸大橋（9.4kmで世界一長い）が相次いで開通
し、本州と九州の間の関門トンネルを加えて、日
本の主要な4島が、鉄道で直接結ばれている。

　東京・大阪などの大都市では、都市と郊外を結
ぶ通勤用鉄道や地下鉄網も整備されている。

　1970年ごろまでは鉄道が国内輸送の主体だっ
たが、その後貨物輸送を見ると鉄道の割合は
1965年の31％から2006年には4％へと減少し
た。しかし、旅客輸送では依然全国総量の約3割
を占め、特に首都圏ほかの大都市圏では主要な交
通手段となっている。また、鉄道による貨物輸送
はエネルギー効率に優れ、温暖化ガス（二酸化炭
素）排出量も少ない。コンテナ貨物列車の高速
化、貨物列車とトラックの組合せによる複合一貫
輸送システムなどの導入により自動車・航空機輸

中不通過一般道路，而使用專用道路，進出則利用交流道上下，在來往的車道中間也設立有中央分離帶。在 1966年擬定計劃後，到 1987 年為止，已經依照高規格幹線道路網計劃建設了 1 萬 4,000 公里，現在有縱貫線的東名、名神、中央高速公路等。在跨越車道及大都市圈旁的連外環狀道路等，全國均已經普遍設置，現在更將其進一步的整建當中。

iii）鐵路運輸

日本鐵路的全長有 2 萬 7,400 公里（1 萬 7,100 英里），其中有接近 80%的路線，是國營鐵路的民營化，而由 1987年改制完成為 JR 的 7 家公司所擁有。日本鐵路最初是在1872 年由英國技師所指導，完成了由東京新橋到橫濱之間的鐵路。

日本鐵路的明星是「新幹線」，東海道--山陽新幹線由東京至福岡間，有 1,176 公里（731 英里），約需花費 5 小時。其他尚有東北--山形、秋田、上越--長野、九州新幹線。新幹線最高時速達 300 公里（186 英里）。

1988 年，本州與北海道之間的青函隧道（全長 53.85公里，世界最長），以及本州與四國之間的瀨戶大橋（長度世界第一，9.4 公里）陸續通車。此外，本州與九州之間的關門隧道也已開通，鐵路已將日本主要四個島嶼互相連接起來。

在東京、大阪等的大都市，設有連結都市與郊區的通勤用鐵路或地下鐵網路。

直到 1970 年代以前，鐵路還是日本國內運輸的主角，之後，觀察貨物運輸當中，鐵路所占的比例，從 1965 年的31%大幅減少到 2006 年的 4%。但是在旅客運輸方面，依然占了全國總量的約 3 成，特別是以首都圈及大都市圈，鐵路還是主要的交通方式。再加上鐵路在運送貨物時，能源的效率較高，造成地球暖化氣體（二氧化碳）的排放量也較少。因此，今後如何讓貨櫃貨物列車更加高速化，及導入讓貨物列車與卡車組合成一貫式的運輸系統等，讓汽車與飛機的運輸方式，今後逐漸地轉換成鐵路運輸，也正

送を鉄道輸送へ切り替えるモーダルシフトが進められている。

エ）海上輸送

2006年の世界の海上輸送量は69.8億トンで、対前年比約5％増加した。これは中国・インドをはじめとする開発途上国の経済拡大、道路・港湾などのインフラ整備にともなう輸入が増大したためである。これと並行して欧米や日本の鉄鉱石・石炭などの原材料輸入も増大した。

2006年の世界の海上輸送量のうち、日本は輸出で1.44億トン（2％）、輸入で8.15億トン（11.7％）、三国間輸送で2.45（3.5％）億トンを占めた。特にバラ積み原材料輸送では大きな比重を占め、鉄鉱石の19％、石炭の23％、穀物の11％、石油の10％は日本向けであった。輸出重量でもっとも大きいのは鉄鋼製品の3,480万トンで、全体の24％を占めた。

近年においては、巨大コンテナ船や20〜30万トン型の鉄鋼・石炭専用船などの大型船化により、輸送コストの一層の低減を追求している。

オ）航空機輸送

航空業は、2006年現在、旅客では国内線で約9,700万人、国際線で約1,700万人、貨物では国内線で約90万トン、国際線で約130万トンを輸送した。

国内輸送に占める航空業のシェアは、旅客人員で6％、貨物重量で0.2％である。国内線では、2005年の中部国際空港（セントレア）・2006年の神戸空港・新北九州空港の開設などもあり、旅客・貨物ともに増加している。しかし、年々高速化する新幹線との競争が厳しくなっており、航空各社は平均座席使用率60％維持を目指して料金割引などの対応を講じている。

一方、国際輸送面では、アジアでのハブ空港としての競争力確保の観点から、成田空港、羽田空港ともに24時間離発着の制約・利用料金の高さなど、諸問題の解決が課題である。

3）マスコミ

ア）新聞

日刊新聞の総発行部数は6,721万部で、中国、インドについで多く、人口1000人あたりの発行

在進行當中。

iv）海上運輸

　　2006 年世界海上運輸量爲 69.8 億噸，比前一年約增加 5%。這是由於中國、印度爲首的開發中國家，隨著經濟的發展，爲了興建道路、港灣等基礎建設，造成進口需求的增加所導致。此也讓歐美或是日本的鐵礦石、煤炭等原材料的進口也隨之增加。

　　2006 年世界海上運輸量之中，日本所占出口比例有 1.44 億噸(2%)，進口爲 8.15 億噸(11.7%)，三國間的運輸有 2.45 億噸(3.5%)。特別是散裝原材料的運輸占了很大的比重，鐵礦石有 19%、煤炭 23%、穀物 11%、石油 10%是運輸到日本。出口重量最多的是鋼鐵製品，有 3,480 萬噸，占了全體的 24%。

　　最近數年的趨勢是爲了追求更低的成本，以巨型貨櫃船，或是使用 20～30 萬噸大型船化的鋼鐵、煤炭的專用船來運輸。

v）航空運輸

　　航空業方面，2006 年國內線旅客約有 9,700 萬人，國際線約有 1,700 萬人，貨物運輸量在國內線約有 90 萬噸，國際線則約有 130 萬噸。

　　航空業在國內運輸的市占率，在旅客人數方面占了 6%，貨物重量則占 0.2%。在國內航線方面，由於 2005 年新開設了中部國際機場，2006 年則新開設了神戶機場、新北九州機場，旅客數及貨物量都有增加。但是隨著鐵路新幹線的年年高速化，競爭也日益激烈而嚴峻，各航空公司爲了讓機位的使用率能夠維持在 60%的目標，也經常使用打折促銷的方式來因應。

　　另一方面，在國際運輸方面，就亞洲的中轉機場而言，從確保競爭力的觀點，現今成田機場及羽田機場 24 小時起降的限制、高昂的機場使用費等，都是亟待解決的課題。

3）大眾傳播媒體

部数は528部であり、世界でもっとも多い（2008年）。1紙あたりの発行部数は、全国紙で読売新聞1,003万部、朝日新聞811万部、毎日新聞400万部、日経新聞400万部などで、これらはすべて全国紙であり、朝刊・夕刊を発行している。諸外国の大新聞であるアメリカのウオール・ストリート・ジャーナル205万部、ニューヨーク・タイムズ114万部、イギリスのデイリー・メール230万部、タイムズ65万部、フランスのル・モンド32万部、イタリアのコリエレ・デラ・セーラ68万部、中国の人民日報277万部などと比べても非常に大きい。

しかし、総発行部数は1997年の7,271万部のピーク時から減少しつつある。インターネットの普及に伴い、若者を中心に新聞を読まない層が増えつつある。

イ）出版

書籍・雑誌の年間販売金額は、約2.9兆円で、うち書籍が約0.9兆円である（2007年）。書籍・雑誌の販売金額は、いずれも1996年をピークに減少している。書籍の新刊年間発行数は77,000点・約13億部、雑誌の発行銘柄数は、3,600点・39億部である。

ウ）放送

日本のテレビ放送は公共放送である日本放送協会（NHK）と民間放送とがある。NHKは、テレビ受像機を保有するすべての世帯と受信契約を結び、受信料を徴収するという制度によって成り立っている。契約数は3,755万である（2006年）。

番組は内容については、NHKはニュース・地震速報・健康・福祉・教育・教養などの割合が比較的に高く、民間放送は、比較的、クイズ・スポーツ・ドラマ・グルメ料理・アニメなど、娯楽的なものが多い。最近の調査では、日本人は一人平均3時間テレビを見ている。

1986年から衛星放送（BS）が始まり、2000年からデジタル放送が始まった。2006年にはワンセグと呼ばれる、地上デジタル放送の携帯電話など移動体端末向けの放送も開始された。2011年7月24日からは、現在のアナログ方式のテレビ放送が終了し、すべてデジタル方式に、切り替え

i）報紙

日刊報紙的總發行份數爲 6,721 萬份，僅次於中國跟印度，平均每千人的發行份數有 528 份，位居世界第一位（2008 年）。全國發行的讀賣新聞的發行量，有 1,003 萬份，朝日新聞有 811 萬份、每日新聞 400 萬份、日經新聞 400 萬份等，這些都是發行到全國，分爲早、晚報。與各國的大報社相比較，美國的華爾街報有 205 萬份、紐約時報有 114 萬份、英國的每日郵報爲 230 萬份、泰晤士報有 65 萬份、法國世界報 32 萬份、義大利的晚郵報 68 萬份、中國的人民日報 277 萬份，規模要大得多。

但是總發行份數，從 1997 年 7,271 萬份的高峰開始減少。加上隨著網際網路的普及化，以年輕人爲中心不讀報紙的族群，也有日益增加的趨勢。

ii）出版

書籍、雜誌每年的銷售金額爲 2.9 兆日元，其中書籍約爲 0.9 兆日元（2007 年）。書籍、雜誌的銷售金額，兩者都在 1996 年創下最高峰之後，轉而開始減少。書籍新刊年間發行數爲 77,000 種、約 13 億本，雜誌的發行種類有 3,600 種、約 39 億本。

iii）廣播電視

日本的電視廣播有公共電視日本放送協會(NHK)及民間電視台。NHK 是和擁有電視機的所有收視戶簽訂收訊合約，來收取收訊費用的一個制度。契約數有 3,755 萬戶（2006 年）。

電視節目的內容，NHK 以新聞、地震速報、健康、福祉、教育、教養等的比例較高，而民間電視台則較著重於猜謎、運動、連續劇、美食料理、動畫卡通等娛樂性節目。最近的調查顯示，日本人平均每天看 3 小時的電視。

1986 年起，衛星電視(BS)正式開播，2000 年起開始了數位化播出，2006 年被稱爲「One- seg」地面撥出的携帶式數位電視也開始播出。2011 年 7 月 24 日起，全部的電視訊號，將會停止播放現今的線性訊號，全部改成數位化的播出。

られる。

4）その他のサービス業

その他のサービス業（飲食店・洗濯・理容・浴場・旅館・娯楽・修理・レンタル・調査・広告・医療・宗教・教育・社会保険・社会福祉など）は、2006年に国内総生産（GDP）の21％を生み出し、就業者総数の33％を雇用している。

多様化する社会の要求に応じて、常に新しい事業が誕生している。たとえば、女性の社会進出にともなって、家事労働を肩代わりする会社なども生まれている。最近では、介護・福祉サービス専門会社が増加している。

g）情報通信産業

1）情報通信産業の市場規模

情報通信産業は、建設業を上回る国内最大規模の産業であり、2006年の市場規模は124兆円（実質国内生産額）、雇用者数は385万人（全産業の6％）であった。通信、放送、情報サービス、映像・音声制作、機器製造、設備建設、研究など、ハード・ソフト両面の幅広い分野を包含している。

2）ITと国民生活

ア）電子政府・電子自治体の実現

日本では2002年、住民基本台帳ネットワークシステム（住基ネット）が稼動した。また2006年までに、国の行政機関の扱う申請・届出様式のうち95％に相当する13.5万種類がオンライン化され、申請・届出以外の手続きについては、64％に相当する10.3万種類の様式が、オンライン化された。

政府はさらに2007年、IT戦略本部（ITは英語で情報通信技術の略語。ICTともいう）の「IT新改革戦略」において、「世界一便利で効率的電子行政」の実現を目標に掲げ、取り組みを続けている。

イ）インターネット

2007年のインターネット利用人口は8,810万人で、総人口に占める普及率はほぼ7割に達している。年齢層別に見ると、13歳から49歳の利用率は90％を超えているほか、小学生にあたる6歳

4）其他服務業

　　其他服務業（餐飲、洗衣、理容、浴室、旅館、娛樂、維修、物品出租、調查、廣告、醫療、宗教、教育、社會保險、社會福祉等），在 2006 年創造的產值占國內生產總值(GDP)的 21%，雇用人數占就業總人數的 33%。

　　為了因應多樣化的社會要求，因此時常會有新的事業誕生。例如說伴隨著女性踏入社會，也出現提供主婦家事代勞服務的公司。最近則增加了許多提供看護或是提供福祉贍養的專門公司。

g）資訊通訊產業

1）資訊通訊產業的規模

　　資訊通訊產業已經超過建築業，現在成為國內最大規模的產業。2006 年市場規模為 124 兆日元（實質國內生產額），雇用人數有 385 萬人（占全產業的 6%）。其中包括了通訊、廣播電視、資訊服務、影像音樂製作、機器製造、設備建設、研究等，從硬體到軟體兩個部分的廣泛範圍，都涵蓋其中。

2）IT 與國民生活

i）實現電子政府、電子自治體

　　日本於 2002 年開始將戶籍基本數據網路系統上線。此外，到 2006 年為止，將國家的行政業務的各種申請、登記樣式的 95%，相當於 13.5 萬種類，開始提供線上服務，在申請、登記樣式以外的手續，有 64%相當於 10.3 萬種類的格式，已經開始提供線上服務。

　　日本政府自 2007 年起，將 IT 戰略本部的「IT 新改革戰略」（IT 是英語，為資訊通訊技術的略語。也稱為 ICT）中所設定的目標，是要實現成為「世界最先進而又方便高效率的電子行政」，現在正積極地朝向此目標邁進。

ii）網際網路

　　2007 年網際網路的使用人口為 8,810 萬人，普及率也

から12歳も約70％と、3分の2以上が利用している。

利用端末別では、パソコンからだけでなく、携帯電話機、ゲーム機、テレビなどからの利用者もしだいに増加してきている。

ウ）ブロードバンド

2007年末のブロードバンド回線の契約数は2,830万件で、自宅のパソコンでインターネットを利用する人の80％に達している。とりわけ、超高速インターネットアクセスが可能な光ファイバー回線を利用したFTTH契約の伸びが著しく、2004年以降一貫して伸び続け、すでにブロードバンド回線契約の4割を超えている。

ブロードバンド回線利用者の年齢層は年々低下しており、2007年には13〜19歳での利用率が最高であった。また、大都市以外の地方での利用も急速に広がっている。

エ）携帯電話

携帯電話の加入契約数は1億849万件（2009年6月末現在）で、総人口に占める普及率は8割を超えている。携帯電話の機能は、電話、電子メール、インターネットなど基本的なもの以外に、電子マネー、テレビ電話、テレビの視聴（ワンセグ）、テレビのリモコン、指紋認証、カメラ、GPSによる位置情報など多様化しており、これらの情報がカラー画面で表示される。

日本の携帯電話技術は世界に先駆けて優れた多機能化を果たしている。しかしながら、日本メーカーの携帯電話はほとんど国内でしか売られていない。日本の通信規格がPDC（Personal Digital Cellular）方式であるのに対し、世界210以上の国と地域では欧州で開発されたGSM（Global System for Mobile Communications）方式が採用されており、携帯電話もその規格に合わせて製造されるからである。

オ）ウェブサイト

パソコンや携帯電話でウェブサイトを利用する場合、利用者が選択する機能・サービスは、利用目的と利用者の年齢により大きく異なる傾向が見られる。例えば、映像・音楽の視聴、ブログなどの閲覧や書き込み、オンラインゲームなどは若

達到總人口的約 7 成。以年齡層觀察，13 歲到 49 歲的使用率已超過 90%；相當於小學生年齡的 6 歲到 12 歲，則有 70%。約有 3 分之 2 的人都會上網。

利用終端設備機方面，不只是個人電腦，從手機、遊戲機、電視等上網的用戶，也逐漸增加。

iii）寬頻

2007 年寬頻網路的契約數是 2,830 萬件，從自己家中電腦上網的人達到 80%。其中最特別令人矚目的，是利用光纖超高速上網的 FTTH 契約數有大幅度的成長，2004 年以來，已經占了全部寬頻契約中的四成。

利用寬頻上網的使用者的年齡也逐年下降，2007 年，以 13～19 歲的使用率為最高。此外，在大都市以外地方的使用，也急速地增加當中。

iv）行動電話

行動電話的加入契約數為 1 億 849 萬件（2009 年 6 月底），以總人口來說，普及率超過 8 成。行動電話的功能除了電話、電子郵件、上網等基本的功能外，有的還具備電子錢包、影像電話、觀賞數位電視、作為電視的遙控器、指紋認證、照相機、GPS 衛星定位告知所在資訊等多樣化的服務，這些資訊都是以彩色的畫面表示。

日本的行動電話的技術在世界上是居於領導先驅，具備著多種功能。但是日本廠商的行動電話，幾乎僅在日本國內販賣。日本所採用的通訊規格是 PDC（Personal Digital Cellular），因此手機都是依照該規格所製造。相對地，世界 210 個以上的國家和地域，都是採用歐洲所開發的 GSM（Global System for Mobile Communications）的系統。

v）網站

使用個人電腦（PC）及行動電話上網時，由於用戶所選擇的功能及服務，會因使用的目的與使用者的年齡而有很大的差異性。例如觀賞影像、音樂的視聽娛樂，瀏覽部落格或是留言、連線遊戲等，是以年輕階層較多，占

者層の利用が際立って多い。他方、インターネットショッピング、インターネットオークション、金融取引などは年齢にかかわりなく利用されている。

ウェブサイトの中に個人の日記形式で継続して更新される形式のサービスは、ブログ（weblog）と呼ばれている。1990年代後半から増え始めた国内ブログは、2008年1月時点で、公表サイト総数が1,690万個、記事総数は13.5億件、データ総量は42テラバイトであった。このうち、画像・動画データを除いたテキストデータの総量だけでも、12テラバイトと書籍2,700万冊分の情報量に匹敵する。

カ）子供のケータイ文化

子ども達の年代でも、携帯電話を通じたインターネットの利用が日常生活の中に深く浸透しており、その利用率は小学生で3割、中学生で6割、高校生で9割に達している（2008年推計）。

子供の世代では、携帯メールは外出先からの親、身近な友人、転校した友人、遠くにいる親戚などとの日常的な情報伝達手段にとどまらず、口では言いにくい思いや考え、悩みなどを、言葉を選びながら相談することができ、親や友人とのコミュニケーション・人間関係を深めるための手段として欠かせないものとなっている。

また、子供たちは、音楽・ゲームなどのコンテンツを携帯メールでダウンロードして情報の受け手として楽しむだけでなく、掲示板・ＳＮＳ（コミュニティー型会員制サービス）、さらには携帯小説といった形でコンテンツの発信者となっている。女子学生の書いた携帯小説の中には、書籍として出版されてベストセラーとなり、映画化されるものもでるなど、「ケータイ文化」といわれるものが形成されつつある。

3）IT社会の今後の課題

ア）デジタル・ディバイドの解消

現代の社会では、円滑な社会経済活動や国民生活の中で、インターネットおよび携帯電話が不可欠な社会インフラとなっている。このため、インターネットをいつでも、どこでも、だれでも利用

壓倒性多數。另一方面，在網路購物及網路拍賣、金融交易等，則是不分年齡層都在使用著。

在網站中，將個人的日記，以連續記載更新網路日誌的服務，簡稱為「部落格、網誌（weblog）」。從 1990 年代後半開始增加的國內網誌，在 2008 年 1 月時，已發表的有1,690 萬個，記事總數有 13.5 億篇，數據資料的總量有 42TB（tera byte）。將其中影像、動畫數據除外後，光是文字數據的總量就有 12 TB，這相當於書籍 2,700 萬冊的資訊量。

vi）孩童的手機文化

孩童們的年代就開始使用手機上網，且已經深入日常生活當中。小學生的使用率有 3 成、初中生 6 成、高中生則有 9 成（2008 年推估）

在孩童的世代當中，使用手機傳遞訊息，在外向家長報平安，或是向身邊的朋友、轉學的友人、遠方的親戚等連絡，不僅是日常生活傳遞資訊的方式，也常將難以啟齒的想法、苦惱等，選擇適當的語句，向對方訴說心情，現已成為親友之間的溝通、加深人際關係方面，不可或缺的方式。

此外，孩童們不僅是收訊的一方，將音樂、遊戲等的內容，以手機郵件下載，與好友們分享資訊的樂趣，使用告示板、SNS（同好型會員制服務）、有的更成為手機小說內容的發訊者。也有女學生所寫的手機小說，成為書籍出版後，一躍成為暢銷書，甚至拍成電影登上大螢幕，俗稱所謂的「手機文化」正形成當中。

3）IT 社會今後的課題
i）消除數位差距(digital divides)

現代社會，如果要讓社會經濟活動更加靈活順暢，在國民生活當中，使用及手機，已經是不可欠缺的社會基礎之一。為此，日本正在推進並整備各種網路環境的措施，要讓每一個人在「任何時間、任何地點、誰都可以」都能連上網際網路。

できる環境整備の施策が進められている。
イ）情報セキュリティへの対処
　　情報システムへの不正アクセス、コンピュータウィルスの侵入、サイバーテロ、個人情報の流出などの問題が多発している。個人は勿論のこと企業や政府関係機関での情報セキュリティ対策が重要な課題であり、そのために、個人情報保護対策や各種の情報セキュリティ対策、一般従業員教育、またセキュリティ管理の専門的人材育成などに力が注がれている。

(4) 企業経営

a) 日本的企業経営の特徴とその歴史的役割

1 ）序
　　戦後、日本経済は高度成長期に飛躍的発展をとげ、また安定成長期に格段の国際競争力をもつようになった。その過程において、日本独特の企業経営システム、すなわち以下の「日本的経営」の果してきた役割も大きかったと考えられている。これらのシステムは現在も日本の多くの企業の経営体質に多分に残されているが、グローバル化の進展の中で、日本企業の経営方式が大きな変貌をとげつつあることも事実である。

2 ）意思決定の仕組み
　　大企業など大きな組織では、稟議や会議により集団的に意思決定を行う傾向が強かった。現在もこの方式を採用している組織は多い。他方、中小企業などでは、オーナー経営者によるトップダウン方式を採用するところが以前から多かった。稟議制度は日本における代表的な文書決済方式であり、決裁後の実施段階においては、全関係者が立案者として参画するため、企業の総合力を発揮しやすい、という利点がある。

　　反面、意思決定プロセスでの時間的ロスから機会喪失のリスクが生じる、責任が全関係者に分散するため問題発生時の対応が緩慢になりがちである、などの欠点もある。

ii) 保護資訊的安全對策

近年也發生爲數眾多的非法侵入資訊系統，像是電腦病毒，控制伺服器進行網路恐怖活動、洩漏個人資訊等問題。不論是個人、企業還是政府相關部門，如何確保資訊的安全，也是一個重要的課題。因此對於一般從業人員的教育，及培養資訊安全管理的專門人才方面，也正在加強當中。

（4）企業經營
a）日本企業經營的特徵與在歷史中所扮演的角色

1 ）序

戰後日本經濟在高度成長期中，達成了飛躍般似的成長，也在安定成長期中，培育出更上一層樓的國際競爭力。在這個過程中，日本獨特的企業經營系統，以下所論述的「日本經營模式」所扮演的角色及貢獻非常大。雖然這種系統，現在仍舊存在於多數的企業經營體質內，但是隨著全球化的發展，日本企業經營的方式也逐漸地改變其面貌，這是不爭的事實。

2 ）意思決定的方式

大企業等的大型組織，總傾向於依照「稟議制度」或是以會議的方式，來作出決策，現在也有許多組織沿用這種方式。但是在另一方面，中小企業自以前起，大部分是採用由經營者從上而下的決策方式。「稟議制度」是在日本所採用具代表性的文書決策方式，在決策決定實施的階段，因爲全部關係人士都已經參與，因此可以充分的發揮企業的整體力量，爲其優點。

但反面的缺點是由於決策的步驟冗長，造成浪費時間，也有錯失機會的風險，責任也分散到全部的參與者，因此發生問題時，反應也非常緩慢。

３）雇用関係の特徴
　日本では戦後長い間、終身雇用と年功序列が雇用
慣行の主流を占めていた。すなわち、所定の年齢（定
年）までは雇用関係が維持され、かつ雇用期間中は能
力よりもむしろ年功に従って給与と地位が上昇する、
という仕組みである。これに企業別労働組合を加えた
ものが、雇用制度の「三種の神器」といわれてきた。

　これらの制度は、1950年代半ば以降広く浸透する
ようになったものである。それは日本経済が大量生産
方式の製造業を先頭に拡大発展しようとした時期と重
なる。新卒労働者を定期的に大量採用し、かつ定着率
を高めるのに適したこの雇用形態は、当時の日本社会
が目指す方向と合致していたのである。

　（定期採用・終身雇用）
　定期採用とは、中学・高校・大学を３月に卒業した
若者を、新年度の４月から正社員として採用する制度
である。期中の臨時採用はきわめて稀であった。終身
雇用とは、企業が採用した従業員を定年まで雇い続け
る雇用慣行の呼び名である。日本にはアメリカのよう
なレイオフ制度がないので、計画減産などを理由に従
業員が解雇される心配は基本的になかった。また、日
本には「企業城下町」（江戸時代の藩を戦後の企業、
特に大企業の工場になぞらえた言い方）という言葉が
あるように、「お家（すなわち会社)」に仕え、お家の
ために一生を捧げることに対する国民の抵抗感は少な
かった。

　（年功序列・定期昇給）
　年功序列は、年齢や勤続年数に応じて賃金・給与が
上昇し、社内の職務資格も昇進することを原則とする
人事管理上の慣行である。年功序列の慣行は、日本の
高度成長期には期待通りの効果を発揮した。
　（定年退職）
　一定の年齢を設定し、これに達すると本人の意思
とは関係なく自動的に退職となる制度である。日本で
は30人以上の規模の企業では90％以上が定年退職制
度を採用している。現在、定年は法律の定めに従い
60歳以上となっているが、60歳と定めている企業が
90％以上である。2004年の高年齢者雇用安定法の改

3）雇用關係的特徵

　　日本戰後有很長一段時間，主要是以「終身雇用」及「年功序列」的方式來雇用員工。換句話說，就是雇用關係一直維持到員工退休的年齡爲止。在雇用期間，調整薪資跟地位，不是依照能力，主要是依照年資的構造。再加上企業別工會，這被稱爲日本雇用制度的「三個法寶」。

　　這些雇用制度，從 1950 年代中期以後，開始廣泛的滲透到各界。這又與日本經濟是由採用大量生產方式的製造業所領軍的高度成長期相重合。新畢業的勞工被定期的大量採用，一方面是爲了提高員工安定率所適合的雇用形態，而此方式對於當時日本社會所希望的方向也相一致。

（定期採用、終身雇用）

　　「定期採用」是企業在每一個新年度的四月，從中學、高中、大學當中，錄用三月剛畢業的的年輕人，並以正式員工錄用的慣用制度。在其他時間，臨時招募員工的情形非常稀少。「終身雇用」是企業錄用後，一直雇用到退休爲止的雇用型態。日本因爲沒有像美國般的解雇制度，員工也不需要擔心，會因爲計劃減產等理由，就被解雇。同時，日本有「企業城下町」這個說法（這是將江戶時代的藩侯等比喻成戰後的企業，特別是指大企業的工廠），一輩子都要服侍於主人家（公司），因此對於爲主人家（即公司）奉獻一生的想法，對於國民而言，絲毫沒有抗拒感。

（年功序列、定期加薪）

　　「年功序列」是依照年齡或是雇用年資，原則上薪水及職務加給會增加，在公司的職等也隨之上升的一種人事管理的慣用方式。「年功序列」的制度，對於日本的高度成長期，依照當初的期待，發揮了相當大的效果。

（屆齡退休）

　　設定一定的年齡，只要到達此年齡，不論本人意願與否，就自動退休的制度。在日本只要是 30 人以上規模的企業，有 90% 以上採用屆齡退休的制度。現行法律上的規定

正により、定年の65歳までの段階的引き上げが求められている。

4） 労働組合
ア） 組織
　　日本の労働組合は、個々の企業を単位として組織されている労働組合が主で、企業別または企業内労働組合と呼ばれている。これは産業別あるいは職種別に組織されている欧米の産業別労働組合、職種別労働組合と対比されるもので、日本の労働組合の特徴として現在も引き継がれている。
　　企業別労働組合は同一産業内でまとまり、産業別労働組合を組織している。さらにこの民間の産業別労働組合および諸官庁・自治体労働組合の大部分が合流して日本労働組合総連合会（連合）という中央組織を構成している。連合は労働組合最大のナショナルセンターで約662万人の組合員を擁している。

イ） 労使関係
　　日本の労使は、相互の理解と信頼の基盤に立って良好な協力関係を維持してきた。大きな労働争議も1960年代以降は起っていない。日本の高度経済成長は、このような協調的な労使関係によって支えられていたと考えられている。

ウ） 労働組合の賃金の引き上げ要求「春闘」
　　賃金・給与の引き上げ要求については、1955年以降「春闘」と呼ばれる日本独特の賃金・給与要求方式が定着した。春闘は、賃金・給与の全国的・全産業的規模での引き上げ・平準化を目的に、賃金・給与要求額などを産業ごとにあらかじめ統一し、春に合わせて一斉に全国運動を展開する方式である。

5） 資金調達
　　企業が必要とする設備投資などの資金調達については、株式や社債などの直接金融よりも、銀行借り入れを主体とした他人資本による間接金融の割合のほうが高い。

b） グローバル化への対応
1） グローバル化に伴う法整備の背景
　　日本では、かつては事業会社とメインバンクまたは

是達到 60 歲以上，但設定 60 歲的企業有 90%。2004 年由於修正了高齡者雇用安定法，今後會將退休年齡以階段性的方式，提高到 65 歲。

4）工會
i）組織

日本的工會，大部分都是以各個企業爲單位，所組成的工會組織，也稱爲企業別或是企業內工會。這與歐美以產業別或職種來組織的產業別工會、職種別工會不同，這也是日本工會的特徵，直到現在也被承繼著。

企業別工會也在同一產業內作整合，再組織成爲產業別工會。此外，這些民間的產業別工會及各政府機關、自治體工會的大部分，也會進行合流，構成「日本工會總聯合會」（聯合）的中央組織。「聯合」是勞動工會的最大的全國性工會領導中心，擁有大約有 662 萬的工會成員。

ii）勞資關係

日本的勞資，基本上是在相互理解及信賴的基礎上，維持良好的合作關係。自 1960 年代以後，並未發生重大的勞資糾紛。因此，這種協調的勞資關係，也是支撐當時日本高度經濟成長的主因。

iii）工會的要求加薪--「春鬥」

關於加薪或是提高待遇的方式，自 1955 年以後，被稱爲「春鬥」。這是日本獨特要求加薪的方式，也成爲慣例。春鬥是將加薪的平均水準，拉高到全國及全產業的規模，爭取達到一定的薪資水準。而要求薪資、待遇的金額等，都是各個產業事先統一，當春天來臨時，就以全國運動的方式來同步展開。

5）調度資金

企業在調度必要的設備投資等資金時，比較不從股份或是公司債等直接金融來融資籌措，主要是以銀行貸款爲主。也就是說從他人資本來調度，以間接金融的比例較高。

事業会社間の株式の持合が一般的であった。これまで
の日本の経営者は、株主の意向よりも会社の内部管理
に重点を置いて経営を行なってきた。しかし近年、株
式の持ち合いの解消と並行して、巨大な年金基金やそ
の運営を受託する投資顧問会社などの国内機関投資家
の参入が一般化した。また、外国機関投資家による株
式売買も全体の半数近くを占めるようになった。これ
に伴いコーポレートガバナンス（企業統治）確立の要
請が強まった。

　日本の海外投資や企業の多国籍化も進み、海外から
の投資や企業進出も勢いを増している。また、内外資
本による敵対的買収を含む企業の合併・買収（M&A）
も活発化してきた。日本企業は一段の国際競争力を備
えるためにその体質をグローバルスタンダードに改変
する必要に迫られた。これに対応するため、会社法が
制定された（2005 年 6 月成立、2006 年 5 月施行）。
これは従来、会社に関する法の規定が商法第二編、有
限会社法などの複数の法律に分散していたものを体系
的に整理し、それらを統合・再編成する法律として、
「会社法」という名称の下に制定されたものである。

2）企業経営の変革
　　ア）コーポレートガバナンス（企業統治）の重視
　　　　会社法では、コーポレートガバナンスの2つの
　　　目的、すなわち効率性と競争力の向上および企業
　　　の健全性とコンプライアンス（法令遵守、企業倫
　　　理）の確保を達成するため、取締役や従業員の法
　　　令違反の防止を目的として「内部統制システム」
　　　を整備するよう義務付け、これを基礎として企業
　　　の信頼性の確保をめざす。
　　イ）ファイナンスにおける市場機能の重視
　　　　メインバンク依存体質から、グローバル資本市
　　　場における直接金融を導入するなど、資金調達方
　　　法の多様化を図る。
　　ウ）企業再編の弾力化
　　　　活発化する M&A に対して健全性と弾力性を確
　　　保しつつ、企業競争力の強化をめざす。企業再編
　　　ルールのグローバルスタンダードを組み入れると
　　　同時に、敵対的買収にも対処できるようにした。

b）因應全球化的對應方式

1）隨著全球化修法的背景

過去一般的日本公司，都是與主力銀行或是事業公司間有互相持股的關係。以前的日本的經營者並不在意股東意向，都是著重於公司的內部管理。但是最近數年，由於互相持股的情形也相繼被解除，與此相並行的是接受巨額的退休年金，或是運營基金的投資顧問公司等國內機構投資家也開始一起參與，而此成為常態。加上外資機構投資家買賣股票的交易金額，接近全體股市的一半。隨著上述的現象，要求明確治理公司的呼聲，也與日俱增。

隨著日本海外投資或是企業多國籍化的進展，從海外的投資及外國企業進出日本的趨勢也隨之增加。加上包含國內外資本，對於敵對企業的合併、買收（M&A）也相當地活躍。日本企業如要更具備國際競爭力，就必須要將體質改變成符合全球的標準。為了因應這個趨勢，修訂了會社（公司）法（2005 年 6 月成立，2006 年 5 月施行）。這是將有關於公司的法律規定，將商法第二編、有限公司法等多種分散的法律，以體系的方式，加以歸類整理，再將其統合編纂歸類其下，制定成為「會社（公司）法」。

2）企業經營的變革

i）重視企業統治

公司法當中，要求公司治理的主要二個目的，即是提高企業的效率性與競爭力，讓企業更加健全、遵守法令與確保企業倫理。因此，為了確保這個目的能夠達成，防止總經理及從業人員的違法亂紀，企業也需要擔負起這個義務，以「內部控制系統」加以監管。在此基礎下，目標是要確保企業的信賴性。

ii）在財務上重視市場機能

將原本依賴主力銀行的體質，轉換成向全球資本市場以直接金融的方式來籌措資金，讓資金的調度方法上，更加靈活而多樣化。

iii）企業再編的彈性化

對於日漸活躍的 M&A，確保其健全性與彈性，目標是更強化企業的競爭力。在企業再編的規則當中，也加入

c）大きく変わる企業経営
1）意思決定のスピード化と責任体制の明確化

　　近年、企業は国際競争力の観点から、意思決定についてもスピードと責任の明確化を迫られている。このため多くの企業は、会社分割、事業部制、カンパニー制などにより責任と権限を大幅に各組織に委譲し、意思決定の迅速化・効率化とともに結果に対する責任を追及できるシステムを導入した。また、決済プロセスもITの導入により飛躍的に迅速化された。

　　さらに、企業の最高責任者たる社長が自らの責任と権限に基づき、明確な意思決定を行なうトップダウン方式も顕著になっている。

2）雇用の流動化

　　日本の雇用形態は1990年代頃から急速に多様化し始めており、終身雇用や年功序列で一律に論じることはできなくなってきている。例えば、最近では以下のような事例も決して珍しいことではない。

・フリーターと呼ばれるアルバイト暮らしの若者・中年者、パートタイマー、派遣会社登録社員などの非正規雇用労働者、業務委託契約による在宅勤務者が増加し、雇用形態も雇用期間もきわめて多様化している（非正規雇用労働者の比率は30％に達している）。

・昇給・昇進制度が年功序列型から実力主義・成果主義へ転換しつつある。企業によっては、成果主義による年俸制、あるいは成果主義に年功序列を加味した年俸制を導入するところもある。

・個人が、自分の能力をより発揮できる場を求めて、あるいはより良い雇用条件を求めて転職するケース、また、企業が経営状況の悪化に対処するため、退職金上乗せなどの一定の条件を示して希望退職、早期退職を募るケースなど、従来の終身雇用制とは異なる雇用形態ももはや珍しくない。

3）労働組合の役割の変遷

　　日本には58,000余の労働組合があり、組合員総数は約1,008万人である（2007年）。総雇用者数に占める組合組織率も18.1％と、近年は労働組合数、組合員

全球性的標準,同時對於敵對性的買收,也可以加以因應。

c)企業經營產生巨大改變

1)快速決策與責任體制的明確化

　　最近數年,從國際競爭力的觀點而言,企業在進行決策時,被迫需要更加快速及將責任明確化。因此,多數企業都開始將公司分割,採用事業部制或改為獨立公司等,將責任及權限大幅度的委讓到各個組織,使決策在更加迅速化及效率化的同時,也導入對於結果方面可以追究其責任的系統。此外,也因為導入了IT,這也讓付款機制等更加便捷而迅速化。

　　此外,企業的最高責任者--社長,也基於自我的責任及權限,以明確的方式進行決策,由上而下的決策方式,也變得比以前顯著。

2)雇用的流動化

　　日本的雇用型態自1990年代開始,就開始急速地多樣化,不能完全說都是終身雇用及年功序列制。舉例來說,下面幾個事例,在現今絕不是稀奇的事:

・被稱為自由打工族--以打工維生的年輕人、中年人士、時薪雇員,或是登記在派遣公司的外派雇員、依照業務契約在家工作等的就業人士的增加,造成雇用形態及期間也呈現多樣化(時薪雇員等的正職社員以外的勞工比率,達到30%)。
・加薪、昇進制度從年功序列制,轉換成實力、成果主義。有的企業將成果主義,轉換成年薪制;又有的公司在成果主義當中,加上有年功序列色彩的年俸制。
・個人為了更能發揮能力及所長,找尋更好的職場,或是追求更好的雇用條件而轉職。此外,企業為了因應經營狀況的惡化,而附加退休金或加成等的一定條件,來吸引希望離職或提早退休的員工等,這些與原本終身雇用制相異的雇用型態,再也不是稀奇的事了。

数、組合組織率の、すべてにおいて減少傾向をたどっている。

　従来の大きな役割であった「ベースアップ」（産業別に横一列で賃金・給与体系の底上げを図る）という方式は、もはや完全な形では維持されなくなってきている。各社個別の労使協定の一環として、各企業の実情に沿った形で賃金・給与の見直し交渉が行われているケースが多い。

4）その他の労働条件

　ア）労働時間

　　日本人労働者の年間実労働時間は、1960年の2,426時間が戦後のピークとされ、1970年代半ばから1980年代にかけてはおおむね2,100時間台で推移した。その後1987年の労働基準法改正などを経て、それまで週48時間であった法定労働時間の40時間への段階的短縮が進められ、1997年より完全実施に移された。これにより、年間実労働時間は1,850時間へと大幅に短縮されている（2007年）。

　イ）賃金水準

　　日本での賃金の特徴は、大企業と中小企業との差が大きいことと、年功序列の傾向が強いことである。

　　賃金を国際比較（各国為替レートで換算）すると、日本の賃金水準は非常に高く、製造業生産労働者の賃金水準は欧米諸国に肩を並べている。この事情から日本製品の価格競争力は徐々に弱まり、国内市場で輸入製品に押されるため農産物などの輸入をめぐってアジア諸国との貿易摩擦が顕在化している。また、国内企業が低い労働コストを求めて生産拠点を海外に移すいわゆる産業の空洞化の現象もある。

　　一方、国民の生活実態の観点から購買力平価で賃金を比較すると、ドイツは日本の1.53倍、アメリカは1.27倍である（2005年）。このように為替レートと購買力平価とでは賃金に大きなギャップがあり、所得の高さほどには豊かさの実感を味わえないのが実情である。

3）工會所扮演角色的變遷

　　日本有 58,000 多個勞動工會，會員總數約有 1,008 萬人（2007 年）。總雇用者人數占工會組織率的 18.1%，近年工會數、會員人數、工會組織率等，都有減少的傾向。

　　原來工會所發揮的重要機能「提升底薪」（將各產業別以劃一的方式將薪資、待遇體系作整體的提升），也開始沒有辦法維持過去的形式，現在已成為各個公司的勞資協議中的一環而已。大多是依照各個公司的實際情況，來進行薪資、待遇調整的交涉。

4）其他的勞動條件
i）勞動時間

　　日本人勞動者每年的勞動時間，從 1960 年的 2,426 小時為戰後最高峰，1970 年代中期到 1980 年代大約都是在2,100 小時左右。之後經過 1987 年勞動基準法的修訂，將每周 48 小時的法定勞動時間，縮短到 40 小時，到 1997年已經完全的實施。因為此法，每年實際勞動時間為 1,850小時，已經大幅度的縮短（2007 年）。

ii）薪資水平

　　日本薪資的特徵是：大企業跟中小企業的差距很大，同時也有年功序列的傾向。

　　如將薪資作國際比較，以各國的匯率來換算的話，日本的薪資水平已經非常高，製造業生產勞工的薪資，與歐美諸國的水平相當。在上述的情況下，造成日本產品的價格競爭力日漸衰弱，而國內市場則造成進口產品、農產品等大舉入侵，與亞洲各國的貿易摩擦也逐漸顯現。此外，也造成日本企業為了追求低廉的勞動成本而移往海外，造成產業空洞化的現象。

　　可是在另一方面，從國民生活實態的觀點而言，以購買力平價與薪資相比，德國是日本的 1.53 倍、美國則為1.27 倍（2005 年）。如上所述，日本在匯率上的薪資與實際購買力平價的薪資，有很大的差距。日本人所得雖高，但無法實際的感受到富有，這也是實情。

5　社会

（1）社会一般

a）日本人の平均寿命・死亡原因

　　日本人の平均寿命（ゼロ歳児童の平均余命）は年々伸び
つづけ、2007 年では男性が 79.2 歳で世界第 3 位、女性が
86.0 歳で 23 年連続世界一となった（厚生労働省簡易生命
表、世界銀行）。

　　日本人の平均寿命はこの半世紀の間に男性が 16 年、女
性が 18 年伸びた。その最大要因は医学の進歩であり、乳
児死亡率の減少（2006 年は 3.2 人 /1,000 人中と世界でシ
ンガポール、香港に続いて少ない）と肺結核の著しい減
少（肺結核による死亡は終戦直後の 1950 年と比較すると
1/60 に減少し、最近では自動車事故による死亡者数より
少ない）がとりわけ大きく寄与した。

　　日本人の主な死亡原因は、2007 年の調査によると、ガ
ン（30％）、心臓病（16％）、脳血管疾患（11％）が上位を
占めている。

b）人口動態

1）総人口の変遷

　　1920 年の第 1 回国勢調査による日本の総人口は
5,596 万人であったが、1970 年に 1 億人を突破し、
1985 年には 1 億 2,000 万人台に乗った。しかし、近年
はほぼ横ばいで推移し、2005 年には 1 億 2,777 万人
と、戦後初めて前年より減少した。今後は日本の人口
減少が急速に進み、2055 年には 8,993 万人で、2005
年からの 50 年間で約 30％減少すると予測されている
（国立社会保障・人口問題研究所予測）。

2）少子高齢化

　　2005 年の日本の合計特殊出生率（1 人の女性が一生
の間に生む平均的子供の数）は 1.26 で、過去最低値
を示した（厚生労働省）。2007 年は 1.34 とやや持ち直

5 社 會

（1）社會概況
a）日本人的平均壽命、死亡原因
　　日本人的平均壽命（以零歲兒童開始計算之平均剩餘壽命）年年都增加，在 2007 年男性爲 79.2 歲，爲世界第三位；女性爲 86.0 歲，連續 23 年蟬連世界第一（厚生勞動省簡易生命表，世界銀行）。

　　日本人的平均壽命在這個半世紀之內，男性延長了 16 歲，女性則延長了 18 歲。其中最大的原因是由於醫學的進步，使得嬰兒死亡率減少（2006 年 3.2 人/1000 人，在世界當中僅次於新加坡及香港），加上結核病的大量減少（與 1950 年終戰當時比較，因結核病所造成的死亡人數，約減少到 60 分之 1，最近則比汽車事故死亡的人數還要少）。

　　日本人的主要死因，根據 2007 年的調查，以癌症（30%）爲最高，其次爲心臟病（16%）、腦血管疾患（11%）。

b）人口動態
1）總人口的變遷
　　根據 1920 年日本第一次國勢調查，當時總人口數爲 5,596 萬人。1970 年突破了 1 億人，1985 年到達了 1 億 2,000 萬人。但是，最近數年幾乎都是呈橫向推移，2005 年爲 1 億 2,777 萬人，這是戰後首次出現比前年度減少的狀況。預測今後日本人口將會急速地開始減少，到了 2055 年降爲 8,993 萬人。從 2005 年開始的 50 年間，預測大約會減少 30%（國立社會保障・人口問題研究所預測）。

2）少子高齡化
　　2005 年日本的合計特殊出生率（1 位女性在一生之中生育小孩的平均數）爲 1.26，爲過去的最低值（厚生勞動省）。 2007 年則稍微的回復到 1.34，但是並沒將少子化的

したものの、少子化傾向という大きな流れには歯止め
が掛かっていない。一方で死亡率も低下している。こ
のため日本社会は近い将来、急速な高齢化と総人口の
減少を迎えると推測される。1970年代初頭は200万
人以上であった18歳人口は、2007年に128万人まで
減少しており、さらに今後2017年には110万人を切
るとみられている(国立社会保障・人口問題研究所)。

　他方、日本の高齢者率（総人口中65歳以上の人口
の割合）は急速に高まってきている。1950年の5％、
1970年の7％、1985年の10％から、2007年は20.2％
へ、さらに2015年は26.9％、2050年には40.9％へ上
昇するとみられている。
　この結果、扶養係数（高齢者1人を何人の現役が支
えるかを表す指数）は1995年頃までは5～10であっ
たが、2005年には3.3、今後2025年には2となり、
2045年には1.4となると推定されている。
　これらの変化は、現役世代の拠出が年金世代の給付
を支えることで成り立つ、年金、医療保険などの根幹
を揺るがす問題であり、国民全体が納得しうる制度の
再構築が必要と考えられている。

c）社会保障
1）概要
　2008年度の日本の一般会計予算で見ると、社会保
障関係費は21兆7,824億円で、予算総額83.06兆円の
26.2％を占めて項目別で一番多い。社会保障費は過去
40年間に国民所得の伸びをはるかに上回る勢いで伸
びてきた。これは人口の高齢化と給付内容の向上によ
るものである。
　社会保障制度の内容は、社会保険、社会サービス
（福祉施設・育児施設など）、および公的扶助に大別さ
れる。社会保険には年金・医療・介護・雇用・労働災害
などの各種保険が含まれる。

2）年金保険
　2008年現在、公的年金の加入者は7,050万人、受給
者は延べ3,740万人に達しており、高齢者世帯（自営
業世帯や稼得収入のある世帯を除く）の収入のうち、

趨勢扭轉過來。另一方面,死亡率也呈現下降的趨勢。因此推測日本社會在不久的將來,將迎接一個急速高齡化及面臨總人口減少的局面。1970 年代初期有超過 200 萬以上的 18 歲人口,2007 年則減少到 128 萬人,未來 2017 年時,將更減少到 110 萬人以下(國立社會保障‧人口問題研究所)。

另一方面,日本的高齡者率(總人口中 65 歲以上的人口比率)正急速地增加當中。從 1950 年的 5%、1970 年的 7%、1985 年的 10%, 2007 年增加到 20.2%,而 2015 年將達到 26.9%,預測 2050 年則上升成爲 40.9%。

以此結果,扶養係數(1 位高齡者由幾位現職工作者所扶養的指數)至 1995 年左右爲 5～10,到 2005 年降到 3.3,未來 2025 年將成爲 2,預測 2045 年降到 1.4。

現今日本的年金制度,在給付老人年金時,必須要靠現職者繳納保費,才可能支撐。而上述這些變化,預料將成爲動搖年金及醫療保險基礎的重大問題,今後也將需要重新思考,如何構築一個全體國民都願意支持的制度。

c) 社會保障

1) 概要

觀察 2008 年度日本的一般會計預算當中,社會保障關係的費用爲 21 兆 7,824 億日元,占了總預算 83.06 兆日元的 26.2%,在所有項目當中,金額爲最高。社會保障費用的支出在過去 40 年間,比國民所得的成長還要高。這是因爲人口高齡化及提高給付的內容所導致。

社會保障制度的內容,大致可分爲社會保險、社會服務(福祉設施、育兒設施等)及公家扶助等項目。在社會保險當中,包括有年金、醫療、照護、雇用、勞動災害等各種保險。

2) 年金保險

2008 年加入政府年金的人數有 7,050 萬人,總累計給

平均で79％が公的年金で占められ、収入は公的年金だけという世帯も、高齢者世帯の半数にのぼっている。

　日本では1961年以降、公的年金国民皆保険制度が確立している。年金は大別すると、全国民に共通する国民年金、企業の社員を対象とする厚生年金、公務員を対象とする共済年金の3種からなっている。

　国民年金はいわば1階建て構造で、全国民共通の基礎年金だけである。

　厚生年金と共済年金はいわば2階建て構造で、1階の共通基礎年金の上に各人の収入に比例して給付される報酬比例年金が乗っている。

　2004年7月年金改革法案が成立したが、少子高齢化の進行、所得の落ち込み、年金の運用利回りの低下などが予想される中、将来年金財政が悪化し制度の維持がむずかしくなるのではないかとの指摘も出ている。国民の間には以下のような不安も多く聞かれる。
　・保険料率が上昇するのではないか
　・拠出した保険料に見合う年金が将来もらえなくなるのではないか。
　・給付水準は現役時代の50％を確保するとされているが、これは最初だけで65歳以降はしだいに低下するのではないか。
　これらの不安に加えて、年金保険料の未記録問題などの社会保険庁の管理体制の不備も見つかった。社会保険庁（現、日本年金機構）ではすべての年金受給者と加入者に対し「年金特別便」を送付するなど、信頼の回復への対策を行っている。

　このような情勢も反映し、年金未加入や保険料未納の問題の解消がさらに厳しくなっている。

3）医療保険
　ア）医療保険の概略
　　　医療保険についても日本は1961年以降、国民皆保険が実現している。医療保険の主要なもの

付的人數達到 3,740 萬人，高齡者世代（自營業及有工作收入的世代除外）的收入當中，平均有 79%是依靠政府的年金。收入僅靠政府年金的世代，高齡者世代就占了一半以上。

日本在 1961 年以後,已經確立了全民皆保險的公年金保險制度。日本的年金大致上可分爲：全國民共通的國民年金、企業員工的厚生年金，以及以公務員爲對象的共濟年金等 3 種。

國民年金可以視爲 1 層樓的構造，爲全體國民共通的基礎年金。

而厚生年金與共濟年金，則可視爲 2 層樓的構造，在共通年金的基礎上，加上依照個人收入的比例，再給付相對報酬比例的年金。

2004 年 7 月雖然年金改革法案已經成立，但是另一方面，有人指出，由於預測少子高齡化將持續進行、所得的減少、運用年金孳息的降低等，將來年金的財政，勢必也將隨之惡化，造成維持制度上的困難。日本國民之間，也存在著諸如下列許多不安的聲音。

· 保險費率恐怕將會上升。

· 雖然現在繳納保險費，將來恐怕沒有辦法拿到相對金額的年金。

· 雖然給付水準確保在職期間薪資的 50%，但是這僅是最初的階段，到了 65 歲以後，恐怕將會逐年減少。

在這些不安的聲音之外，又發現繳了年金保險費，但是政府卻無記錄等的問題，這也暴露出社會保險廳管理機制上的缺失。爲了挽回民衆的信賴，社會保險廳（現已改制爲日本年金機構）已經採取對於全部加入年金的領取人與加入者，以郵寄「年金特別通知」等方式，來加以補救。

如上所述，如果再加上未加入年金及未繳納保費等的問題，情況勢必更加嚴峻。

3）醫療保險

i） 醫療保險概略

は、国民健康保険、健康保険（組合健保）、政府
管掌健康保険から移行した、協会けんぽの３種で
ある。

イ）国民健康保険

　農業、商業などの自営業、退職した75歳未満
の高齢者など約3,000万人が加入している。保険
者（運営主体）は各地方自治団体で、保険財源と
して国は給付費全体の50％を補助している。加
入者本人は収入に応じて毎年保険料を納入する。
本人は保険料とは別に病院の窓口でその都度医療
費の原則30％を支払う。

ウ）組合管掌健康保険（組合健保）

　比較的大きな企業のサラリーマン（経営者・管
理職を含む）が加入している保険である。企業あ
るいは企業グループごとに社員（組合員）が健康
保険組合を設立し、本人および家族を給付対象と
する。2008年現在の組合数は1,501組合である。
財源は年収の一定割合を組合員と企業が折半して
拠出する保険料である。社員本人は病院の窓口で
その都度別に医療費の30％を支払う。

エ）全国健康保険協会（協会けんぽ）

　従来の政府管掌健康保険（政管健保）で、2008
年10月に社会保険庁から移行された。中小企業
のサラリーマンが加入している保険で、2008年
では約150万事業所・3,600万人が加入している。
給付総額の13％は国の負担。加入者の年収の一
定割合の保険料を労使が折半で負担する。給付条
件は組合保険と同じ。

オ）後期高齢者医療制度

　日本人の平均寿命は、男性は79歳、女性は86
歳と、世界の中でもっとも長寿となっている。と
ころが、75歳以上の後期高齢者層の一人当たり
医療費は、現役世代のおよそ５倍かかっていると
言われている。少子高齢化が進むため、現役世代
と後期高齢者との負担関係の不公平を是正したい

關於醫療保險，日本是在 1961 年以後，實現了國民皆保險的制度。醫療保險主要是由 3 種保險組成：即國民健康保險、健康保險（組合健保），及原由政府所掌管的健康保險移管成立的協會健保。

ii）國民健康保險

由農業、商業等的自營業，退休未滿 75 歲的高齡者等組成，約有 3,000 萬人加入。保險者（運營主體）為各地方自治團體，而保險的財源是國家補助全體給付的 50%，而加入者則依收入的高低，每年繳納保險費。本人除了保險費之外，每次在就醫時，還需在醫院的繳費窗口，原則上自行負擔 30%。

iii）組合掌管健康保險（組合健保）

大型企業的薪資收入者（包含經營者或是管理階層）所加入的保險。企業或集團依照各個企業的員工（組合員），設立所謂健康保險組合，本人及家族列為給付的對象。2008 年的組合數有 1,501 個。財源是將年收入中一定的比例，企業與組合員各負擔一半保險費。社員本人如果就醫，在醫院需自行負擔 30% 的醫療費用。

iv）全國健康保險協會（協會健保）

原來是由政府掌管的健康保險（政管健保），從 2008 年 10 月開始，移管至社會保險廳。為中小企業的上班族所加入的保險，2008 年大約有 150 萬事業所、3,600 萬人加入。給付總額的 13% 由國家負擔，以加入者年薪的一定比例作為保險費，勞資雙方各自負擔一半，給付的條件與組合保險相同。

v）後期高齡者醫療制度

日本人的平均壽命，男性為 79 歲，女性為 86 歲，在世界當中是最長壽的。但是 75 歲以上的後期高齡者，每人

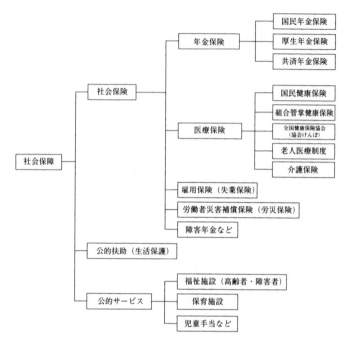

とする考えのもとに制度が見直された。

　2008年4月から導入された新制度では、75歳
以上の人は今まで入っていた保険を脱退させら
れ、ほかの世代から切り離された「後期高齢者だ
けの独立した医療保険」に入ることとなった。
医療給付費をまかなう財源割合は、後期高齢者
10％、健保・国保など40％、国・自治体50％で
ある。医療給付費が増加すれば、個人も保険支払
い料負担が高くなる仕組みとなっている。

カ）介護保険

　寝たきりなどで介護を必要とする高齢者を保険
制度で支える目的で、2000年にスタートした。
原則として65歳以上の人（および40歳以上の重
度障害者）が市町村に申請して介護対象者認定を
受ければ、在宅サービスまたは施設サービスが受
けられる。保険料は市町村と40歳以上の人が応
分に負担するが、被介護者自身も費用の一部をそ

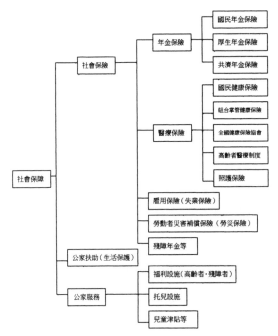

平均的醫療費，要比現職者多上 5 倍之多。因爲少子高齡化的發展，造成必須調整現職世代人員與後期高齡者負擔關係上的不公平，基於此種想法，修正了現行制度。

2008 年 4 月開始導入的新制度，是將 75 歲以上的人，先從現在加入的保險當中退出，再加入與其他世代切割的「後期高齡者獨立醫療保險」。而醫療給付額的財源負擔比例爲：後期高齡者 10%，健保與國保等 40%，國家、自治體 50%。此制度設計成如果醫療給付費用增加，則個人負擔的保險費也會隨之增加的機制。

vi）照護保險

以照護長期臥病在床的高齡者爲目的的保險制度，從 2000 年開始實施。原則上是 65 歲以上的老人（及 40 歲以上的重度殘障者）只要向市町村申請，列爲接受照護的對象後，就可以接受在宅服務，或是前往醫療設施來接受服

の都度支払わなければならない。

4）雇用保険
　　労働者が失業した場合に、失業前の給与の一定割合を勤続年数に応じて一定期間給付する制度である。保険料は会社従業員と会社が、およそ1対2の割合で負担する。育児休業・介護休業の援助、雇用調整助成金制度における休業手当の支給、能力開発などの事業も行う。

5）労災保険
　　労働者が業務上または通勤途上で傷病を被るかあるいは死亡した場合に、医療・社会復帰・遺族保護などの費用を補償する制度で1947年に施行された。保険料は全額会社負担である。

6）公的扶助
　　国民すべてが最低水準の生活を維持できるように援助する制度で、その主要内容は、生活困窮者に対する生活援助金の支給である。

（2）教育

a）学校教育制度
　　日本の学校教育制度は、小学校6年、中学校3年、高等学校3年、大学4年が基本になっている。この制度は、第2次大戦後、新しい学校教育法（1947年）によって生まれたものである。

1）小学校：子供は6歳で小学校に入学する。小学校では、社会における日常生活に必要な基礎科目を学ぶ。この初等教育期間では、1人の先生が全教科を教えることが多い。

2）中学校：国家および社会の一員として必要な資質を養うために、中学校の生徒には、社会に役立つ職業についての基礎的知識・技能が教えられる。また、個性に応じて将来の進路を選択する能力を養う。科目ごとに違った先生が教える。

　　この最初の9年間（小学校と中学校）が義務教育になっている。この間の就学率は100％である。憲法26

務。保險費由市町村及 40 歲以上的人依比例來負擔,被照護者自身也必須負擔每次照護時的部分費用。

4)雇用保險

在勞工失業時,依照失業前給付一定比例的薪資,再依工作年資給付一定期間的制度。保險費則由公司員工及公司,以 1 比 2 的比例來負擔。此外,也有援助育嬰休假及照護休假等的機制,或是以「雇用調整助成金制度」來支付員工的停職津貼,或是推動能力開發等事業。

5)勞災保險

如果勞工在業務上,或是通勤途中因公受傷或是死亡時,補償勞工在醫療、復健、遺族照護等費用的制度,於 1947 年開始實施。保險費則全額由公司負擔。

6)公家扶助

這是讓每一位國民都能維持最低水平的生活,所實施的援助制度。主要的內容是對生活窮困者,支付生活補助金。

(2)教育

a)學校教育制度

日本現行的學校教育制度是小學 6 年、初中 3 年、高中 3 年及大學 4 年。這個制度是第二次大戰後,根據 1947 年公布的學校教育法而制定的。

1) 小學:6 歲入學。學習社會中日常生活所需的基礎科目。在這個初等教育期間,大都是由一位教師教授全部的學科。

2) 初中:為了培養國家及社會的成員所需的資質,初中生亦學習能對社會有所貢獻的職業基礎知識與技能。

条によって、親は子供に義務教育を受けさせる義務が
ある。また、市町村は義務教育のために学校を設置し
なければならない。

3）高等学校：中学校卒業生は入学試験に合格して、高校
に入学する。高校では、学生は普通教育科目あるいは
専門技能科目を学習する。これらの科目は、国家と社
会に有為な人物として必要な資質を伸ばし、さらにそ
れぞれの使命感を養い、人生の将来の進路を定めさせ
ることを目標にしたものである。専門技能科目は、工
業・農業・商業・水産などに分類される。工業はさら
に機械・電気・化学・土木・建築・情報処理・冶金な
どに分かれる。ほとんどの高校は都道府県立または私
立である。

4）大学：高校を卒業してから大学に入りたい学生は、入
学試験に合格しなければならない。大学での教育科目
は、広く知識を授ける一般教養科目と、特定分野の学
芸を深く学習・研究させるための専門科目からなって
いる。大学教育の目的は、知識・人格面とともに応用
能力を十二分に開発することである。すなわち、大学
は教育機関であると同時に学術研究機関としての役割
ももっている。

　　大学教育は一般には４年だが、医学・歯学部・薬学
部は６年である。大学院では、修士課程が２年、その
上の博士課程が３年である（医学・歯学には修士課程
がなく、４年の博士課程だけである）。大学は国立と
私立が大部分である。しかし数は、私立大学の方が国
立大学よりもはるかに多い。

　　上記のほかに、短期大学（２年制）や高等専門学
校（中学卒業後５年の課程）がある。また、小学校就
学前に、幼稚園（1～３年）や、女性の社会進出を手
助けする、児童福祉施設としての、保育園に入る子供
も多い。

　　上記以外に特殊教育の学校・教員養成所・専修学校
があり、さらに文部科学省所管外に職業訓練校や各種
学校がある。また、高校以上の学校の専攻科・別科・
特殊年限のコースなどもある。

此外，依據學生個性，使其選擇將來發展的方向，並由不同老師教授不同科目。

小學、初中合計 9 年，爲義務教育，就學率 100%。根據日本憲法第 26 條規定：父母有讓子女接受義務教育的義務。此外，鄉鎮市亦必須設置提供義務教育的學校。

3）高中：初中畢業生經入學考試合格後，進入高中就讀。在高中，學生除學習普通教育科目之外，也學習專門技能科目，這些科目爲培育對於國家、社會有用人才所具備的資質，並培養其使命感及決定將來發展的目標。專門技能科目有工業、農業、商業、水產等各種分類，工業更細分爲機械、電機、化學、土木、建築、資訊管理、冶金等。絕大多數的高中都是都道府縣公立或私立的學校。

4）大學：高中畢業後想進入大學者，必須經過大學考試，合格者可進入大學就讀。大學的教育科目，包括教授廣泛知識的一般教養科目，及深入學習、研究特定範圍的專門科目。大學教育的目的，爲充分啓發個人知識、人格及其應用能力。換言之，大學既是教育機構也是學術的研究機構。

大學教育一般是 4 年，但醫科、牙科、藥學部爲 6 年。研究所、碩士是 2 年，博士 3 年（醫科、牙科無碩士，只有 4 年的博士課程）。大學大部分爲國立或私立，但數量上，私立大學比國立大學要多很多。

其他還有短期大學（2 年）、高等專門學校（初中畢業後，就讀 5 年的課程）。此外，許多孩童在進入小學前，會先進入幼兒園（1～3 年），或是爲了協助女性到社會工作，不少孩童會先進入兒童福祉機構成立的托兒所就讀。

除了上述各級學校之外，還有特殊教育學校、教師養成所、專修學校等。有的是不受文部科學省管轄

b）教育制度の発展

　日本では明治時代以前の江戸時代からすでに国民の間には教育を尊重する気風があった。当時の日本人はすすんで「読み・書き・そろばん」を学習した。その結果、江戸時代末期・明治維新直前の 1867 年当時、農民・町人を含む国民のおよそ半数は読み書きができた。これは国際比較でも当時としては稀に見る高さであった。

　当時は、武士階級が軍事担当者であると同時に、行政担当者であった。そのため、その務めに必要な教養・道徳・武芸を、武士の子弟たちに教える学校（藩校）が各地に設置されていた。また、農民や町民のためには、生活に必要な読み・書き・算数（そろばんを使った）を教える寺子屋が、全国に 2 万箇所もつくられていた（文字通りには「寺の学校」だが、ふつうは、寺が運営していたわけではない）。この寺子屋への入学はまったく自由で、誰の強制もなく年限も決められていなかった。約 40％の農民や町民が、寺子屋で学んだと推定される。

　明治時代に入り、日本の近代化にともなって、政府は西洋の学問を導入して産業・文化を発展させるために、小学校から大学までの一貫した教育制度を整えた。

　すなわち、1872 年に学制が発布された。「村に不学の戸（こ）なく、家に不学の人なからしめんことを期す」というスローガンのもと、1900 年に日本で初めて 6 歳からの 4 年間の初等科義務教育制度が発足した。この年の就学率は 90％であった。1907 年には 6 年制の義務教育となり、就学率は 99％になった。

　それ以降、小学校・高等小学校・中学校・高等女学校・実業学校・高等学校・専門学校・大学などが多くつくられた。このうち小学校の 6 年間は義務教育とされた。しかし、それ以外は希望者の中から選ばれた者が入学する学校であり、進学率は高くなかった。1935 年には、中等教育

的職業訓練學校及各種學校，也有高中以上的學校所成立的專攻科、別科及特殊年限的課程等。

b）教育制度的發展

日本在明治時代前的江戶時代開始，國民之間即相當重視教育並蔚為風尚。當時的日本人大都認真學習「讀、寫及算盤」。在江戶時代末期及明治維新前夕 1867 年時，包含農民及一般市井百姓等，約有半數都能夠讀寫，這和當時國際上相比，算是非常稀有。

當時，武士階級除了負責軍事外，亦負責行政。因此，為了職務上的需要，各地皆設置教授武士子弟教養、道德、武藝的學校（藩校）。此外，為了教育農民或是村民生活上所需的讀、寫、算數（使用算盤）的「寺子屋」學校，全國約有 2 萬所。這種學校（字面上雖稱之為「寺子屋」，但並不是由寺廟經營）可以自由入學，無任何強制性，也沒有就讀年限。據估計當時約有 40%的農民或村民曾在「寺子屋」裏學習。

從明治時代起，隨著日本的近代化，日本政府為了要發展產業及文化，引進西洋的學問，因此設立了小學到大學，完整而一貫的教育制度。

從 1872 年起，明治政府發布了學制，在「邑無不學之戶，戶無不學之人」的口號下，制定了日本最初的義務教育制度。1900 年起實施從 6 歲開始的 4 年義務教育制度，這一年的就學率達到 90%。1907 年義務教育延長為 6 年，就學率更高達 99%。

從此以後，又大量設立了小學、高等小學、初中、高等女子學校、實業學校、高中、專門學校、大學等，其中小學的 6 年為義務教育。但是除了小學以外，都需要經過甄選，因此升學率並不高。1935 年時，中等教育機構（初中、高等女子學校、實業學校等）的升學率為 18.5%，高等教育機構（高中、專門學校、大學等）的升學率為 3%。

機関（中学校・高等女学校・実業学校など）への進学率は18.5％で、高等教育機関（高等学校・専門学校・大学など）への進学率は3％であった。

　終戦後、1947年に教育制度は全面的に改正され、いわゆる「6・3・3・4制」が実施された。これにより、現在の小学校6年、中学3年、高校3年、一般大学4年の制度が確立した。そのうち小学校・中学の9年間は義務教育となった。

c）教育普及率

　明治維新の身分制度の廃止以降の日本では、職業につくための条件は能力本位となり、出身階級・家柄・親の財産などは原則として関係がなくなった。能力の端的な尺度として、どんな学校で何を学んだか、すなわち学歴が重視されるようになった。家が貧しくとも、良い学校を出て、良い職業につき、高い社会的地位を得ることが人々の念願となった。また、明治政府も国家近代化のため、教育の普及に非常に力を入れた。

　このような背景から、皆が競って進学し、できれば大学まで行こうとする。この気風は戦後の社会にも色濃く残った。そのため、上級校への進学率も高くなった。

　2008年における小学校および中学校での義務教育就学率は100％、高等学校への進学率は97.8％、短期大学および大学への進学率は55.3％、大学院などへの進学率は12.1％である。小学校入学前の幼稚園にも幼児の56.7％が就園している。

　多くの者が大学に進学するので、今では単に大学を卒業したことだけでは、能力の証明にはならなくなっている。また個々の大学・学生の間の質の格差が大きく、優れた大学の水準は、諸外国の一流大学に劣らない。したがって、このような大学への入学競争の倍率はかつてのように高くはないが精鋭同志の競争なので非常に厳しい。そのために、大学入試に照準を当てた予備校などの民間の教育施設が発達してきた。なお、有名私立中高一貫校を目指す小学

第二次世界大戰之後，自 1947 年起全面修訂了教育制度，成爲「6‧3‧3‧4 制」。依照這個制度，確立了現在小學 6 年、中學 3 年、高中 3 年、一般大學 4 年的制度。其中從小學到中學的 9 年爲義務教育。

c）教育普及率

　　日本自從明治維新廢除了身分制度後，現在日本就職的條件講求的是能力，而與出身階級、家庭背景、父母親的財產等，基本上幾乎沒有任何關係。而評量個人的能力則以其畢業於何種學校、學了什麼來判斷，換句話說，也就是開始重視學歷。因此縱使家境貧窮，人人都希望能進好學校，畢業後能够找到好的職業，並獲得高的社會地位，這也成爲每個人的願望。此外，明治政府也爲了讓國家近代化，因此非常致力於推動教育的普及。

　　在這樣的背景之下，大家都競相升學，盡可能進入大學。這個風氣在戰後，依然非常濃厚。因此往上級學校的升學率也逐漸提高。

　　2008 年小學義務教育的就學率爲 100%，而高中的升學率爲 97.8%，進入短期大學及大學的升學率爲 55.3%，研究所的升學率則爲 12.1%。學前的幼兒園也有 56.7%的入園率。

　　由於相當多的人進入大學就讀，因此，現在只有大學畢業，已不能作爲能力的證明。此外，各個大學、學生之間品質上的差異非常大。優秀大學的水平並不比外國一流大學差，現在這些大學的入學競爭率，雖然不像過去那麼激烈，但是由於都是精英們的競爭，入學的窄門依然非常嚴峻。因此，針對大學的入學考試，補習班等的民間教育設施也隨之發達。此外，小學生的學習塾（補習班）也非常盛行，這是針對從初中直升到高中的私立名校入學考，所進行的補習教育。

生向けの学習塾も普及している。

d）大学

　　日本でもっとも古い大学は、東京大学である。江戸時代、幕府が設立した「開成所」と「医学所」がその前身で、1877 年両校が合併して東京大学が設立された。以後戦前の 1939 年までに、京都大学・東北大学・九州大学・北海道大学・大阪大学・名古屋大学の 6 つの国立総合大学が設立された。戦後、従来の高等専門学校などが昇格・統合されて大学となり、現在では一橋大学・東京工業大学・東京外国語大学・大阪外国語大学・筑波大学・お茶の水女子大学・奈良女子大学・東京芸術大学・各県の国立大学など合計 86 校の国立大学がある（2008 年）。

　　公立大学は、首都大学東京や大阪市立大学など 90 校が設置されている（2008 年）。

　　私立大学は 589 校あり、慶応大学と早稲田大学が「私学の双璧」といわれている。

　　2000 年以降の出生率の急速な落ち込みの影響で将来は大学進学人口が減少し、大学の収容能力があまってくることが予想される。すでに 2008 年時点で私立大学の 47％の大学で定員割れが生じている。

　　このほかに、417 校の短期大学があり（2008 年）、大学・短期大学・大学院生の総数は約 327 万人である。
　　2004 年 4 月日本の国立大学はすべて独立法人となった。その背景には、まず国の政策が、大学の社会的役割を教育・研究の 2 本柱から、教育・研究・成果の社会還元の 3 本柱へと転換したことである。また大学も、大学入学人口の急速な減少に直面し、自主経営による競争力の強化、教

d）大學

日本最古老的大學是東京大學，江戶時代由幕府設立的「開成所」與「醫學所」爲其前身，1877 年兩校合併爲東京大學。此後到戰前 1939 年爲止，陸續地成立了京都大學、東北大學、九州大學、北海道大學、大阪大學及名古屋大學等 6 所國立綜合大學。戰後，統合原來的高等專門學校升格成爲大學，現在有一橋大學、東京工業大學、東京外國語大學、大阪外國語大學、筑波大學、御茶水女子大學、奈良女子大學、東京藝術大學等，各縣的國立大學共計有 86 所國立大學（2008 年）。

公立大學則有首都大學東京、大阪市立大學等 90 所（2008 年）。

私立大學有 589 所，其中慶應大學與早稻田大學被稱爲「私立大學的雙壁」。

受到 2000 年以後出生率急速下降的影響，預料將來進入大學的人數會減少，造成大學的閒置，收不到定額的學生人數。在 2008 年時，已經有 47%的私立大學，發生了招生不足的現象。

其他還有 417 所短期大學（2008 年）。大學、短期大學、研究所，學生的總數約有 327 萬人。

2004 年 4 月日本的國立大學全部改爲獨立法人。其背景是順應國家的政策，讓大學從原有社會、研究的兩大宗旨，轉換成以教育、研究，並將成果回饋於社會的三大宗旨。此外，大學面對今後人口的急速減少，勢必要以自主經營的方式來強化競爭力，並且將教育及研究的內容公告周知於納稅者（國民），也要積極地宣傳大學具魅力及個性化的一面。

育・研究内容の納税者（国民）への開示により、魅力ある個性を積極的アピールしている。

法人化に伴い、人事・教科内容・授業料など大学の運用に関し学長の権限が拡大された。さらに、競争原理に基づく民間経営手法の導入、教育・研究に対する第三者評価の実施、教員資質向上プログラムの導入などにより大学の活性化・個性化を目指す動きも活発化している。

e）大学院

765校の大学のうち604校（国立大学85校、公立大学76校、私立大学443校）に、大学院がおかれている。

近年の経済のグローバル化、科学技術の進歩、国家・企業の技術戦略の必要性などを背景に、大学院に対する期待が従来の基礎研究の推進および研究者の養成から社会人の再教育、高度職業人の養成に変わってきた。これを踏まえ、1991年大学院設置基準が改正され、大学院の多様化が進み、単独大学院大学、大学の基礎学部を持たない独立大学院、複数大学による連合大学院などが設置された。

さらに2003年、専門職大学院制度がスタートした。この制度は実務家養成を目的としている。修了者には産業社会実務に直結する専門職学位の資格が与えられる。その事例としては、法科大学院、教職大学院、会計大学院、知的財産大学院、公共政策大学院、ICT専門職大学院、技術経営（MOT）大学院、ビジネススクール（MBA・経営専門職大学院）、社会福祉大学院、公衆衛生大学院である。

f）日本人の国際語・ビジネス語としての英会話能力

歴史的に日本人の外国語の学習は、もっぱら外国文献から新知識を吸収するための手段とされてきた。したがって、日本の外国語教育は伝統的に読み書き、とくに読解力に重点がおかれた。このような事情から、日本人一般の外国語会話能力は時間を長くかけている割には依然低い（大

隨著法人化的進展，在人事、教科內容、學費等，及有關大學的營運方面，也已經擴大了校長的權限。此外，更基於競爭原理，導入民間經營手法，對於教育及研究方面，實施第三者評價的制度，導入提升教員資質計劃等，目標就是為了要讓大學更加地活性化與個性化，這個動向也使大學日益活潑化。

e）研究所

765 所大學之中，有 604 所（國立大學 85 所、公立大學 76 所、私立大學 443 所）設有研究所。

最近數年，隨著經濟的全球化及科學技術的進步，加上國家、企業技術戰略的必要性等背景，對於研究所的期待，也從原來推動基礎的研究及培養研究者為主要目的的方向，轉換成社會人士的再教育、高階經理人的養成方面。為了迎合此種需求，1991 年也修定了研究所的設置基準，使得研究所日趨多樣化，相繼設立單獨的研究所大學、無大學基礎學部的獨立研究所，或是以多所大學來共同設立聯合研究所等。

更於 2003 年開始設立專門技術職研究所的制度。此種制度的目的，主要是培育具備實務的專家，畢業後，可以直接頒授產業社會專門技術職的學位資格。以具體的事例而言，有法科研究所、教職研究所、會計研究所、智慧財產研究所、公共政策研究所、ICT 專門職研究所、技術經營（MOT）研究所、企管（MBA、經營專門職研究所）、社會福祉研究所、公眾衛生研究所等。

f）日本人使用國際語及商業用語時的英語能力

傳統歷史上，日本人學習外國語的目的大部分為閱讀外國文獻，僅為求取新知的手段而已，因此，日本的外語教育著重於讀與寫，尤其是注重閱讀能力。在這樣的情況

学卒業生は中学入学から 10 年間英語を学んでいる。中・高校では英会話を苦手とする英語教師も少なからずいる）。

グローバリゼーションに伴い、英語の世界的重要性がますます高まっている。こうした背景のなかで、今やビジネスマンにとって英語能力は必須のものとなった。企業では、入社前・入社直後に一定レベル以上の英語能力を求めるところが増えている。

これに対応して、国や地方自治体も、小学校レベルでの英語教育、高校生の海外派遣、ネイティブスピーカー起用による、英会話教育、高等学校における英語科の設置、帰国子女の積極的受け入れなどの方針をとるところも出ている。民間の英語学校の英語レッスン・海外英語留学も盛んである。

（3）家庭生活

a）結婚

日本では、90％以上が「恋愛結婚」である。このほかに「見合結婚」という習慣がある。

見合結婚の場合は、間をとりもつ紹介者（仲人）が、結婚希望の男女を引き合わせる。二人はその出会いの場でお互いを観察する（見合い）。このとき双方の親が立ち合うことが多い。その後しばらく交際して、結婚するかどうかをきめる。お互いに交際のなかった男女を引き合わせるという交際範囲の狭い人にとっては有効な方式である。仲人は、好意から紹介をしているので世話好きな年配者が多く、結婚後も相談相手になってくれる。

下，日本人一般外國語言的會話能力，雖然花費很長的時間，但是成效並不好（大學畢業生從初中開始，就學習了10年的英語。甚至連有些初、高中的英語老師也自認爲自己的英語會話能力，無法上得了枱面）。

但是由於全球化的發展，英語在世界上的重要性也與日俱增。在這樣的背景之下，現在要成爲一位商業人士，英語是必要的能力。有許多日本企業在進入公司前及就職後，也開始要求須具備一定水平的英語能力。

爲了因應這個趨勢，國家及地方上的自治體也開始採取一些方針，例如有些學校從小學開始教授英語、或是派遣高中生到海外留學、雇用以英語爲母語的教師來進行會話教育，或是於高中設置英語科、積極地接受海外歸國子女等。民間英語學校的英語課程及前往海外的英語留學，都非常盛行。

（3）家庭生活
a）結婚
日本約有 90%是「戀愛結婚」，其他也有經由相親介紹而結婚的習慣。

經由相親介紹結婚時，是經由介紹人引見希望結婚的男女雙方，再互相觀察對方是否屬意。這時雙方的家長也都在場。之後經過一段時間的交往，再決定是否結婚。這是撮合沒有交際經驗的男女，對於一些交際範圍較窄的人來說，是一個有效的方式。介紹人一般並不以此爲職業，大都是樂於助人的年長者出於好意而幫忙撮合，結婚後也可成爲諮詢的對象。

近年では、男女の出会いの場を提供する、有料の結婚紹介業という業態が成り立っているほかに、職場や学校のつながりをベースに、見知らぬ男女が合同で出会いの場を持ち交際のきっかけにする「婚活」（結婚活動の略）もみられる。

平均初婚年齢は、男は 30.1 歳、女は 28.3 歳である（2007年）。

b) 家族構成

2007 年 6 月現在の日本の世帯数は 4,802.7 万で、前年より 1.01％増えた。1 家族の平均構成人数は 2.63 人と減少が続いている。

1986 年から 2007 年までの家族構成の変化を見ると、まず顕著なことは単独世帯の増加である（18％→25％）。夫婦と子供だけのいわゆる核家族は数量としては横這いであるが、世帯構造から見ると減少した（41％→31％）。また、おじいちゃん・おばあちゃんのいる 3 世帯家族も引続いて減っている（15％→8％）。他方、高齢者だけの世帯は大幅に増えており（6％→19％）、孤独な高齢者が大きな問題となってきた。

c) 女性の仕事と家庭

2008 年、日本女性の就労可能な人口は 2,796 万人である（就学・家事・老齢などの事情で働けない女性を除く）。これは 15 歳以上の女性人口のおよそ半数である。その約96％が仕事に就いている。

このように近年、女性の職場への進出はますます活発になっている。その背景としては、まず女性の高学歴化があげられる。2008 年、短期大学以上の進学率は、男性51.4％に対し、女性は 54.3％であった。つぎに、女性が仕事につきやすい条件が整備されてきた。すなわち、保育施設の拡充、フレックスタイムの導入などによる仕事環境の変化がある。

女性の進出分野も広がり、企業では経営者・管理職・専門職などへの登用も増えてきた。また、女性の閣僚・国会議員・上級公務員・大学教授・医師なども一般的にみられるようになった。

最近幾年，出現一些提供男女約會見面的場地，並且收費的婚姻介紹業者，現已成為一種新興行業。其他尚有將職場或以學校的關係作為基礎，讓未曾謀面的男女一起出席社交活動，被稱為「婚活」（結婚活動的簡稱），也很常見。

平均初婚的年齡，男性為 30.1 歲，女性為 28.3 歲（2007年）。

b）家族的構成

2007 年 6 月日本的家庭總戶數為 4,802.7 萬戶，比前一年度增加了 1.01%。平均每一家族的構成人數為 2.63人，正持續減少當中。。

觀察 1986 年到 2007 年為止，家庭組成的變化，首先最顯著的是獨居家庭戶口的增加（18%→25%）。只有夫妻與小孩的小家庭數量的方面，呈現橫向推移，並沒有太大的改變，但是以戶口構造來觀察，則是呈減少的趨勢（41%→31%），此外，爺爺奶奶三代同堂的家庭也持續減少（15%→8%）。另一方面，只有高齡者的家庭，則大幅的增加（6%→19%），孤獨的高齡者已成為一個大問題。

c）女性的職業與家庭

2008 年日本女性的就業人口約為 2,796 萬人（去除就學、家事、高齡等因素而無法工作的女性）。上述人數約占 15 歲以上女性人口的半數，其中約 96% 的人擁有工作。

近年來，女性進入就業市場的情形越來越普遍，主要的背景，是因為女性的高學歷化。2008 年短期大學以上的升學率，男性為 51.4%，相對的女性為 54.3%。對於女性而言，就業條件的完善，也讓女性就業變得容易許多，換言之，是育兒設施的擴充及導入彈性工時等環境變化所造成的。

女性就業領域的範圍也很廣泛，有企業經營者、管理階級、專業人士等，企業中的女性也日漸增加。此外，女

女性労働者にはパートで働く人が多く、また男性との賃金格差も残っているなど課題は残されている。1986 年 4 月に施行された男女雇用機会均等法、1999 年施行の男女共同参画社会基本法により、女性をとりまく社会制度面の就労環境は着実に改善されつつある。

　近年のもうひとつの傾向として、女性の結婚年齢が年々高くなり、出生児の数が減少している。2007 年における女性の平均初婚年齢は 28.3 歳で、1970 年に比べると 4.1 歳高くなった。結婚しない女性の数も増えている（23 歳～30 歳以下の層で 4 割以上）。

　日本では、女性が一生の間に生む子供の平均数が 2007 年には 1.34 人になり、日本の人口が近い将来減少に転じることは確実と考えられている。こうした事態に対処する意味でも、女性の仕事と家事・育児とが両立する条件づくりのため、保育施設の拡充、児童手当制度の改正、育児・介護休業法などの対策が急務とされている。

　家事労働は、現在も大勢としては女性が行っている。家庭電気機器の普及により、以前よりかなり軽減されたとはいえ、女性の家事労働負担は依然として大きい。

　また、日本社会の高齢化にともない、家庭における高齢者の介護が増加しているが、その負担もより多く女性にかかっているのが現実である。

d）単身赴任

　日本では、夫が仕事のために、単身で赴任することが珍しくない。これは国内赴任の場合も、海外赴任の場合も同様である。短期間の場合は、家族をともなわないのが普通である。

　長期間の場合でも単身赴任するのは、主として子供の教育問題のため妻が日本国内の現住所に残らざるをえないからである。その背景には、子供を他の学校へ入れた場合、国内では転校・進学の際やっかいな問題があること、また外国の場合は言葉の違いから日本語能力や一般学力が低くなり、帰国後苦しむことが多いという事情がある。

性的閣員、國會議員、高級公務員、大學教授、醫師等，在各個領域都很普遍。

另一方面，因為女性就業者大多是計時工作，因此薪資上與男性常有差距。但是 1986 年 4 月開始實施男女雇用機會均等法、1999 年實施男女共同參劃社會基本法之後，女性就業在社會制度面及就業環境方面，也有顯著的改善。

最近數年，還有一個趨勢值得注意，女性結婚年齡正逐年上升，而出生嬰兒數也隨之逐年減少。2007 年女性的平均結婚年齡為 28.3 歲，較 1970 年高了 4.1 歲。不結婚的女性也大為增加（23 歲～30 歲以下的年齡層，占了 4 成）。

日本女性一生所生育孩童的平均數，2007 年為 1.34 人，這也確實地說明了日本人口在不久的將來，就會轉而減少。為了要因應這種情勢，並提供完善的條件，讓女性的工作及家事、育兒都能夠兼顧，在對策上應當首先迅速擴充托兒設施、修正兒童津貼、育兒與照顧休假辦法等，這些都是現今當務之急。

現在仍然有相當多數的女性要從事家事勞動，雖然由於家庭電器產品的普及化，相較於過去，女性可以比較輕鬆，但是對於女性而言，家事勞動的負擔仍然很大。

此外，隨著日本社會的高齡化，對於家中高齡人口的照護工作也隨之增加，實際上，這也大多由女性來承擔。

d）單身赴任

在日本，丈夫因為工作的關係，單獨遠赴外地工作的情況也很多。這不僅僅是在國內調職赴任，遠赴海外工作時也相同。特別是短期間的場合，通常是不帶家人一起去。

即使是長期的單身赴任，也常因為子女教育的問題，妻子不得不留在日本。而造成此原因的背景是：如果子女要進入其他學校，在國內恐怕需要轉學，造成升學時的麻煩；如果是前往外國，由於不同語言的關係，深怕以後日語的能力及一般學力的水平會降低，造成回國後會更加辛苦。

（4）環境保全

a) 戦後日本の環境問題

　　日本は戦後の復興期と、これに続く1950年代後半からの高度成長期における経済発展優先の政策を推進する過程で、水俣病、第二水俣病（新潟水俣病）、イタイイタイ病、四日市ぜん息といういわゆる4大公害とよばれる深刻な社会問題を経験した。

　　しかしこれらの問題は、このほかの大気・水質・土壌の汚染、騒音、振動、地盤沈下、悪臭など環境基本法にうたわれている典型7公害を含めて、政府の環境関係の法制整備、企業の公害防止に向けた技術開発や、膨大な公害防止投資などの努力により、おおむね収束した。

　　こうした経済成長と公害防止の両立を実現した日本の努力と実績は、国際的にも広く認められ、1992年のリオデジャネイロでの「地球サミット」以来高く評価されている。今後、日本がこのような他国に例を見ない経験と技術を有効に還元することに対しては、国際社会から大きな期待が寄せられている。

b) グローバルな環境問題

　　20世紀に展開してきた「大量生産」、「大量消費」、「大量廃棄」型の経済・社会活動は、人類に多大な豊かさと利便性をもたらした。しかしその反面、このような活動様式は自然の復元力の限界を超えて、自然本来の循環を阻害している。現在のライフスタイルそのものの維持が限界に達しているという認識が世界で共有のものとなりつつある。
　　現在、主要な世界共通の環境問題としては、①地球温暖化防止、②オゾン層の保護、③海洋汚染防止、④大気環境の保全、⑤森林破壊の防止、⑥砂漠化の防止、⑦酸性雨・黄砂対策、⑧水と土壌環境の保護、⑨物質循環・廃棄物とリサイクル対策、⑩南極の環境保護などがあげられている。この中で、近年特に重大かつグローバルな問題として国際的に取り組みが進められているのが地球温暖化問題で

（4）環保問題
a）戰後日本的環保問題

日本在戰後的復興期及 1950 年代後半開始的高度成長期，由於推動以經濟發展為優先的政策，經歷了接連發生的水俁病、第二水俁病（新潟水俁病）、痛痛病、四日市氣喘等俗稱「四大公害」所引起深刻性的社會問題。

但是除了這些問題之外，其他尚包含在環境基本法中的空氣、水質、土壤污染、噪音、震動、地層下陷、惡臭等典型的七大公害。經由政府對於環保關係進行立法，加上企業開發對於公害防制的技術，及進行龐大的防制公害投資等的努力之下，大致上已經收到成效。

如上所述，日本不但實現了經濟成長，而另一方面也兼顧到防制公害，這些努力和實績，在國際上也倍受肯定。1992 年里約熱內盧的「地球高峰會」之後，也一直受到相當高的評價。日本具備其他國家所未曾經歷過的經驗及技術，並能有效的回饋，這也是今後國際社會對此有高度的期待，寄望日本能繼續有所貢獻。

b）全球的環保問題

20 世紀裡，人類所經歷的生活模式，可說是建立在「大量生產」、「大量消費」、「大量廢棄」型的社會經濟活動之上，為人類帶來豐足的生活及方便性。但是另一方面，諸如此類的活動樣式，已經超越了大自然復元的力量，並且阻礙到大自然原有的循環。大家認識到維持現有的生活樣式，已經是到達極限，而此觀念漸漸成為全世界的共識。

現在世界主要共通的環保問題，茲列舉如下：①防止地球暖化；②保護臭氧層；③防止海洋污染；④大氣環境的維護；⑤防止破壞森林資源；⑥防止沙漠化；⑦對於酸性雨及沙塵暴的對策；⑧對於水源及土壤環境的保護；⑨物質循環、廢棄物與資源回收的對策；⑩南極環境的保護等。其中以地球暖化的問題特別重大，並且為全球性的環保問題，此刻國際間也正積極地進行協調。

ある。

c）地球温暖化防止

1）地球温暖化問題の特質

地球温暖化は、科学の発達によって「発見された」環境問題である。大気中の二酸化炭素（CO_2）濃度の上昇が地球温暖化の原因になり、それは人間の産業活動によって排出された温室効果ガス（CO_2、メタンなど）が主要因であるとの考え方が世界共通の認識になった。

すでに顕在化した現実問題としては、北極の大氷塊の融解・縮小、南極の氷河の崩壊の加速、北極海の水面の上昇によりイヌイット（エスキモー）の人々が移住をせまられ、アラスカでは永久凍土層の氷解により道路の亀裂や建物の傾斜が起り、ヒマラヤの氷河湖が拡大し決壊による洪水の恐れがある、北極海の氷塊が減少してホッキョクグマの数が減少しているなど多数の事例が報告されている。

2）地球温暖化防止の国際的取組み

ア）京都議定書

1997年12月、「気候変動枠組条約第3回条約国会議（COP3）」において「京都議定書」が採択され、その後124の国家とEUが批准して、2005年2月16日に発効した。

この議定書は、先進国に数値目標を定め、各国に対策の実施を求めている（対1990年削減率：日本6％、EU8％、アメリカ7％、ロシアおよび途上国ゼロ％）。また、目標を達成するための、排出量取引、共同実施、クリーン開発メカニズム、森林などの吸収源（シンク）による吸収量の算入など、いわゆる「京都メカニズム」が導入された。

しかし、京都議定書では、中国・インドなどの途上国が削減義務を負っておらず、また、二酸化炭素の世界最大排出国であるアメリカは2001年に京都議定書から離脱し、オーストラリア・カナダも目標達成を断念した。その結果、削減義務を負う批准国の削減目標値を合計しても世界の二酸化炭素総排出量の1/3に過ぎないという状況となった。

c）防止地球暖化

1）地球暖化問題的特質

地球暖化是由於科學的發達而「發現」的環保問題。大氣中二氧化碳（CO_2）的濃度上升，成為地球暖化的原因。這是由於人類產業活動而排放出溫室效果氣體（二氧化碳、甲烷等）為其主因，這也成為世界共通的認識。

列舉現今已經表面化的現實問題：北極冰山的溶解與縮小、南極冰河加速崩解。由於北極海平面的上升，造成因努伊特人（愛斯基摩人）被迫移往他鄉居住；阿拉斯加也因永久凍土層的溶解，造成道路的龜裂及建築物的傾斜；喜馬拉雅冰河湖的擴大泛濫，可能造成洪水；北極海冰山的流失，造成北極熊的數量減少等。許多的事例都被報導著。

2）對於防止地球暖化的國際行動

i）京都議定書

1997 年 12 月，在「氣候變動構造條約第三次協調會議（COP3）」上，決議採行「京都議定書」之後，有 124 國與 EU（歐盟）批准，2005 年 2 月 16 日開始生效。

在此議定書當中，對於先進國家設定了數值目標，並要求各國實施對策（對 1990 年削減率：日本 6%、EU8%、美國 7%、俄羅斯及開發中國家 0%）。此外，為了達成目標，也有設定排放量交易、共同實施、開發綠色構造、計算森林等吸收源來計算吸收量等，導入了所謂的「京都構造」。

但是，在京都議定書當中，中國及印度等開發中國家，並沒有負擔到削減的義務。此外，美國身為二氧化碳的世界最大排放國，卻於 2001 年脫離了京都議定書，澳洲及加拿大也表示無法達到目標。在此結果之下，將負有削減義務的批准國家削減目標值全部加以合計，也不過僅能達到全世界二氧化碳排放量的 3 分之 1 而已。

イ）排出量取引

　京都メカニズムの１つである排出量取引
（ETS：Emission Trading Scheme）は、各国家・企
業ごとに温暖効果ガスの排出量枠を定め、排出枠
の余った国家・企業と超過排出した国家・企業と
の間で排出量取引を認める制度である。国際的な
正式開始時期は、2008年であるが、EU（欧州連
合）ではすでに2005年から域内排出量取引制度
を発足させ、アメリカ・カナダ・オーストラリア
なども独自の制度を創設している。

　日本は自主参加型の取引制度を試行中で、本格
的市場の形成が検討されている。

　排出権が市場価値をもつことになると、温暖化
ガス削減のための努力が期待される反面、取引が
排出枠の数字合わせに終わることや環境保全のた
めの排出枠が投資の対象にされることへの疑問も
指摘されている。

ウ）日本に課せられた目標

　日本は温室効果ガス（CO_2、メタンなど）の排
出量において世界第5位である（2002の全世界
の排出量241億トン中、アメリカ23.9％、中国
14.5％、EU13.6％、ロシア6.4％、日本4.9％）。
日本の削減目標値は、対1990年比6％減である
が、民生、輸送部門の排出量が急増していること
もあり、2008年現在の総排出量は、対基準年比
で15％増加している。第1約束期間2012年まで
に目標達成のためには、きびしい取り組みが求め
られる。

エ）ポスト京都議定書

　2013年以降の5年間の京都議定書を引き継ぐ
枠組みを、「ポスト京都議定書」と呼んでいる。

　主要な争点の１つとしては、総枠の数値目標
を設定した、京都議定書のトップダウン方式にた
いして、技術協力にもとづく各国の自主努力の積
み上げに、よるボトムアップ方式の主張がある。
ポスト京都議定書の枠組みは、2010年にメキシ
コで予定されている、気候変動枠組条約第16回
締約国会議（COP16）での合意到達に期待が寄せ
られている。

　日本の立場に関しては、鳩山首相が2009年9
月14日開催の第64回国連総会において、すべて

ii）排放量交易

在京都構造中，有一項爲「排放量交易（ETS：Emission Trading Scheme）」，依照各個國家、企業，設定造成暖化氣體排放量的配額，有多餘排放量的國家、企業，與超出排放量的國家、企業之間，可以進行排放量交易的制度。國際上正式開始的時期爲 2008 年，但是 EU(歐盟)早於 2005 年即開始實施地域內排放量的交易制度，美國、加拿大、澳洲等，都有各自獨創的制度。

日本現在是以志願參加的方式，先行試辦交易制度，也正在檢討正式成立市場的可行性。

如果排放權成爲有市場價值，爲了削減暖化氣體的努力方面，是值得期待與肯定。但是另一方面，也有疑問指出，此種交易只是爲了符合排放配額的帳面數字而已，或是懷疑環保的排放配額，是否將成爲投資炒作的對象。

iii）日本被賦予的目標

日本在溫室效果的氣體（二氧化碳、甲烷等）的排放量，位居世界第五位（2002 年全世界的排放量 241 億噸當中，美國占 23.9%、中國 14.5%、EU13.6%、俄羅斯 6.4%、日本 4.9%）。日本的削減目標值與 1990 年相比較，減少了 6%，但是在民生、運輸部門的排放量却急速上升，以 2008 年的總排放量，與基準年相比較，增加了 15%。要達成第一階段 2012 年的目標，還需要更嚴格的執行才行。

iv） 後京都議定書

2013 年以後的 5 年間，延續京都議定書的框架，稱爲「後京都議定書」。

但其中引起主要爭議的關鍵點之一，是對於總架構之中，所設定的數值目標方面。京都議定書是以從上而下的方式，而後京都議定書則是希望各國能基於技術協議，主張逐步由下往上、各自努力的方式。而後京都議定書的架構，一般是期待 2010 年於墨西哥所舉行的第 16 回聯合國氣候變遷基礎公約第 16 屆締約國大會(COP16)上，能够達成共識。

の主要国による公平かつ実効性のある国際的枠組みの構築及び意欲的な目標の合意が得られることを前提に、2020年までに1990年比25％の温室効果ガス削減という目標を内外に示した。

d）持続可能な循環型社会の構築

1）産業界の取り組み

経団連は1997年、環境自主行動計画とあわせて廃棄物自主行動計画を策定した。廃棄物自主行動計画には35業種が参加し、産業業界ごとに2010年度におけるリサイクル率、最終処分量などの数値目標を設定し、毎年業界ごとの推進状況をフォローアップしている。また、2007年の提言においては、①現在世界最高水準をいく日本産業のエネルギー効率の維持、②画期的環境技術の開発、③途上国への資金・技術援助の継続、を表明している。

2）日本のエネルギー効率

2004年の日本における国家全体のエネルギー効率、すなわちGDP（国民総生産）1ドルあたりの石油換算エネルギー消費量は0.11kgであった。日本に比較するとEU27カ国1.9倍、アメリカ2.0倍、韓国3.2倍、中東6.0倍、中国8.7倍、インド9.2倍、ロシア18.0倍を消費している。

また、鉄鋼業でみると粗鋼1トンあたりの石油換算エネルギー消費量は、日本は0.59トンである。これは、ドイツ・イギリス・フランスより、15％〜20％程度効率が良く、エネルギー効率は世界でもっとも高いことが認められている。

同じく鉄鋼生産プロセスにおける廃熱回収・副生ガス利用などの省エネルギー設備の普及率でも日本は世界でもっとも進んでいる。例えば新日本製鉄の2008年版「環境報告」によると、同社の鉄鋼生産プロセスにおける水の循環率は90％、高炉・コークス炉など構内の工場で発生する副生ガス活用率100％、高炉スラグなどのセメント・路盤材などへの再資源化率98％、排熱回収による鉄鋼製造エネルギー効率60％などとなっている。

關於日本的立場,鳩山首相於 2009 年 9 月 14 日舉行的第 64 回聯合國總會上表示,日本所希望的前提是:所有主要國家可以基於公平、能夠構築具有實效性的國際架構,以及對於積極的目標達成合意。日本對海內外宣示的目標是到 2020 年爲止,要達成比 1990 年削減 25%的溫室效應氣體。

d)構築能持續循環型的社會

1)有關產業界的參與

1997 年經團連(工商聯合會)爲了配合「環境自主行動計劃」,擬定了廢棄物自主行動計劃。在此廢棄物自主行動計劃中,有 35 個業種參加,依照每個不同的產業,將 2010 年度的資源回收率,設定了最終處分量等的數值目標,再按照各個業界推行的狀況進行追蹤考核。此外,2007 年所提出的方案中,明白的表示:①維持現在已經是世界最高水平的日本能源效率;②開發劃時代的環保技術:③繼續對於開發中國家提供資金與技術的援助。

2)日本的能源效率

2004 年日本國家全體的能源效率,以 GDP(國內生產總值)每 1 美元換算成石油能源的消費量爲 0.11 公斤。與日本相比較,EU27 國的能源消費爲日本的 1.9 倍、美國 2.0 倍、韓國 3.2 倍、中東 6.0 倍、中國 8.7 倍、印度 9.2 倍、俄羅斯 18.0 倍。

在鋼鐵業方面,粗鋼每 1 噸換算石油的能源消費量,日本爲 0.59 噸。這與印度、英國、法國相比較,效率要高 15%~20%,日本的能源效率在世界上被認爲是首屈一指。

同時,在鋼鐵生產製造的過程當中,將廢熱回收、利用副生瓦斯等節約能源設備的普及率方面,日本也是全世界當中最爲先進的。例如:新日鐵公司在 2008 年版的「環境報告」中披露,該公司在鋼鐵生產過程中,水的循環率爲 90%;高爐、焦煤爐等,在工廠內所產生副生瓦斯的活

したがって、各国の CO_2 削減の余力（ポテンシャル）は、鉄鋼業だけでも日本をゼロとした場合、年間でドイツ 1,600 万トン、フランス 800 万トン、インド 2,000 万トン、アメリカ 5,500 万トン、ロシア 4,600 万トン、中国 8,000 万トンである（地球環境産業技術研究機構）。世界が日本と同レベルのエネルギー効率を実現できれば、CO_2 削減量は鉄鋼業だけでも莫大な量に達する。

　また、産業界の努力の一端は、環境マネジメントシステムの国際規格・ISO14001 の取得件数の国際比較にみることができる。日本の 2006 年における同規格の認証件数は 22,593 件で世界第 1 位である。

3）自治体、市民の取り組み

　持続可能な循環型社会実現を目指して、「3R 対策」（reduce・削減、reuse・再使用、recycle・再利用）を前提として、「地球規模で考えて、足元から行動する」ための取り組みが市民・行政と一体となって進めていくことが肝要とされている。

　たとえば、食品の投棄、家庭ゴミの排出量などは削減の余地が依然大きく、ゴミの分別排出も自治体により大きなばらつきがみられる。

　他方、家庭における太陽光パネル発電の設置、ハイブリッド車など燃費の良い車への切り替え、さらにマイカーから公共交通機関へのシフトなどは国の施策として制度的対応が求められている。

用率爲 100%；將高爐爐渣等運用到水泥、道路地盤材料等的再資源化率爲 98%；將排熱回收，轉爲製造鋼鐵時的能源效率爲 60%等。

因此，如果評估各國在削減二氧化碳的潛在能力，就鋼鐵業而言，將日本設定爲零的基準時，每一年德國能夠多削減 1,600 噸、法國 800 萬噸、印度 2,000 萬噸、美國 5,500 萬噸、俄羅斯 4,600 萬噸、中國 8,000 萬噸（地球環境產業技術研究機構）。世界各國如果能够像日本一樣，達到相同水平的能源效率，僅以鋼鐵業而言，就可以削減到非常大的排放量。

日本產業界努力的成績，可以從國際標準組織 ISO14001 環境管理系統的取得認證件數，進行國際比較後得到印證。日本在 2006 年，獲得該認證件數爲 22,593 件，位居世界第一位。

3）自治體及市民的參與

爲了要達到能持續循環型社會的目標，是以「3R 對策」（reduce--削減、reuse--再生使用、recycle--循環利用）爲前提，「以地球規模的角度來思考、從身邊開始行動。」讓全體市民與行政成爲一體，共同參與推動，是非常重要的。

舉例而言，食品的廢棄、家庭垃圾的丟棄量等，仍然還有很大削減的餘地。光是以垃圾的分類而言，每一個自治體都有各自的規定，差異性很大。

另一方面，在家庭設置太陽能發電裝置，或是換購油電雙動力等省油、能源效率較好的車輛，與不使用私家車而搭乘大眾交通工具等，都還須仰賴國家施政及制度上的改進才行。

6 科学技術

(1) 日本の科学技術の研究成果

a) 序

日本の科学技術水準は世界的にも高く評価されており、世界の科学技術の発展に寄与している。現在取り組みが進行中の事案を含め、最近の情勢を概観する。

b) 超伝導技術（超電導技術）

特定物質を超低温にすると電気抵抗がゼロとなるほか、磁力線が排除される現象を利用した技術で、日本は世界をリードする高いレベルにある。代表的応用例には次のようなものがある。

①日本は、プラズマ閉じ込め用の大型超伝導コイルの開発に成功した。これにより、2008年よりフランスのカダラッシュで建設中の国際核融合実験炉（ITER; イーター）のプロジェクトが大きく前進したとされている。

②リニア新幹線実験線の列車の走行技術に世界最初の超伝導磁石による浮上・推進方式を実用化し成功した。計画ルートは東京－大阪間約500 km、所要時間は東京・大阪約1時間、現在最高速度は有人走行で時速581 kmの世界記録を達成し、技術的実用化の見通しはおおむね立っている。

c) 宇宙開発

①宇宙輸送システム：H－ⅡAロケットの開発・製作・打上げの成功率は、世界水準を大きく上回る90％以上を達成している。この高い成功率の信頼性は産業としての商業衛星打上げサービスの受注への道を開くものである。また、宇宙ステーションへの物資輸送補給機（HTV）の開発も進んでいる。

6 科學技術

(1) 日本科學技術的研究成果

a）序

　　日本的科學技術水準在世界上受到很高的評價，對於全世界科學技術的發展，有著卓越的貢獻。以下將現在進行的案例及最近的情勢，作一概略的說明。

b）超導技術（超電導技術）

　　特定的物質，如果以超低溫的方式，電力阻抗會變成零，也不會發生磁力線的現象。利用此現象的技術，日本在全世界居於領導的地位，技術水平非常高，以下列舉幾個應用的例子：

①日本將電漿封閉於大型傳導線圈的開發上，獲得成功，此對於 2008 年，始於法國卡達拉什建設中的國際核融合實驗反應爐計畫(ITER)計劃，有相當大的助益，使該計劃得以向前大幅邁進。

②在磁浮新幹線實驗路線的列車行進技術上，成功地將超傳導磁石應用其上，使得磁浮及推進方式的實用化方面，獲得成功，這在全世界也是首例。計劃的路線，從東京到大阪約 500 公里，只需一個小時，現在載人實驗的最高速度，已經達到 581 公里的世界紀錄，且技術的實用化方面，已大致完成。

c）宇宙開發

①宇宙運輸系統：H-ⅡA 火箭的開發製作及發射的成功率，已經大幅超越世界水平，達到 90%以上，而此高水平的成功率與信賴性，今後將可以在發射衛星方面提供服務，開拓新的商機。此外，宇宙太空站的物資運輸補給船(HTV)的開發也正在持續進行當中。

②月周回衛星「かぐや」：日本は、月の極軌道を回って、全表面を高性能ハイビジョンカメラで観察する衛星を打ち上げて、その映像を世界に無償公開しており、国際的に高い評価を得ている。また、超高速インターネット衛星「きずな」も打上げに成功した。

③国際宇宙ステーション計画の推進：日本は、日・米・欧・加・露共同プロジェクトの主要メンバーである。日本人宇宙飛行士がアメリカのスペースシャトルに、また最近ではロシアのソユーズに搭乗して、宇宙ステーションに滞在し、日本実験棟・船外実験プラットホームの組み立てなどで国際的に高い評価を獲得している。

d）ナノテクノロジー

ナノテクノロジーとは、「物質をナノメートル（nm・10 − 9 m・10億分の1メートル・原子1個の大きさの10倍）という微細な単位で計測・加工など自在に制御する技術」をいう。ナノテクノロジーは、あらゆる分野の科学技術の基盤として、いわば21世紀の産業革命ともいうべき科学技術の飛躍的発展を支える技術として期待されており、日本が国際的にも進んだ分野である。

以下の事例をはじめとして各分野で実用化され、また応用研究が進められている。

①エレクトロニクス領域：論理演算デバイスとして、シリコンデバイスの限界を破る容量をもつ情報メモリー、画期的情報通信材料の開発など。

②バイオナノテクノロジー・生体材料領域：医療分野では、人工骨・人工肝臓、体内の分子の動きを目に見えるようにする分子イメージング機器、がん細胞をピンポイント治療する機器などの開発。

③高強度鉄鋼材料・スーパーメタル・超伝導材料などの新材料およびナノスケール加工技術などの研究開発。

e）化学分野

プラスチックに導電性をもたせる技術、食品・医薬品の安全・大量生産を実現する不斉合成技術など、世界の化学分野の研究開発に多大な貢献をした。

②環月衛星(KAGUYA)：日本發射了在環繞月球的極軌道上，以高性能、高畫質影像的觀測衛星，並將影像以免費的方式，向世界公開，在國際上受到很高的評價。此外，也成功的發射了超高速網際網路的衛星「KIZUNA」。

③推進國際宇宙太空站計劃：日本參加美、歐、加、俄共同的計劃，也是主要的成員之一。日本太空人除搭乘美國的太空梭，此外，最近也搭乘俄羅斯的太空船，停留於宇宙太空站，進行組裝日本的太空實驗棟、船外實驗平台等，獲得國際上很高的評價。

d）奈米技術

奈米技術是將物質以奈米（nm、$10-9m$、10 億分之 1 公尺，約為一個原子大小的 10 倍）的細微單位來測量、加工，且可以自由控制的技術。奈米科技，是所有科學技術的基礎。換言之，此將成為支撐 21 世紀的產業革命，且能夠讓科學技術飛躍發展的技術，因此倍受期待。日本在這方面也是居於領導的地位。

以下就一些事例，說明目前在各方面，已實用化或應用研究方面的例子：

①電子領域：成為邏輯演算的組件，可以突破矽半導體內存組件的容量限制，開發成為劃時代資訊通訊的材料等。

②生化技術、生體材料領域：可以運用在醫療領域，製作人工骨骼、人工肝臟，以及可以開發出觀察體內分子動向的影像機器、癌細胞指向追蹤的治療儀器等。

③研究開發高強度鋼鐵材料、超級金屬、超電導材料等的新素材，或是以奈米規格等的加工技術。

e）化學領域

讓塑膠導電的技術，以及在食品、醫療藥品的安全與大量生產時，所使用的不對稱合成(asymmetric synthesis)技術，對於世界化學方面的研究開發，有著卓越的貢獻。

f ）ライフサイエンス分野

　　ライフサイエンスは、医療・農林水産・食料・薬品・環境保全など国民生活の向上への貢献が期待される。

　　①生命プログラムの研究：ヒトゲノム（約30億）配列の精密解読完了を基礎に、次の段階である認知症・がん・糖尿病などの予防・診断・治療・新薬開発などの画期的技術の開発。

　　②臨床医療への応用：タンパク質の構造、脳科学、細胞・生体機能、免疫・アレルギーなどの研究を臨床医療に生かす取り組み。

　　③動植物のゲノム研究の促進：稲ゲノムの完全解読などの成果を踏まえ、微生物・動物・植物のゲノム研究を推進し、画期的な新品種の開発・品種改良・育成技術の開発などによる食の安全性・自給率向上。

　　④人工多能幹細胞（iPS細胞）の開発：2007年京都大学の山中伸弥教授は、ヒトの皮膚細胞から神経、骨、内臓などの細胞や組織に成長できる「人工多能幹細胞（iPS細胞）」をつくることに成功した。この技術は、拒否反応なしに皮膚・脊椎の損傷、心筋梗塞、骨粗しょう症、白血病などの再生医療への道を開くものと期待される。

g ）ロボット

　　現在、世界中でおよそ80万台の産業用ロボットが稼動しているが、その内の40％以上、35万台は日本で使われている。また生産量でも、日本は毎年全世界で生産される産業用ロボットの約70％、10万台を生産している。現在、産業用ロボットは主として工業製品の溶接、組み立て、運搬、塗装、研磨、洗浄、検査など広範な生産工程に利用されている。

　　次世代ロボット技術はさらに高度化して、人の顔を認識できる警備ロボット、人とコミュニケーション（音声の会話や身振りによる交流）のできる介護・生活支援ロボット、幼児の形をしていて乱暴に扱うと泣き出す育児実習

f）生命科學領域

　　生命科學是在醫療、農林水產、食品藥品、環保等方面，期待能夠提升國民生活的水平，並作出貢獻。

①生命程序的研究：目前完成了人類基因（約30億組）排列的精密解讀，以此作為基礎，下一階段要對認知功能障礙、癌症、糖尿病等的預防、診斷、治療、新藥的開發上，進行劃時代的技術開發。

②臨床醫療上的應用：蛋白質構造、腦科學、細胞生體機能、免疫、過敏等的研究，並在臨床醫療上加以活用。

③促進動植物基因的研究：基於已完全解讀水稻基因等成果，繼續推動微生物、動物、植物基因的研究，開發劃時代全新品種、品種改良、開發新的育成技術等，來提升食品的安全性與自給率。

④開發人工多功能幹細胞（iPS細胞）：2007年京都大學的山中伸彌教授，成功製造出可以成長為人類皮膚細胞到神經、骨胳、內臟等人體組織的「人工多功能幹細胞（iPS細胞）」。這個技術不會帶來身體的排斥反應，因此對於皮膚、脊椎損傷、心肌梗塞、骨骼疏鬆症、白血病等的再生醫療上，開展了新頁，而倍受期待。

g）機器人

　　現在世界當中，大約有80萬台工業用機器人正在運作，其中有40%以上、35萬台在日本被使用著。此外，關於日本機器人的生產量，占了全世界生產工業機器人的70%，數量達到10萬台。現在工業用機器人，主要是運用在工業產品的焊接、組裝、搬運、塗裝、研磨、洗淨、檢查等，廣泛地使用在生產工程上。

　　下一世代的機器人，由於技術的高度化，也有已經能夠辨識人臉的警衛機器人；或是可與人類溝通、照顧生活起居的機器人（以聲音對話或是肢體動作來溝通）；做成幼兒的形狀，如果受到粗暴的對待時，即會放聲大哭的育嬰實習用機器人；能夠穿在身上，輔助身體機能不足的機器人（人工動力衣）。還有清潔打掃產業用機器人、探查地雷機器人、救護機器人、爬行

用ロボット、人の身体機能を助ける身に着けるロボット（パワースーツ）、清掃産業用ロボット、地雷探査用ロボット、レスキュー（救助）ロボット、山の斜面を登り樹木を間伐する林業支援ロボットなど、広い分野で人を支援する、いわゆるサービスロボットの開発が進み、また需要も増えることが予測される。

h) エネルギー分野

1) 原子力エネルギー

日本は、2006年現在稼働中の原子力発電プラントが54基・発電能力4,800万KWでそれぞれアメリカ、フランスに次いで第3位である。2007年現在、日本は総発電量の26％を、原子力発電でまかなっている。

現在、日本の原子炉の主流である軽水炉は2030年ころから設備の取替え時期に達するので、大規模な取替え需要に備えて、日本は官民一体となって次世代軽水炉の開発に取り組んでいる。

また、高速増殖炉サイクル技術（ナトリウム冷却高速増殖炉・先進湿法再処理・簡素化ペレット燃料製造技術の組合せ）は、今後も国の最重点課題として、研究開発を継続する方針である。既存の高速増殖炉「もんじゅ」は、実用化をめざして研究開発を続けている。

このほか、日本はウラン濃縮・プルトニウムの管理有効利用、使用済み核燃料の廃棄処理、原子力発電所の解体、核融合エネルギー開発などの技術的課題にも国際的協力体制の中で積極的に取り組んでいる。

2) クリーンで再生可能な自然エネルギーの開発

太陽光・風力などによるクリーンで再生可能なエネルギーの開発利用を、本格的な産業として経済活性化の先導役に位置づけようとするグリーンニューディール政策が世界の潮流になっている。

ヨーロッパ諸国ではすでに生産された太陽光発電・風力発電などの優遇買取制度が定着している。中国も自然エネルギーの大規模開発計画を打ち出した。2009年から、アメリカのオバマ新政権は、人類の将来の生存は新たなエネルギー源の発見にかかっているという

斜坡和砍伐樹木的林業支援用機器人等。在廣泛的範圍上，輔助人類，也就是俗稱服務用途的機器人，現在正進行開發，預測這些需求將會增加。

h）能源方面

1）核能

日本在 2006 年運轉中的核能發電廠，有 54 座，發電容量有 4,800 萬千瓦，僅次於美國跟法國，位居世界第三位。在 2007 年，日本的總發電量有 26% 是以核能發電來供應。

現在日本的原子爐，主要是以輕水爐為主，到了 2030 年左右，就需要全面的進行更新設備。為了因應這個大規模的需求，日本政府與民間現以官民一體的方式，共同為次一世代輕水爐的開發而努力。

此外，快滋生反應器(fast breeder reactor)循環技術（鈉冷却高速增殖爐，以新進濕式法進行再處理，配合簡化顆粒狀燃料製造技術），也成為今後國家最重點的研發課題，正持續進行研究當中。現存高速增殖爐「Monju」，針對實用化方面，也正在進行研發。

除此之外，日本在濃縮鈾及鈽的管理和有效利用方面、使用過核廢料的處理、核能發電廠的拆除、開發核融合能源等的技術課題上，也積極參與國際間合作的體制。

2）開發綠色且能够循環再生的自然能源

開發太陽能、風力等的綠色能源，以再生能源的方式，加以利用，預測此產業將成為扮演及促進經濟活性化角色的一個領導性產業，此種綠色能源的「新政策」，已逐漸成為世界潮流。

歐洲各國已經將生產的太陽能發電與風力發電等，制定了以優惠價格來收購的制度，中國也有對於自然能源的大規模開發計劃。從 2009 年開始，美國歐巴馬新政府認為，將來人類的生存主要是仰賴發現新的能源，在這樣的基本認識之下，將開發新能源與醫療保險、教育，並列為國家三大課題之一。具體而言，目標是要將再生能源的供給，在 3 年之內增加一倍，

基本認識のもとに、新エネルギー開発を医療保険、教育と並んで国家3大課題の一つに位置づけた。具体的には、再生可能エネルギーの供給を3年間で倍増する目標を掲げ、風力発電、太陽光発電、バイオ燃料、クリーンな石炭、燃費のよい自動車の開発に年間150億ドルの予算を計上し、クリーンエネルギー開発を、利益を生むビジネスにするともに、雇用創出にもつなげる政策を打ち出した。

　日本は、太陽光・風力・地熱・海洋・バイオマスなどの自然エネルギーの研究開発においては、世界最先端レベルの技術を保有している。太陽光発電導入量では、かつては世界トップであったが、技術を事業化する制度的遅れから現在はヨーロッパ諸国に首位を譲っている。
　クリーンエネルギーの開発利用は、経済的合理性をこえた低炭素社会の実現を先取りするという高い志を目標として、また長期的には利益・雇用を生みだす有力なビジネスたりうるという視点から、発電電力の全量買取り制度の導入など踏み込んだ政策の必要性も議論されている。

(2) 日本の国際競争力の相対的低下

a) 序

　日本の2006年の研究開発投資は、18.5兆円と対前年比3.5%増で、7年連続してわずかずつ増加している。また、研究者、研究補助者、技能者の数もこの数年連続して増加した。しかし近年、アメリカをはじめEU、BRICs諸国の科学技術開発への資源投資はめざましく、特にアジア諸国の追い上げは顕著である。

b) 研究開発分野における現状

1) 研究開発費

　研究開発費の伸び率を比較するとアメリカ、EU、中国が日本を上回っている。特に中国は、1996年から10年間で3兆円レベルから17兆円レベルと5.7倍に増加している。

運用風力發電、太陽能發電、生化燃料、乾淨無污染的煤炭、開發省油的汽車等，預定每年投入 150 億美元的預算，進行開發綠色新能源，不僅是商業利益，相對地也會創造出新的就業機會。

日本在太陽能、風力、地熱、海洋、生物體等的自然能源的研究開發上，位於世界最尖端的水平，並且持有這些技術。以太陽能發電的導入量而言，以前是位居世界的首位，但是由於制度上缺乏誘因，因此遲遲未能將技術更加事業化，導致原本領先的地位，現在拱手讓給了歐洲各國。

綠色能源的開發利用，遠超過經濟上的合理性，但是為了實現低碳社會高瞻遠矚的長遠目標，加上以長期性觀點而言，尚可創造利益與就業機會，因此政策上如何進一步規劃，並導入發電電力的全額收購等制度，相信這些也是有必要更進一步探討。

（2）日本國際競爭力相對低下的問題
a）序

2006 年日本研究開發的投資金額為 18.5 兆日元，比前一年度增加 3.5%，為連續 7 年的增加，但金額並不大。研究者、研究補助者、技能者的人數，在這幾年則呈現持續增加。由於最近數年，以美國為首，加上 EU 與 BRICs 各國對於科學技術開發的資源投資方面，有著驚人的成長，特別顯著的是亞洲各國，正在迎頭趕上。

b）研究開發方面的現狀
1）研究開發費

美國、EU、中國這些國家的研究開發經費的成長率，現在都已經超過日本。特別是中國，從 1996 年起的 10 年當中，從 3 兆日元已經大幅增加到 17 兆日元，增加了 5.7 倍。

2）研究者数

　　2007 年の日本の研究者は 71 万人であるが、アメリ
カ、EU は実数・増加率ともに日本を大きく上回って
いる。特に中国は 1999 年以降急速に増え、2000 年に
は 60 万人を超えて日本を抜き、2005 年には 110 万人
と EU15 カ国に並び更に大きく伸びている（2007 年
122 万人）。

3）引用された論文数

　　2006 年までの主要国の論文の相対被引用度でみる
と日本は中間のレベル、アメリカは高レベルの水準を
維持しており、欧州勢はアメリカと日本の中間にあ
る。韓国・中国・インド・ロシアはいまだ低水準であ
るが着実に伸びている。

4）特許出願件数

　　1995 年から 2005 年まで日本は 40 万件レベルにあ
り飛びぬけて世界の首位を占めていた。しかし、その
後アメリカの伸び率は日本をはるかに上回り、2006
年には約 43 万件に達し、日本を追い抜いた。また、
1999 年以降は中国・韓国・欧州が低水準ながら延び
てきている。2006 年には中国・韓国は 17 万件レベル
に達した。

c）産業分野における現状

1）世界における半導体市場占有率の低下

　　1980 年代後半、日本は世界半導体生産の 75％を占
めていた。その後、韓国、欧州、台湾などの追い上げ
により、2004 年には 7％にまで低下した。特に韓国の
伸びは際立っており、1998 年には 38％を占め、日本
を逆転し、以後世界の首位に立ち 2004 年には 47％に
達した。

2）ハイテク産業の付加価値収益の低下

　　日本は、1990 年から 1997 年の間は、付加価値収益
率は 30％台でアメリカと首位を競っていたが、1998
年以降急速に下降線をたどっている。アメリカは
1998 年以降も上昇を続け、2001 年以降は 35％台を維
持している。顕著な動きは中国であり、2000 年以降急
速に伸びて 2005 年には 16％となり日本に並んだ。

3）ハイテク産業の貿易収支の停滞

　　OECD の調査によれば、日本のハイテク産業は、輸
出のピーク時期であった 1980 年代半ば、輸出額は輸

2）研究者數

　　2007 年日本研究者數爲 71 萬人，但是美國及 EU 在實際人數、增加率兩方面，都已經大幅度的超越日本。特別是中國在 1999 年以後，呈現急速的增加，2000 年超過 60 萬人，已經超越日本，2005 年與 EU15 國達到相同的 110 萬人，之後又有更大的成長（2007 年達到 122 萬人）。

3）被引用論文數

　　至 2006 年爲止，觀察各主要國家論文的相對被引用度，日本是在中間的水平，美國則是維持高水平，歐洲則位於美國與日本的中間。而韓國、中國、印度、俄羅斯雖然還是位於低水平，但也正在成長當中。

4）專利申請件數

　　從 1995 年起到 2005 年爲止，日本達到 40 萬件的水平，大幅領先各國，爲世界的首位。但是之後美國的成長率大幅增加，2006 年約有 43 萬件，已超越日本。此外，1999 年以後的中國、韓國、歐洲雖然還在低水平，但也著實成長，2006 年當中，中國、韓國都已達到 17 萬件的水平。

c）　各產業方面的現狀

1）世界半導體市場占有率的下滑

　　1980 年代後半，日本占有全世界半導體生產的 75%，之後受到韓國、歐洲及台灣的追趕之下，2004 年降低到 7%。特別是韓國的成長特別顯著，1998 年達到 38%，超越日本之後，現已經位居世界第一位，2004 年達到 47%。

2）高科技產業附加價值收益的下降

　　日本在 1990 年到 1997 年之間，附加價值收益率爲 30%，與美國相互競爭首位，但是於 1998 年以後，開始呈現急速下降的趨勢。美國於 1998 年之後持續上升，2001 年以後維持在 35%的水平。有顯著動向的是中國，2000 年以後，呈現急速的成長，到了 2005 年左右，已與日本並駕齊驅，達到了 16%。

3）高科技產業貿易收支的停滯

　　據 OECD 的調查，日本的高科技產業，在出口最高點的1980 年代中期，出口金額約爲進口金額的 5.5 倍。之後，貿易

入額の約 5.5 倍であった。その後、貿易収支は急速に下がり 1996 年には約 2 倍、2005 年には欧米主要国並の 1 倍台となった。その間、韓国は 1994 年から輸出を始め、徐々に輸出を伸ばして 2005 年には貿易収支はおよそ 2 倍のレベルに上昇した。

(3) 科学技術を担う人材育成の課題

a) 理科好きな生徒の育成

日本の子供の「理科ばなれ」が憂慮されている。OECD が 2003 年・2006 年に行った世界各国の 15 歳の生徒の学習到達度調査で、日本は読解力、数学、理科などの分野で順位を下げたことが明らかとなった。これを契機に学力低下と「ゆとり教育」、「総合学習の時間」との関連の議論が起こった。2008 年に示された、小・中学校学習指導要領では、全般の教科の授業時間の 3～6% 増、理数系の時間は 15% 増、土曜日授業の復活など、2011 年度開始を定めた。

また、政府は高校生対象の科学オリンピック、科学技術コンテスト、スーパーサイエンスハイスクール（理科教育重点高校）の設置、海外の理科教育重点高校との交流などを推進している。

b) 博士号取得者の活用

日本で毎年新たに生まれる工学系の博士の数は 1985 年から 2005 年の 20 年間に増えてはいるが、イギリス・韓国と同様きわめて緩やかな伸びで、2005 年には 7,700 人であった。これに対して、アメリカは 28,000 人、中国は 15,000 人以上で 1990 年の 1,000 人台から見ると 15 倍の伸びを示している。

他方、日本では博士過剰論や博士号取得者がふさわしい社会的地位を得ていないという問題が指摘されている。これに対応するために、社会的ニーズに適合する能力をもつ博士の養成、国際的水準を満たす博士の資質の保証体制、ポストドクターの研究機関以外の領域への進路開発が急務である。

收支呈現急速下降的趨勢，1996 年約爲 2 倍，2005 年與歐美主要國家相同，成爲 1 倍左右的水平。在這段期間，韓國從 1994 年開始出口，並持續成長，2005 年在貿易收支上，已達到約 2 倍的水平。

（3）培育發展科學技術人才的課題
a） 培育從小即喜愛理科的學童

日本的孩童因爲「對於理科沒興趣」而令人感到憂慮。OECD 於 2003 年及 2006 年當中，對於世界各國 15 歲孩童的學習達成度的調查中發現，日本在讀解力、數學、理科等方面的排名下降。由此也引發了社會各界對於學習力低下及「豐足社會下的教育」、「綜合學習的時間」的相關討論。2008 年所列出的中小學生學習指導綱領當中，將開始全面性的增加 3～6% 的授課時間，其中理科及數學的授課時間將增加 15%，星期六也開始需要上課等，定於 2011 年開始實施。

此外，日本政府也正在推動以高中生爲對象的科學奧林匹克、科學技術比賽、科技中學（以理科教育爲重點的高中），與海外理科教育的重點高中進行交流等計劃。

b） 活用取得博士學位的學人

日本每年新獲得工程學系博士的人數，從 1985 年到 2005 年的 20 年之間，雖然有所增加，但是與英國、韓國相同，都只呈現和緩的成長，2005 年的人數爲 7,700 人。相對於此，美國爲 28,000 人，中國則爲 15,000 人以上，從 1990 年僅 1,000 人左右的水平來觀察，中國增加了 15 倍之多。

另一方面，日本也有一些博士過剩論，或是取得博士學位的人，沒能得到相對應的社會地位，這些問題也經常被提出討論。爲了因應這些問題，如何培育符合社會需求且具備專業能力的博士，或是建構一個符合國際水平博士資質的保證體制，在博士課程畢業之後，開拓除了研究機關之外的就業出路等，都是當務之急。

c）若手・女性・外国人研究者の登用

　　若者に対し大学院・博士課程に魅力を感じさせる方策が求められる。さらに、日本の女性研究者の割合は 12.4% で、アメリカの 33%、欧州先進国の 27% レベルに比べると、かなり低い。また、科学工学系の博士号取得者中の外国人学生の割合は、アメリカの 42%、イギリス 41% に対して、日本は 10% である。

　　現在、優秀な研究者の国際的人材獲得競争は、ますます激化している。今後、少子高齢社会の日本においては、マンパワー確保、科学技術開発のダイナミズム喚起の観点からも若手・女性・外国人研究者の能力を積極的に活かすための社会的環境・条件づくりがきわめて重要である。

d）科学技術経営者の育成
　　欧米諸国では、技術と経営の両面に精通した「技術経営（MOT：Management of Technology）」、いわば MBA（経営学修士）の技術版ともいうべき専門的人材が大学や企業で養成されているが、日本はその点で遅れをとっているという見方もあり、今後の課題である。

(4) 技術貿易

　　日本の技術貿易収支比（輸出 / 輸入）の数字は、2006年度の総務省統計によれば、全産業の技術輸出額は約 2 兆4,000 億円、輸入額は約 7,000 億円、技術貿易収支比率は3.37 で、この輸出超過は長期的に増加傾向を続けている。

　　日本技術の輸出先はアメリカ、アジア、ヨーロッパの順で、輸入はアメリカからが圧倒的でついでヨーロッパの順である。業種別にみると、自動車・情報通信機械・医薬品・電気機械・化学・鉄鋼など製造業関連が全体の 98% を占めている。また、輸入も情報通信機械、電子部品、医薬品、電気機械などの製造業関連が全体の 90% を占めている。

c）錄用年輕人、女性與外國人研究者

　　研究所、博士課程在招生時，在對策上，需要讓年輕人感覺到有其魅力之處。除此之外，日本的女性研究者所占的比例為 12.4%，相較於其他國家，美國的 33%、歐洲先進國家的27%，女性的比例似嫌太低。此外，獲得科學工學系博士學位的外國學生比例，美國為 42%、英國為 41%，日本僅有 10%。

　　現在國際上對於招募優秀的研究人才方面的競爭，也已經日形激烈。今後對於少子高齡化的日本社會，基於確保人力資源及促進科學技術蓬勃發展的觀點而言，要讓年輕人、女性與外國人研究者的能力，能夠積極加入，今後在社會環境及設定相關條件方面，有其重要性。

d）培育科學技術經營者

　　在歐美各國，對於技術及經營兩方面都精通的人士，稱為「技術經營(MOT： Management of Technology)」，換言之，是具備 MBA（企管碩士）又精通技術的人。這些人才的養成是在大學或是企業當中。有人認為日本在這方面起步較遲，這也是今後的課題。

（4）技術貿易

　　日本技術貿易的收支比（出口／進口）數值，根據 2006年總務省的統計資料，全產業的技術出口的金額約為 2 兆 4,000億日元，進口為 7,000 億日元，技術貿易收支比率為 3.37，此項出超已呈現長期性增加的趨勢。

　　日本技術的主要出口國依序為美國、亞洲、歐洲，進口則壓倒性的來自於美國，其次是歐洲。以業種別來觀察，汽車、資訊通信機械、醫藥品、電機機械、化學、鋼鐵等，與製造業相關占了全體的 98%。此外，進口方面也是以資訊通信機械、電子零組件、醫藥品、電機機械等，製造業相關的項目占了全體的 90%。

（5）政府の重点投資分野

　　政府は科学技術創造立国をめざし、研究開発の戦略的目標として重点分野を定め、優先的資源配分を行っている。ライフサイエンス、情報推進、環境、ナノテクノロジー・材料、エネルギー、ものづくり技術（製造技術）、社会基盤、フロンティアの8分野である。この期間中の研究開発投資額として、対 GDP 比率で1％・25兆円（年当り5兆円）を見込んでいる。この対 GDP 比率1％は欧米主要国と同水準をめざしたものである。

（5）政府的重點投資領域

　　日本政府爲了達到科學技術創造立國的目標，將研究開發的戰略目標的領域，設定了重點項目，並優先的進行資源分配。此爲生命科學、推動資訊化、環保、奈米科技及材料、能源、精品製造技術、社會基礎建設、先端科技等八大領域。在這段期間內，研究開發的投資金額，對於 GDP 的比率要提升到 1% 的目標，即 25 兆日元（每年 5 兆日元）。此項 GDP 1% 的比率，主要是要達到與歐美主要國家相同的比例水平。

7 文化

(1) 日本文化の特質

a) 序

　　日本は古来より長きにわたり中国文化圏に属し、大陸からの輸入文化・翻訳文化の側面をもちながら、独自の文化を形作っていった。縄文土器で知られる有史以前の土着文化と、その後伝来した水田耕作を営む過程で育まれた文化とが融合し、その後も積極的に摂取された外国の文化が次々と融合し、日本化するなかで日本固有の文化が形成されていった。温暖湿潤な気候は水田耕作を可能としたが、その気候そのものも日本の文化を育む要因となった。大陸からまさに、遠からず、近からずという島国であることが、言語的にも、民族的にも同質性をほぼ保ってきた要因であり、文化的特徴に影響を与えてきたといえる。

b) 稲作に根ざす日本文化

　　文化を人間集団における伝承される生活様式の体系であるとすれば、文化は農耕社会の成立以降に発生するとされている。

　　世界の各地域で農耕社会が成立したのは、紀元前8000〜3500年であった。これに対して、日本では紀元前300年以降の弥生時代であるとされている。最近の放射性炭素年代測定により、水田稲作は紀元前950年頃日本に伝来したとの分析結果も発表されている。その頃の世界各地を見ると、ギリシャのアレクサンダー、初期のローマ共和国、エジプトのプトレマイオス朝などの時代であり、インドでは仏教が成立し、中国では孔子が紀元前5世紀に儒家を開き、続いて老子、孟子、孫子などいわゆる諸子百家の学術・思想が発達した時代であった。

　　稲作の発達は古代国家成立の基礎となるとともに、日本人の集団帰属意識などの民族的特性の形成に決定的影響を

7 文化

（1）日本文化的特質
a）序

　　日本自古以來，有非常長的期間都是屬於中國文化圈，有來自於大陸文化及翻譯文化的側面，但也逐漸地創造出屬於自己的獨特文化。繩文土器所代表的史前土著文化，與之後傳入水稻耕作過程中所孕育的文化相融合，其後又再積極地攝取各種不同的外國文化，一次又一次的融合並日本化，最後形成了日本的固有文化。溫暖而濕潤的氣候，不但有利於水稻的耕作，而此氣候本身也成為孕育日本文化的要因。正因為日本是一島國，距離大陸並不是那麼的遙遠，但也不是很近，在語言及民族等方面，大都保持著單一的同質性，而此要因，也成為影響日本文化的特徵。

b）日本文化的根源是源自於稻作

　　如果認為文化是人類群體為了傳承生活樣式而形成的體系，那麼文化應當是指農耕社會成立之後，才開始發生。

　　世界各地區農耕社會開始成立的時期，大約是在公元前8,000～3,500 年左右。相對於日本，大約是公元前 300 年以後的彌生時代。最近透過放射性碳素作年代測定，根據發表的分析結果指出，水田稻作傳到日本的時期，大約是公元前 950 年左右。觀察當時世界各地，相當於希臘的亞歷山大時期；早期的羅馬帝國；埃及的托勒密王朝；印度則是佛教開始成立的時代；在中國則是公元前 5 世紀，孔子開創了儒家思想，接著是老子、孟子、孫子等諸子百家，在學術及思想上非常發達的時代。

　　稻作的發達，不但成為古代國家成立的基礎，同時也對日本人形成集團歸屬意識等民族特性上，有著決定性的影響。

与えた。

　日本列島の大部分は温帯モンスーン地帯に属し水田稲作農業に適している。日本の水田稲作は、田植え、稲刈りなど限られた期間内の共同作業を必要とした。また、田に引く水の配分にも村落全体の「秩序」が重要である。こうした事情から日本人には仕事も遊びも村ぐるみでという集団重視の生活習慣と、勤勉、時間厳守などの民族的特性がはぐくまれた。

　古来日本は「瑞穂の国」（みずほ＝稲の穂）と呼ばれ、米は食糧であるにとどまらず日本人の生活文化の基盤であった。古代の律令制度の土地の配分は米の生産量を基準として行われた。また戦国から江戸時代の大名の領地（石高）、武士の給与（禄高）も米の量によって決められた。また江戸時代の庶民生活では米は通貨の役割をもっていた（大工の日当が米5升など）。

　稲作文化はもはや外来文化というよりは日本人の体質に沁みこんだ固有の文化となっていった。

c）自然に対する感性・繊細な芸術描写

　日本はヒマラヤから連なる照葉樹林帯の北限にあり、四季の区別，温暖の差がはっきりしている。自然の色彩・景観も美しく多様である。

　日本人は気候の変化にことのほか敏感で、行き会うとまず「暑いですね」、「涼しいですね」、「よく降りますね」などと気候の挨拶を交わすのがごく普通である。

　また、日本の自然は雨と水が豊富で、陰影に富んでいる。この特徴が日本語にも表われている。金田一春彦によれば、日本語には春雨、時雨、夕立、雷雨、五月雨、梅雨、秋雨など雨の表現が40以上ある。しっとり、びしょびしょ、しとしと、ざあざあなど湿潤と水の状態を表わす言葉も非常に多い。また、そよそよ、びゅうびゅうなどのことばで、風の状態が正確に伝わるのも、日本語の特徴である。

日本列島大部分屬於溫帶季風地帶，非常適合水田稻作的農業。日本水田稻作，在插秧、割稻等時，在有限的時間內，必須採取共同作業的方式。此外，將水引導到水田時，要如何分配，對於村落全體而言，是非常重要的「秩序」。這樣行事上的傳統，使得日本人在生活習慣上，都非常重視集體行動，不論是工作或遊戲，都是全村一起行動，也培育出勤勉而嚴守時間等的民族特性。

　　古時日本即被稱爲「瑞穗之國」(瑞穗＝稻穗)，食米不但是糧食而已，也成爲生活文化上的重要基礎。古代的律令制度中，分配土地時，是以米的生產量作爲基準。此外，從戰國到江戶時代大名諸侯的領地、武士的俸祿等，也是以米的數量來決定。江戶時代的庶民生活當中，食米也扮演著通貨的角色(木工的日薪爲米 5 升等)。

　　稻作文化也不再是外來文化，而是滲透到日本人體質當中，成爲固有文化的一部分。

c）對於自然的感性、纖細的藝術描寫

　　日本位於連接著喜馬拉雅長綠闊葉林帶的最北端，四季分明且溫暖而差異顯著。因此，大自然的色彩及景觀，也是分外美麗而多樣化。

　　日本人對於氣候的變化，非常敏感，在路邊相遇，很自然地會以「好熱啊」、「真凉爽耶」、「下個不停哩」等，先以氣候方面的問候或是打招呼的方式，向對方問好。

　　此外，日本自然界中，因爲豐富的雨水與水資源，所以氣候有許多纖細而微妙的變化，而此特徵也反應在日語的表現上。依照金田一春彥的論述，日語中形容雨水就有春雨、時雨、夕雨、雷雨、五月雨、梅雨、秋雨等，而形容雨的表現就有 40 個以上。濕漉漉的、濕透的、淅淅瀝瀝的、淅瀝嘩啦等，形容濕潤及水的狀態的表現用語非常多。此外，有「(微風)輕拂的」、「(冷風)颼颼的」等的語詞，能正確形容「風」的狀態，並將其傳達給對方，這也是日語的特徵之一。

日本の文化には、簡素さ、静寂、余韻を尊ぶ傾向がある。和食の繊細な盛り付け、日本画の淡い色調、細やかな自然描写などは多くの日本人の感性の表れといえよう。俳句・和歌の短い言葉や能・歌舞伎・茶道・華道のなかの、微妙な仕草で独特の深い世界を象徴しているのも日本文化の特徴である。

　日本人は自然の豊かな恵みをすなおに受け入れて、自然に対して畏敬と感謝と調和の態度で接してきた。日本人の伝統的信仰はアニミズム・自然崇拝であり、仏教の受入にも大きな抵抗がなかった。

　日本人が長い間培ってきた美意識を表わす言葉に「もののあわれ」と「無常」がある。「もののあわれ」は、平安王朝文学の美的理念の一つとされるもので、対象に同情・同感し、その風情や情趣にしみじみと心が動かされるさまを言う。また、「無常」は、仏教思想の影響を受けながら中世以降日本人独特の価値観へと昇華されたもので、移ろいゆくもの、はかないものをいとおしく思い、そこに美を感じるさまを言う。日本人が桜を好むのはその一例ともいわれる。

　また、工芸品・絵画などの微細な仕上げや、幕の内弁当、ミニ庭園、盆栽など多くの種類のものを小さな空間にまとめることも日本人の得意技である。

d）外国文化の吸収と融合

　日本は、独自の文化を作りあげる2,000年余りの歴史のなかでさまざまな外国の文化を吸収してきた。古くは中国や朝鮮半島から文字・仏教をはじめとする優れた文化が流入し、近くは明治維新から20世紀初めにかけて、主としてヨーロッパから合理主義・平等思想とともに近代的文物・諸制度などが積極的に導入された。戦後にはアメリカ文化の圧倒的な影響下に置かれた。

日本傳統文化當中，有尊崇簡素、寂靜、餘韻（事物過後遺留的感受與影響）的傾向。日本料理中纖細而考究的裝飾、日本畫淡雅的色調、對於自然的描述非常細膩等，這些表現都可感受到日本人感性的一面。「俳句」、「和歌」以簡短的語詞，或在「能」、「歌舞伎」、「茶道」、「花道」之中，都可感受到此種微妙的身段與抽象的動作，來象徵此別具一格、獨特而幽玄的世界，這也是日本文化的特徵。

日本人受惠於豐足的自然恩惠，誠心並坦然的接受，對於自然總是以敬畏而感謝的心情與和諧的態度相處。日本人傳統信仰的根源為崇拜精靈的泛靈主義、崇拜大自然，因此在接受佛教信仰時，也沒有太大的抗拒。

日本人長時間所培養的美感意識，常使用「觸景而心兮」與「無常」兩句話來表現。「もののあわれ」（觸景而心兮）原是平安王朝文學中，美的理念之一，是對於對象物產生同情、同感，受到該風情或情趣所感染，深滲於心中而動之於心。此外，「無常」雖傳承於佛教思想，但在中世之後卻昇華成為日本人獨特的價值觀，對於物換星移的短暫生命，或是飄泊無定的景色事物當中，由衷而莫名的感受到一份內心的淒美。日本人之所以喜愛櫻花，即是其中一例。

此外，在工藝品、繪畫等方面，日本人總是以細膩的手法來作最終完美的處理，就連「幕之內」豪華飯盒、迷你庭園、盆栽等，許多種類的事物，都可精緻的收納在狹小的空間內，這也是日本人所擅長的。

d）吸收外國文化與融合

日本在 2,000 多年的歷史當中，除了砌築了獨自的文化，也吸收了各種不同的外來文化。古代首先是從中國或朝鮮半島傳入了文字及佛教等優良文化，在近代明治維新開始到 20 世紀初期，則主要從歐洲積極導入了合理主義、平等思想及近代的文物與各種制度等。戰後，則壓倒性的受到美國文化的影響。

しかし、中国・ヨーロッパ・アメリカの文化を吸収しつつも、長い歴史過程のなかで民族固有の感性と工夫によってこれらを醸成・融合して、国際的に認められる独自の文化を築き上げてきた。これが、日本文化のもっとも大きな特質である。このような歴史的背景から日本文化はきわめて多彩な要素をもつようになった。

(2) 文字・言語・文学

a) 日本語

日本語は独特の文章構造をとり、固有の文字をもつているため、ほかの言語とあまり類似していない。系統的には、朝鮮語・アルタイ諸語との同系説が有力であるが、その証明はまだされていない。

今日では日本全国で標準語が通用するが、各地には多種多様の方言があり、互いの方言を理解できないこともある。ただし、文字や文法は基本的に同一である。

現代日本語の特徴のいくつかをあげると、次のとおりである。

①漢字・平仮名・片仮名・ローマ字など異なった種類の文字をまじえて用いる。

②使用する文字の数が多い（一般通用漢字約 3,000 字〔そのうち常用漢字 1,945 字〕、平仮名・片仮名各 46 字）。

③文章は、縦書きも横書きも行われる。

④音韻組織が単純で、音節の種類が少ない（標準母音は、ア・イ・ウ・エ・オの五つ、音節は母音または子音と母音とからなり、常に母音で終わる。単独使用の子音はンのみ）。

⑤同じ事物を指すのに、いくつもの単語が用いられる。とくに一・二人称代名詞は種類が多い（わたし・ぼく・おれ、あなた・きみ・おまえ、など）。

⑥同じ音で異なった意味を表わす単語が多い（対象・対照・対称・大将・大正・大勝、公正・厚生・構成、保

雖然吸收了來自中國、歐美的文化，但是在悠久的歷史當中，也因爲日本民族本身固有的感性與努力，進而重新揉釀而融合，逐漸建立了現今國際上都認同的獨自文化。這也是日本文化中最大的特質。在這樣的歷史背景下，日本文化逐漸形成，而其中擁有多彩的要素，往往令人嘆爲觀止。

（2）文字、語言、文學
a）日本語

　　日語具有獨特的文章結構及固有的文字書寫方式，與其他語系不盡相同，而自成一體。以語系而言，有人主張將日語與朝鮮語、阿爾泰語，視爲相同語系的語言，但尚未得到證實。

　　今天日本全國都可通用東京音的「標準語」，但是在各地方還是有各種不同的方言，有時甚至無法互相理解對方的方言。但是以文字與文法而言，基本上是相同的。

　　現代日語的若干特徵可列舉如下：

①漢字、平假名、片假名、羅馬字等不同種類的文字，一起混合使用。

②使用數目衆多的文字（一般通用漢字約 3,000 個字〔其中常用漢字有 1,945 字〕、平假名、片假名則各有 46 個字）。

③文章既能直寫也能橫寫。

④音韻組織單純、音節種類少（標準母音有五個：ア、イ、ウ、エ、オ，音節則由母音或子音與母音所構成，而總是以母音結束，單獨使用的子音僅有 1 個：ン）。

⑤表示相同的事物，却有數個語彙可供運用。特別是第一、第二人稱代名詞的種類繁多（如：「我」可用わたし、ぼく、おれ；「你」可用あなた、きみ、おまえ等來表示）。

⑥同音異義的語彙甚多。（如：対象、対照、対稱、大將、大正、大勝；公正、厚生、構成；保障、保証、補償等）。

障・保証・補償など）。
⑦職業・年齢・性別などによる用語の違いが著しい。

⑧助詞（が・を、など）、助動詞（ない・だろう、など）
が文の成立に大切な機能を果たしている。
⑨主語は述語の前におき、述語は文の終わりにおくが、
文節の順序はかなり自由である。主語は述語の使い方
で省略されることも多い。

⑩敬語が発達していて、複雑である。

b）文字
1）概要

　　日本語の表記方法には、漢字・平仮名・片仮名の3
種類の文字を使うが、このほか、ローマ字も使われる
ことがある。

　　日本語を書くとき名詞・動詞・形容詞など多くは
漢字で書き、動詞および形容詞の活用変化の部分や助
動詞・助詞は仮名で書く。副詞は漢字でも仮名でも書
く。現在は平仮名が広く使われ、片仮名は主に外国の
地名、人名や外来語を表す場合に用いられる。

　　学校で最初に教えられる文字は平仮名である。しか
し現在は、学校へ入学する前に仮名の読み書きのでき
る子供が多い。

　　日本の文字は縦書き用にできているが、横書きもで
きる。縦書きの場合は右から左へ行を移す。昔は縦書
きが多かったが、数字の表記や外国語の引用に便利な
横書きが徐々に普及し、ビジネス文書においては一般
的なものとなっている。しかし、読みやすいのは縦書
きの方なので、新聞・雑誌・書籍は、縦書きのものが
多い。

2）漢字

　　漢字は紀元前十数世紀からすでに中国で用いられ
ていた象形文字・指事文字から発達した表意文字であ
る。太陽を表わす文字「日」は太陽の形から、樹木を

⑦依照職業、年齡、性別的不同，在用語上也有明顯的差異。

⑧助詞（が、を等）、助動詞（ない、だろう等）在句子中，具有非常重要的功能。

⑨主語置於述語之前，述語則置於文章的結尾，但是文節的順序，則相當自由。主語也常因述語的用法而被省略。

⑩敬語很發達，同時也很複雜。

b）文字

1）概要

日本語的表記方法，主要使用漢字、平假名、片假名三種文字，此外也使用羅馬字。

書寫日文時，舉凡名詞、動詞、形容詞等，大都使用漢字來書寫，動詞及形容詞字尾的活用變化部分，或助動詞、助詞等，則使用假名來書寫。副詞可使用漢字或是假名。現在平假名廣泛的被使用，而片假名則用在表現外國的地名、人名或是表示外來語等時。

學校中最初所教的文字是平假名，但現在許多兒童在入學前，已能夠讀寫假名。

日本文字可直寫亦可橫寫，直寫時是由右向左。以前多使用直寫，後來由於橫寫在表現數字及引用外來語時較爲方便，因此逐漸地普及，在商業文書上，一般都使用橫寫。但由於直寫較容易閱讀，所以一般報紙、雜誌、書籍等，仍然以直寫方式居多。

2）漢字

漢字是指公元前十幾世紀起，由中國使用的象形文字、指事文字，所發展出來的表意文字。例如表示太陽的「日」字，是仿效太陽之形狀；表示樹木的「木」字則仿效樹木之形狀。

表わす文字「木」は樹木の形に似せてつくられた。また、林を表わす文字は木を二つ並べてつくられ、森を表わす文字は木を重ねてつくられている。漢字は中国から朝鮮・日本・ベトナムに伝えられた。わが国には2,000年ほど前に朝鮮半島を経由して、伝えられたとされている。

　文字の伝来は日本人の文化・社会生活に画期的な影響を与えた。文字の記録性により文化・歴史の伝承が可能となった。『古事記』が稗田阿礼の暗誦を太安万侶が筆録したことにより、はじめて書物となった。

　漢字は全部で5万字くらいあるといわれる。これは「字」数であり、「語」数はこれの数倍に達する。日本では一般の社会生活で使用する漢字の目安として常用漢字1,945字を選定している（1981年）。しかし、人の姓や地名にはこれ以外にもたくさん使われているため、これよりはるかに多くの漢字を知らないと新聞や書籍を読むときに不都合が生じる場合もある。

　なお、日本でつくられた漢字（国字）も多い（働、峠、辻、畑など）。

　中国から伝わった漢字の読み方には、中国式に読む音読みと日本式に読む訓読みがある。

3）ひらがな（平仮名）・カタカナ（片仮名）

　ひらがなは、中国伝来の漢字と日本人の創意との合作の音節文字である。ひらがなの発明は、日本の文化の発達に決定的といえるほど大きな役割を果たした。ひらがなは、漢字の草書体を更に簡略化した文字である。『万葉集』の時代（5〜8世紀）までは、日本語の表記にはその発音に似た漢字（万葉仮名）が用いられていたが、平安時代になるとひらがなが作られた。ひらがなは当時の女性のあいだから拡がり、世界最古の長編小説とされる『源氏物語』、『更級日記』などの日記文学、また日本的情趣あふれる和歌の世界もひらがなとともに開花した。

　平仮名と同じ時代に発明された片仮名も音節文字であり、日本語と発音の似た漢字の一部分をとって簡略な文字にしたものである。諸外国の言葉を、その発音に近い形で表現することができ、現代では外来文化・技術の導入に絶大な威力を発揮している。

又如「林」字是將兩個木字並列,「森」字則是以三個木字重叠而成。漢字起源於中國而後傳至朝鮮、日本、越南等地。文字傳到日本,一般認為是 2,000 多年前,經由朝鮮半島傳來的。

文字傳到日本後,對於日本人的文化、社會生活產生了巨大的影響。由於文字具有紀錄性,讓文化、歷史得以傳承。而「古事記」一書,也是經由稗田阿禮的背誦後,由太安萬侶筆錄而成,這是日本最古老的書。

漢字全部共約五萬餘字。這是指「字」數而言,若是指「詞」數則更是多達數倍,日本將一般社會生活所使用的常用漢字,選定為 1,945 個字(1981 年)。但由於姓名及地名所使用的漢字往往多於此數目,因此若不能認識多於此數目的漢字,在閱讀書報時會有困難。

此外,尚有日本人所自創的漢字,被稱為「國字」(働、峠、辻、畑等)。

從中國傳來的漢字,其讀法有中國式讀法(稱為音讀)及日本式讀法(稱為訓讀)兩種。

3)平假名、片假名

「平假名」是將中國傳來的漢字與日本人的創意,結合成的音節文字。平假名的發明,可說是帶給了日本文化上決定性的巨大影響,扮演著非常重要的角色。平假名是將漢字的草書體,以更加簡略化的文字。在「萬葉集」(5～8 世紀)之前的時代,日語的注音表記是使用類似發音的漢字(萬葉假名),到了平安時代更製作出將萬葉假名簡略化的平假名。平假名也在當時女性之間,廣為流傳,世界最古老的長篇小說「源氏物語」、「更級日記」等的日記文學,或是充滿日本風情的和歌世界當中,也是隨著平假名的使用而盛開,綻放於世。

與平假名相同時代被發明的片假名,也是音節文字,將近似於日語發音的漢字,取用其中的一部分作為簡略的文字。對於外國的語彙,也可以使用近似發音的形式來表示,在現代導入外來文化、技術時,發揮了相當大的助益。

c）外国人の日本語学習

日本語は、学びはじめるのに容易な言語の一つであるとされている。発音が簡単で、文法規制も例外が少なく、構文上の制約もゆるい。難しさは主として漢字の読み書きにある。

日本語は他の言語と異なったところが多いため、難しいと思われがちであるが、基礎的な会話は決して難しくない。日本に来ている外国人は、1年もすると日常会話は一通り出来るようになる人が多い。

しかし、日本語を正しく話すには、かなりの経験が必要である。

日本語は話す主人公が男であるか女であるか、大人であるか子供であるか、によって用法が少しずつ異なる。たとえば「私」を意味する言葉も、話者の年齢、性別、社会的立場などによって幾通りかに使い分けられる（わたし、ぼく、おれ、など）。さらに面倒なことは、相手との関係によっても使い分けられる（お兄ちゃん、お姉ちゃんとはいうが、弟ちゃん、妹ちゃんとは言わない）。そのほか、同じ音で違う意味の言葉（意義、異議など）が多く、外国人にはすぐ理解しにくい面がある。

また敬語といわれる用法がかなり広く使われている。これには三つのタイプがある。ひとつは相手のものや行為に尊敬語をつける用法で（お荷物、ご好意、ご覧になる）、もうひとつは自分のことを謙遜して表現する用法（申す、伺う、さしあげる）、そして述語や接頭語に丁寧な言い回しをする用法（です、ます、ございます、お～）である。敬語を正しく使うには、日本人でもかなりの訓練がいる。

日本人は自分達が外国語を話すことが苦手なことから、外国人が日本語を間違えて話しても、できるだけよく理解しようと努める。

現在世界各国における日本語学習者は 200 万ないし 300 万人といわれており、その数はしだいに増加しつつある。とくに東南アジアの国々や中国、韓国などで、日本語の学習者が急増している。

c）外國人的日語學習

　　日語本身對於初學者而言，被認爲是很容易學習的語文之一。因爲它發音既簡單、文法規則上例外的情形也很少，而文章結構上的限制也並不嚴格。主要的困難點是在於漢字的讀寫方面。

　　日語與其他語言相異之處甚多，所以常被認爲學習日語很困難，然而基礎的會話，絕不困難。許多來日本僅 1 年左右的外國人，日常會話即可變得相當的流利。

　　然而，要正確說日語，則需要相當的經驗。

　　日語依男性、女性、成人、兒童等說話主體的不同，在用法上也會有所差異。例如用來表示「我」這個語彙，會因說話者的年齡、性別、社會身份的不同，而有幾種不同的用法（例如：わたし、ぼく、おれ…）。更麻煩的是它還必須依據跟說話對象的關係，在使用上予以區別（例如：有用〔お兄ちゃん、お姉ちゃん〕，但沒有使用〔弟ちゃん、妹ちゃん〕）。此外，由於同音異義的詞彙很多（意義、異議…），所以對於外國人來說，有時沒有辦法馬上理解。

　　此外敬語的用法相當廣泛，可分爲三種形式：其一爲對於說話對象的行爲及擁有物使用尊敬語（お荷物、ご好意、ご覧になる）；其二爲對於自己的事物以謙遜方式來表達的用法（申す、伺う、さしあげる）；再來是將述語或是接頭語換成禮貌語句的用法（です、ます、ございます、お～）。關於這點，即使是日本人，亦須受過相當的訓練，方能正確的使用敬語。

　　由於日本人本身說起外國語時，也是不甚流暢而很辛苦，所以即使是外國人表達的日語有點不正確，但還是會儘量的去理解。

　　現在世界各地學習日語的學習者，約有 200 萬到 300 萬人左右，而且學習的人數仍不斷地增加當中，特別是在東南亞及中國、韓國等地，學習日語的人數更是急速地增加。

d）日本語のなかの外来語

　日本語には多くの外来語が取り入れられている。このうちもっとも古く、多いのが中国伝来の漢語である。しかも、その大部分は漢語本来の意味とは別に、日本語としての意味が与えられた。したがって、この場合漢語は外来語とはいいがたい。

①韓国語から

　古代の日本語と韓国語との間には密接な相互関連性があり、類似性も多かったのではないかと推測されている。しかし中世以降は、韓国語を語源とする日本語は非常に少ない。

　（例）明太子、チョンガー、パッチ

②梵語（サンスクリット語）から

　梵語起源の仏教用語は多数あり。

　（例）瓦、旦那、世話、袈裟、菩提、舎利、奈落

③マレーシア語から

　（例）ペケ、トンカチ

④その他のアジア諸国語から

　（例）シェルパ（チベット語）、キセル（カンボジア語）

⑤英語から

　19世紀以降数多く流入しており、とくに近年は氾濫気味であるが、一時期を過ぎると使われなくなるものも少なくない。以下は、日本語の一部として定着して久しいものの一例。

　（例）ジョッキ、ワイシャツ、スプーン、ポスト、プール

⑥オランダ語から

　17世紀から19世紀まで、日本はヨーロッパの国としてはオランダとのみ貿易していたため、オランダ語からきたものも多い。

　（例）オルゴール、ガラス、コップ、ゴム、ビール、ホース、ポンプ、ランドセル

⑦ポルトガル語から

　日本に初めて来たヨーロッパ人がポルトガル人であったため、ポルトガル語からも多い。

　（例）カステラ、カボチャ、カッパ、タバコ、天ぷら、ボタン

d) 日語中的外來語

　　日語中引進了很多外來語，其中使用最久、數量最多的是漢語（中國語）。但是，大部分在原來漢語的意思之外，又賦予了日語的含意，因此，在這情況之下，漢語就很難說是外來語了。

①從韓國語而來

　古代的日語與韓國語之間，有密切的相互關聯性，推測當時有許多類似的語句。但是中世以後，以韓國語源而來的日語語彙非常少。

（例）明太子（辣醃魚子）、單身漢、衛生長褲

②從梵語而來

　有許多起源於梵語的佛教用語。

（例）瓦、旦那（主人）、世話（照顧）、袈裟、菩提、舍利、奈洛（地獄）

③從馬來西亞語而來

　（例）不行、鐵槌

④從其他亞洲各國語而來

　（例）雪巴人（Sherpa，西藏語）、烟斗（柬埔寨語）

⑤從英語而來

　19 世紀以後大量流入日本，特別是最近幾年已經泛濫成災，很多只流行一段時期後，就不再被使用。下面僅列舉一些使用過很長時間，已成爲日語一部分的語彙。

（例）背心、襯衫、湯匙、郵筒、游泳池

⑥從荷蘭語而來

　從 17 世紀到 19 世紀爲止，日本在歐洲的國家當中，僅對荷蘭開放貿易，因此從荷蘭語來的語彙很多。

（例）八音盒、玻璃、杯子、橡膠、啤酒、管子、幫浦、背包

⑦從葡萄牙語而來

　葡萄牙人是最早來到日本的歐洲人，所以由葡萄牙語而來的也很多。

（例）蜂蜜海綿蛋糕、南瓜、雨衣、香烟、炸天婦羅、鈕扣

⑧イタリア語から
　　音楽用語・料理用語を中心に比較的多い。
　　（例）ピアノ、フォルテ、オペラ、ソナタ、パスタ

⑨フランス語から
　　度量衡、美術、ファッション関係はフランス語由来
　　のものが多い。
　　（例）メートル、リットル、ズボン、デッサン、メ
　　ニュー
⑩ドイツ語から
　　医療、登山用語などはドイツ語由来のものが多い。
　　（例）アレルギー、カルテ、レントゲン、ザイル

⑪ロシア語から
　　（例）アジト、イクラ、インテリ、カンパ、ノルマ

e）日本の文学

　　8世紀の初め、皇室を中心とした国家体制が完成する
と、日本古代の神話と歴史が『古事記』と『日本書紀』に
まとめられた。

　　『古事記』は、故事を記憶することを職としていた宮廷
の役人が暗唱していたものをまとめた記録である。和漢折
衷的な漢文体で書かれ、天皇を中心としたより強力な国家
を形成しようという意図で編纂されたものだが、日本最古
の文学と考えられている。
　　『日本書紀』は、本格的な史書である。純粋な漢文体で
書かれている。
　　また8世紀の後半には、現存する最古の歌集『万葉集』
が登場した。これは、20巻からなり、450年にわたって
天皇から庶民まで各階層の作者がつくった約4,500首もの
歌が含まれている。その歌の約9割が万葉仮名で書かれた
短歌である。万葉仮名は、日本語の音を表すために、漢字
（中国の表意文字）の中国語と日本語の読み方を利用した
表現法である。

　　9世紀末の仮名文字の発明によって、多くの物語が生み
出されるようになった（「仮名」は音節文字で、書くのが

⑧從義大利語而來

　以音樂及烹飪方面的用語爲多。

（例）鋼琴、強奏、歌劇、奏鳴曲、義大利麵食

⑨從法語而來

　與度量衡、美術、流行服飾相關的語彙，很多是從法語而來。

（例）公尺、公升、長褲、素描、菜單

⑩從德語而來

　醫療方面、登山用語等，很多是從德語而來。

（例）過敏、病歷、X 光、登山用繩

⑪從俄語而來

（例）秘密基地、鮭魚卵、知識分子、募金集會、工作定額

e）日本的文學

　　8 世紀初，以皇室爲中心的國家體制完成之後，日本古代的神話與歷史，便收編於「古事記」和「日本書紀」內。

　　「古事記」是整理記錄古代以記憶故事爲職責的朝廷官員所背誦的故事，文體是以和漢混合的漢文體所書寫，其編纂的目的是意圖以天皇爲中心，構成一個更強有力的國家，也是日本最古老的文學。

　　「日本書紀」是正式的史書。以純漢文體書寫。

　　此外，在 8 世紀後半，出現最古老的詩歌集「萬葉集」，總計 20 卷，橫跨的時代有 450 年，作者有從天皇到庶民的各個階層，約收錄了 4,500 首詩歌，其中 90%是用 「萬葉假名」所書寫的短歌。「萬葉假名」爲了表現日語的發音，是利用中文漢字（中國的表意文字）與日語的讀音合成的表現法。

　　由於 9 世紀後發明假名文字，孕育出爲數頗多的故事記事（「假名」是音標文字，由於容易書寫，同時數目不多，使得在

やさしく、数も限られているので、日本語を標記するのがたいへん楽になった）。政治の権力が貴族に移ったこととあいまって、この仮名の出現によって、多彩な平安文学の時代の基盤ができあがった。そして、11世紀の初めに、この時代の文学は紫式部の作品『源氏物語』によって、最盛期を迎えた。この物語のなかで、紫式部は皇子として生まれながら天皇となれなかった主人公、光源氏の華やかな宮廷生活を描いている。『源氏物語』は、和歌をまじえた和文体で書かれている。登場人物たちの心理描写は見事である。『源氏物語』は54帖におよび、世界最古の長編小説である。

　12世紀、武士階級が台頭し、動乱のなかで人々は宗教に救いを求めるようになった。こうして仏教が武士や庶民の間に広まった。これを反映して、この時代の文学は仏教的無常観から描かれた作品が多い。その代表作が『平家物語』だが、作者は不明である。この物語は13世紀に登場し、琵琶の音楽を伴奏として語り継がれ民衆の中に広まった。作品の内容は、12世紀後半の平家一門の繁栄と滅亡を描いた物語であり、作品の根底には、奢れる者は必ず滅びるという仏教の無常観が貫かれている。

　17世紀初めに江戸幕府の創設とともに、動乱の世が終わりを告げた。平和な年月の間に商業の発展に伴い町人が経済力を身につけるようになり、町人中心の文化が誕生した。その代表的な存在が、井原西鶴と近松門左衛門であった。井原西鶴の代表作は『好色一代男』で、11世紀に書かれた『源氏物語』に倣って、世之介という好色の男の生涯が54章にわたって描かれている。近松門左衛門は人形浄瑠璃や歌舞伎の脚本をたくさん執筆し、当時の庶民の姿を巧みに描いた。義理と人情との葛藤に苦しんだ末に心中した、徳兵衛とお初という若い男女を描いた『曾根崎心中』は、特に有名である。また、俳句を優れた芸術にまで高めた松尾芭蕉が活躍したのも、この時代である。芭蕉は、俳句以外にも作品を残しているが、なかでも奥羽・北陸の大旅行を題材とした『奥の細道』は、日本の紀行文学の代表作である。

標記日語時，變得相當容易）。加上當時政治權力也逐漸地移轉到貴族，此一假名的出現，奠定了平安時代文學的基礎，展現出多彩多姿的一面。此外，11 世紀初，這個時代的文學也因紫式部的作品「源氏物語」的出現，邁入極盛時期。此一「物語」（故事）當中，紫式部描寫身為皇子卻無法成為天皇的主角光源氏華麗的宮廷生活。「源氏物語」使用混合的和歌及和文體書寫，對於登場人物的心理描寫得非常出色。「源氏物語」長達 54 帖（篇），為世界最古老的長篇小說。

12 世紀，因為武士階級的抬頭，在動亂之中，人們轉而求助於宗教，以致於佛教在武士與庶民之間，廣泛地流傳起來。此一時代的文學題材上，以描寫並反應佛教的無常觀為最多，代表作品是佚名的「平家物語」。此一故事於 13 世紀粉墨登場，以琵琶的音樂為伴奏下，在民間被廣為吟咏流傳。作品的內容描寫 12 世紀後半，平家一門的興亡盛衰，作品之中也闡述奢華必導致滅亡的佛教無常觀。

17 世紀初期，隨著江戶幕府的成立，動亂的世代也終告結束。在和平的歲月當中，隨著商業的發展，民眾也逐漸地擁有經濟能力，誕生了以市井民眾為中心的文化。具有代表性的是井原西鶴與近松門左衛門。井原西鶴的代表作「好色一代男」為仿效 11 世紀「源氏物語」的著作，描寫一位好色男子世之介的生涯，共有 54 章；近松門左衛門則是撰寫了大量的人形淨瑠璃與歌舞伎的劇本，巧妙地描繪出當時市井小民的生活型態，而尤其以糾纏於義理與人情的兩難之中，最後自殺身亡的年輕男女--德兵衛與阿初的「曾根崎心中」，特別享有盛名。另外，將俳句提升為傑出藝術作品的松尾芭蕉也是活躍在這個時代，除了俳句以外，也留下許多作品，其中以奧羽、北陸旅行為題材的「奧之細道」為日本紀行文學的代表作。

19世紀後半の明治維新以降、日本は西洋との交流を深め、その影響を受けてさまざまな文芸思潮や新しい作品が生み出された。近代文学の二大巨峰といわれるのが、森鴎外と夏目漱石である。ともに、西欧への留学を経験し、東西文化に精通して、鴎外と漱石は、どこの派にも属さず、独自の立場を守って多くの作品を生み出した。『舞姫』は、鴎外の処女作である。ドイツ留学中に真の自我に目覚めた官吏、太田豊太郎にかかわる小説である。ドイツ滞在中踊り子エリスとの恋愛におちいり、免官されてしまう。親友のはからいで帰国することになるが、そのため自由と発狂した恋人を棄てざるをえなくなる。こうした胸中の苦悩を描いた、自伝的な色彩の強い作品である。また、『吾輩は猫である』は漱石の処女作である。中学校教師、苦沙弥先生の、飼い猫を語り手とした文体で書かれている。飼い主の家族、周囲の人物とそこに起きるさまざまな事件が、飼い猫の目から、鋭い風刺とユーモアによって描かれている。

　そのほかに、翻訳版によって海外でよく知られている作家・作品としては、次のようなものがある。大阪の豪商一家の四人姉妹を題材に源氏物語的世界を描いた『細雪』の谷崎潤一郎。近代叙情文学の古典といわれる『雪国』を書いた川端康成。金閣寺に放火する青年の心理的過程を描いた『金閣寺』の三島由紀夫。作者の内的な芸術的自叙伝とされる『人間失格』の太宰治。砂の穴に落ち込んだ中学教師が、穴に住む女と共同生活をする話を描いた『砂の女』の安部公房。障害をもった子供の誕生に対する青年の葛藤を描いた『個人的な体験』の大江健三郎。

f) 短歌・俳句
　短歌は和歌の一形式で、5・7・5・7・7の5句31音の形式をもつ。この定型は、感情を表現する抒情詩として、日本人の呼吸に極めて自然な長さであるといわれている。

19 世紀後半、明治維新以後，日本與西洋的交流日益深化，受到此一影響，出現了各式各樣文藝思潮與新的作品。而被稱爲近代文學二大巨擘的是森鷗外與夏目漱石。同樣留學西歐，精通東西文化的鷗外與漱石並不屬於任何學派，堅持著獨立的立場，孕育出很多作品。鷗外的處女作是「舞姬」，這是一部描寫留學德國期間，對於真正的自我有所覺醒的官吏太田豐太郎的小說。敘述在留德期間，與舞娘艾麗絲墜入情網而被罷官，經由親友的勸說而回國，不得不放棄自由與拋棄發瘋的戀人。上述是屬於描寫內心苦悶具有強烈自傳色彩的名著。另外，「吾輩是貓」（另譯：我是貓）爲漱石的處女作，主角爲中學教師苦沙彌先生所飼養的貓，以擬人化的方式書寫，並經由貓的眼睛，尖銳地諷刺與幽默地描寫飼主的家人，及周圍人物所發生的各式各樣事件。

　　其他尚有因爲翻譯版而在海外廣爲人知的作家與作品。以大阪豪商一家四姐妹爲題材，描寫出如「源氏物語」般的世界，如谷崎潤一郎所著的「細雪」；還有被稱爲近代抒情文學的古典作品，川端康成的「雪國」。「金閣寺」一書則是由三島由紀夫描寫在金閣寺放火的年輕人之心理歷程。以內在藝術出發的自敘傳記，太宰治所著的「人間失格」。還有描述跌落到砂穴的中學教師，和住在砂穴當中的女子一起共同生活的作品--「砂之女」的安部公房。最近則有大江健三郎所著，描述青年對於殘障兒童的誕生，心中充滿著矛盾的「個人之體驗」。

f）短歌、俳句

　　「短歌」爲和歌的類型之一，是採用 5・7・5・7・7 的 5 句 31 音的形式。使用此種形式在表現感情的抒情詩之中，被認爲是非常適合日本人呼吸上的自然長度。前面的 5・7・5 稱爲「上句」，接著的 7・7 稱爲「下句」。

最初の5・7・5を上の句、続く7・7を下の句という。

　和歌の形式は、もとは長歌・短歌・旋頭歌など多様であったが、やがて短歌のみが優勢となり、平安時代以降（8世紀末以降）は、和歌すなわち短歌と考えられるようになった。ひらがなによって記述され、日本人らしい情趣・情感を表現してきた和歌は、平安時代以降現代にいたるまで、宮廷・僧侶・武家・庶民などに連綿として引き継がれてきた。平安時代には『古今和歌集』が、また鎌倉時代には『新古今和歌集』が、ともに天皇の命を受けて編さんされた。

　短歌は短詩型抒情詩であるため、自然や人間生活の美を尊重し、あこがれる心が重要な要素である。このあこがれの心の本質を、単純な形式のなかに、喜怒哀楽の諸感情が交錯した深みのあるものとして、表現することが求められるのである。こうして心に感ずることをいきいきとうたいあげたものは、豊かな連想を呼ぶ力をもつ。このように、31音の言外に感じられるものを余情といい、短歌一首の内容は、この余情をも含めたものというべきである。
　俳句は5・7・5の17音による定型詩である。

　江戸時代の中ごろ（17世紀末ごろ）、松尾芭蕉が俳諧連歌の発句を独立させて、「さび」（枯れた渋み）、「しおり」（おのずから句に表われた繊細な余情）、「軽み」（題材を日常的な事物のなかに求め、そこにあか抜けした面白みを見いだそうとするもの）を理念とする、人生詩・自然詩としての芸術性を確立した。
　俳句という呼び名が、一般に用いられるようになったのは、明治20年代（19世紀末）になって正岡子規に始まる。

　俳句の特色として、季節にあらわれる動物や植物、生活のなかの行事や風習などを用いた季語をよみこむ。たとえば、「すみれ草」という季語によって、春の暖かさや、すみれ草の咲く山道の自然の情景の連想を呼びおこし、最短詩型でありながら、句に広がりと深さをかもし出す。俳句はその対象を客観的・即物的に描き出すが、実景をそのまま細かく描写することは不可能で、対象のかなめをおさえながらの省略が不可欠であり、季語もその一つである。

「和歌」的形式，原有「長歌」、「短歌」、「旋頭歌」等多種，但還是以「短歌」最受歡迎。至平安時代以後（8 世紀末以後），一般認爲「和歌」即是指「短歌」。和歌是以平假名來記述，由於能够貼切的表現出日本人的情趣與情感，因此在宮廷、僧侶、武家、一般百姓的家庭當中，都連綿不斷地被傳繼著。平安時代的「古今和歌集」及鎌倉時代的「新古今和歌集」，都是受命於天皇，而進行收錄編纂成書。

　由於「短歌」爲短詩型的抒情詩，尊重自然及人生之美，並擁有一顆憧憬未來的心爲其重要的構成要素。而將此憧憬未來的心以單純的形式，尋求表達喜怒哀樂等錯綜複雜的情感，交織其中，有其深度内涵。短歌將此内心的感受，生動地表現於文句中，並在詩中呼喚出非常豐富的聯想力。由 31 音所蘊涵的言外之意，稱爲「余情」（文章的餘韻）；而一首的「短歌」，也一定包含此「余情」於内容之中。

　俳句是採用 5・7・5 的 17 音定型詩。

　江戶時代中葉（17 世紀末左右），詩人松尾芭蕉將「俳諧連歌」的語句予以獨立，將「さび」（枯寂幽古之情）、「しおり」（句中自然地表現出之纖細的餘韻）及「輕み」（從日常生活中隨處可見的題材中取材，並發掘其趣味），做爲闡述的理念，確立了人生詩、自然詩的藝術性。

　「俳句」是自明治 20 年代（19 世紀末）由正岡子規開始使用「俳句」的稱呼之後，一般大衆才開始使用此名稱。

　「俳句」的特色是能表現出季節中的動、植物及生活中的傳統節日、風俗等，並且使用「季語」。例如使用「紫菫花」的季節用語（季語）時，使人聯想到春天的溫暖，及紫菫花盛開在山間小道時的自然景色，借著這個技巧，雖然寫出的詩詞很短，但是語句之間却有其深度的含意。「俳句」是將其對象做客觀、即物式的描述，但限於字數，也不可能將實景做太細緻的叙述，因此在表現中僅掌握重要部分，有所省略也是有其必要。因此使用「季語」也是其中的手法之一。

短歌・俳句は、現在も国民の間に広く愛好されており、いわば国民的文芸となっている。

(3) 日本美術の歴史

a) 序

　　日本の美術は、中国・朝鮮半島からの影響が大きく、広い視野で見ればインド・中国を含む仏教圏の美術と見ることができる。近代では、明治時代に入って、洋画の技法が習得される一方、伝統への志向が生まれ近代日本画が誕生した。また、西欧では日本美術の独自性が注目され、ジャポニズムがブームとなり、印象派やアール・ヌーボーへの刺激を与えた。

b) 縄文時代

　　縄文時代は日本列島が外部からの影響を受けずに、独自の発展をとげた。縄文土器は世界最古の土器で、縄目や火焔などの文様がある。ハート形、ミミズク形などさまざまな形態の土偶や、妊娠した女性を表現した土偶は呪術や豊穣祈願の意図で作成されたといわれている。

c) 弥生時代

　　弥生時代になると、稲作農耕を代表とする外来の文化や技術の影響を受けるようになった。土器は、器形も洗練され、装飾も控えめな弥生土器となる。金属器ももたらされ、代表的遺物は銅鐸である。製作当初は金色に輝き、所有者の富と威厳を誇示する役割があったものと想像される。銅剣なども武器としての本来の用途から離れ、祭器化したものと思われる。

d) 古墳時代

　　古墳時代になると、前方後円墳と称される日本独特の形式の大規模な墳墓が営まれるようになった。大阪府堺市の大山古墳（伝・仁徳天皇陵）は典型的な例である。

「短歌」、「俳句」現在仍廣受日本國民的喜愛，已成爲日本民間的文藝之一。

（3）日本美術的歷史
a）序
　　日本美術受到中國、朝鮮半島的影響很大，以廣泛的視野來看，可視爲包含在印度、中國的佛教美術圈之內。到了近代，進入明治時代，學習了西洋繪畫的技法後，在另一方面又回歸到傳統志向，因而誕生了近代日本畫。此外，西歐也開始注意到日本美術的獨特性，掀起了一股日式風格的潮流，進而對印象派或是新藝術方面産生很大的刺激。

b）繩文時代
　　繩文時代的日本列島沒有受到外部的影響，而獨自發展。繩文土器爲世界最古老的土器，上面有著繩索或是火焰的圖紋。有各種心型、長耳鴞（貓頭鷹）形狀的土偶，或是表現懷孕女性的土偶人。一般認爲大多是爲了巫術或是祈禱豐收等目的，所製作而成的。

c）彌生時代
　　進入彌生時代後，開始受到以稻作農耕爲代表的外來文化及技術的影響。土器的形狀也日益洗練，裝飾也較少，稱爲「彌生土器」。金屬器具也開始傳到日本，具代表性的遺物爲銅鐸。可以想像在製作當時，所發出金色耀眼的光芒，不但象徵財富，並且誇示著所有者的威嚴。銅劍等也脫離了原本武器的用途，祭器化後成爲祭祀時的用具。

d）古墳時代
　　進入古墳時代後，以獨特日本的形式，建築了大規模前方後圓形狀的墳墓。大阪府堺市的大山古墳（據傳爲仁德天皇陵）就是典型的例子。

1972 年に奈良県明日香村で発掘された高松塚古墳の石室に描かれている四神、男女群像の大陸文化の影響を受けた彩色壁画は、日本史上はじめての本格的絵画といわれている。

埴輪は古墳の墳丘の周囲に立てられた素焼きの土製品で、人物や動物などを素朴な表現と単純な技法で巧みにとらえ、芸術的に高く評価される作品が多い。

e）飛鳥時代

仏教が百済経由で伝えられ、6 世紀末には日本最初の本格的仏教寺院である法興寺（飛鳥寺）が建てられた。聖徳太子は仏教に深く帰依し、四天王寺、法隆寺を建立した。法隆寺の西院伽藍は現存する世界最古の木造建築として著名である。

彫刻：法隆寺釈迦如来および両脇侍像、法隆寺観音菩薩立像（百済観音）

工芸：法隆寺玉虫厨子、中宮寺天寿国繡帳

f）奈良時代

710 年、奈良の平城京に遷都され、聖武天皇は仏教に深く帰依し、東大寺に大仏を造立した。飛鳥・白鳳時代様式の仏像を経て、奈良時代には天平仏が製作された。東大寺には正倉院という特殊な防湿構造（校倉造りという）の木造宝物殿がある。ここには、当時の天皇の遺愛品、寺宝・文書など奈良時代の美術品のほか、中国やペルシアなどからの伝来品 9,000 余点が収められている。

絵画：薬師寺吉祥天像
彫刻：中宮寺菩薩半跏像、唐招提寺鑑真和上坐像、興福寺阿修羅立像

建築：法隆寺西院伽藍、正倉院校倉造り宝庫、唐招提寺金堂

1972 年於奈良縣明日香村所發掘的高松塚古墳的石室上，受到大陸文化影響所描繪的四神、男女群像的彩色壁畫，一般認爲這是日本史上最早的正式繪畫作品。

埴輪是豎立在古墳墳丘周圍的素燒土製品，雖以樸實的手法及單純的技法，來表現人物或是動物等，但掌握到巧妙的神韻，很多作品在藝術上受到很高的評價。

e）飛鳥時代

佛教是經由百濟傳到日本，6 世紀末建立了正式的佛教寺院法興寺（飛鳥寺）。聖德太子信仰深厚，皈依佛教後，建立了四大天王寺、法隆寺。法隆寺的西院伽藍，以現存世界上最古老的木造建築而聞名於世。

雕刻：法隆寺釋迦如來及兩脅仕像、法隆寺觀音菩薩立像（百濟觀音）
工藝：法隆寺玉蟲厨子、中宮寺天壽國繡帳

f）奈良時代

710 年奈良遷都平城京，聖武天皇皈依佛教後，於東大寺建造了大佛。經過飛鳥、白鳳時代樣式的佛像，在奈良時代製作了天平佛。東大寺內有具備特殊防潮構造（稱爲校倉工法）的木造寶物殿--正倉院。此處除了收藏著當時天皇遺留的珍藏、寺寶、文書等奈良時代的美術品之外，也有中國及波斯等地傳來的物件，約有 9,000 餘件。

繪畫：藥師寺吉祥天像
雕刻：中宮寺菩薩半跏像、唐招提寺鑑真和上坐像、興福寺阿修羅立像

建築：法隆寺西院伽藍、正倉院校倉寶庫、唐招提寺金堂

工芸：正倉院宝物（金工、漆工、楽器、染織、三彩陶
　　　器、刀剣など。渡来品を多く含む）

g）平安時代

　平安時代前期は、密教の仏教思想により、密教曼荼羅や
密教彫像がつくられた。遣唐使が中止された 9 世紀末以
降、文化の和風化（和様）が進展し、絵画や書道作品、工
芸品のデザインにも大いに反映している。後期には、末法
思想（「末法」の年（1052 年）以後、釈迦の唱えた正しい
仏法が行われなくなると信じられた）が流布し、各地に阿
弥陀堂や阿弥陀如来像が造立された。

絵画：教王護国寺両界曼荼羅、源氏物語絵巻、伴大納言
　　　絵巻、高山寺鳥獣人物戯画

彫刻：観心寺如意輪観音坐像、平等院阿弥陀如来坐像

建築：平等院鳳凰堂、平泉中尊寺金色堂

h）鎌倉時代・南北朝時代

　1180 年、奈良の東大寺と興福寺が炎上し、ただちに再
建計画が進められた。宋から伝来の、新建築様式の大仏様
が導入され、仏像再興には、運慶、快慶らの仏師が登用さ
れた。

　政治・文化の中心は鎌倉に移り、美術の主要な享受者も
武士へと移っていった。13 世紀に京都の建仁寺を皮切り
に、鎌倉にも建長寺、円覚寺などの禅寺が建立された。

絵画：神護寺伝源頼朝像、平治物語絵詞

彫刻：東大寺南大門金剛力士立像（運慶、快慶）

装飾経：厳島神社平家納経
建築：厳島神社

工藝：正倉院寶物（金工、漆工、樂器、織染、三彩陶器、刀
劍等。包含許多渡海而來的珍藏品）

g）平安時代

平安時代前期，由於密宗的佛教思想，建造了密宗曼荼羅
及密教雕像。在中止遣唐使的 9 世紀之後，文化上的和風化（日
式風格）更形發展，這些也大量的反應在繪畫、書道作品與工
藝品的設計上。在後期，由於末法思想（「末法」之年（1052
年）後，當時相信釋迦所倡導的正統佛法無法實行於世）盛行，
各地興建了許多阿彌陀堂或是阿彌陀如來像。

繪畫：教王護國寺兩界曼荼羅、源氏物語繪卷、伴大納言繪卷、
高山寺鳥獸人物戲畫

雕刻：觀心寺如意輪觀音坐像、平等院阿彌陀如來坐像

建築：平等院鳳凰堂、平泉中尊寺金色堂

h）鎌倉時代、南北朝時代

1180 年奈良的東大寺與興福寺遭受祝融之災燒毀，隨後馬
上進行了重建計劃。採用從宋朝傳來的新建築樣式的大佛，關
於佛像的重建，委由運慶、快慶等佛師來監造。

此時，政治、文化的中心轉移到鎌倉，美術的主要鑑賞者
也轉移到武士階級。13 世紀京都開始興建了建仁寺，鎌倉也隨
之興建了建長寺、圓覺寺等的禪寺。

繪畫：神護寺傳源賴朝像、平治物語繪詞

雕刻：東大寺南大門金剛力士立像（運慶、快慶）

裝飾經：嚴島神社平家納經
建築：嚴島神社

i) 室町時代

室町時代には、文化の中心は再び京都へ戻った。足利義満は京都の北山に山荘（後の鹿苑寺・金閣）、足利義政は東山に山荘（後の慈照寺・銀閣）を営んだ。東山山荘は、後の書院造の原型で、日本の伝統的住宅建築のルーツである。京都を中心に禅宗寺院が隆盛し、庭園、茶道など、さまざまな文化・美術が生まれ、能もこの時代に観阿弥・世阿弥により完成された。

絵画：水墨画秋冬山水図（雪舟）

庭園：枯山水　竜安寺石庭など

j) 桃山時代

城郭建築が発達し、権力のシンボル的な天守閣や御殿は華麗な障壁画で装飾された。茶の湯は千利休によって大成され、茶道具としては、唐物と呼ばれる中国製の天目茶碗なども珍重された。
絵画：唐獅子図屏風（狩野永徳）、松林図（長谷川等伯）

城郭建築：姫路城天守閣、二条城書院造

k) 江戸時代

古代・中世の美術が仏教中心であったのに比べ、世俗化の傾向が強まった。美術の享受者層も裕福な町人層など拡がりをみせた。さらに、同じ作品を複数生産できる版画の流布により、浮世絵のような、庶民の手に届く芸術も生まれた。

文化の中心は上方（京都・大阪）と江戸であったが、幕藩体制のもと、地方である各藩においても、陶磁、工芸など独自の美術品が生産されるようになった。
絵画：風神雷神図（俵屋宗達）、紅白梅図（尾形光琳）、
　　　動植綵絵（伊藤若冲）

i）室町時代

　　在室町時代，文化的中心又回到京都。足利義滿在京都北山建造山莊（成爲後來的鹿苑寺、金閣），足利義政則在東山設立山莊（之後成爲慈照寺、銀閣）。東山山莊爲日後書院造型的原創經典之作，也成爲日本傳統住宅建築的鼻祖。以京都爲中心，設立禪宗寺院的風氣非常興盛，庭園、茶道等，各式各樣的藝文美術等隨之誕生，能劇也在這個時代，經由觀阿彌、世阿彌完成。

繪畫：水墨畫秋冬山水圖（雪舟）
庭園：枯山水　龍安寺石庭等

j）桃山時代

　　城郭式的建築開始發達，如象徵權力的天守閣或是御殿等，都以華麗的屏風壁畫來加以裝飾。茶道因千利休而集大成。茶道用具上面，俗稱唐物的中國製天目茶碗等，受到珍重喜愛。

繪畫：唐獅子圖屏風（狩野永德）、松林圖（長谷川等伯）
城郭建築：姬路城天守閣、　二条城書院造

k）江戶時代

　　古代、中世的美術主要是以佛教爲中心，到了江戶時代比較傾向於世俗化，美術的鑑賞者也擴散到富裕的市井階層。再加上可以將相同作品以複製版畫的方式來生產流傳，也誕生了如浮世繪般走進庶民手中的藝術。

　　文化的中心主要還是以上方（天皇居處：京都、大阪）與江戶，在幕藩體制下，各地方上的藩屬諸侯們，也各自生產了陶瓷、工藝等精美的美術品。

繪畫：風神雷神圖（俵屋宗達）、紅白梅圖（尾形光琳）、動植綵繪（伊藤若冲）

浮世絵：美人大首絵（喜多川歌麿）、富嶽三十六景（葛
　　　　飾北斎）、三世大谷鬼次の奴江戸兵衛（東洲斎
　　　　写楽）

工芸：舟橋蒔絵硯箱（本阿弥光悦）、伊万里焼色絵花鳥
　　　文大深鉢（柿右衛門様式）

建築：日光東照宮、桂離宮

Ⅰ）近代・現代（明治時代・大正時代・昭和時代）
　　江戸時代末期、パリの万国博覧会に出展した幕府や各
藩の美術・工芸品はすぐれた装飾品として絶賛された。当
時、ヨーロッパでは日本の美術・工芸への関心が高まり、
前衛的な芸術家たちにジャポニズムという強力な影響を与
えていた。
　　明治維新後、政府は西洋式の「ファイン・アート」（純
粋美術）を導入してヨーロッパ諸国に恥じない芸術の体裁
を整えようとし、日本の諸派の絵画などは旧弊なものとみ
なされ存続の危機に陥った。また廃仏毀釈や大名家の没落
にともない、多くの優れた美術品が古道具市場にあふれ、
欧米に流出した。

　　一方、フェノロサ・岡倉天心らは日本の美術の優秀性を
説き、東京美術学校を開校した。黒田清輝らは海外に留学
し、ヨーロッパの最新の絵画運動を取り入れた西洋画の活
発な活動を行った。また京都画壇の竹内栖鳳ら多くの日本
絵画の作家も留学し、諸派の絵画や西洋画の影響も取り入
れた新しい近代日本画が誕生した。日本画においては、そ
の題材から美人画、風景画、仏画があるほか、歴史上の人
物や事件を描いた歴史画は、花鳥画と並びもっとも日本画
らしさを表す重要なジャンルである。

日本画：悲母観音（狩野芳崖）、斑猫（竹内栖鳳）、生々
　　　　流転（横山大観）、落葉（菱田春草）、炎舞（速
　　　　水御舟）
洋画：湖畔（黒田清輝）、わだつみのいろこの宮（青木
　　　繁）
彫刻：女（荻原守衛）、老猿（高村光雲）

浮世繪：美人大首繪（喜多川歌麿）、富岳三十六景（葛飾北齋）、
　　　　三世大谷鬼次的奴江戶兵衛（東洲齋寫樂）

工藝：舟橋蒔繪硯箱（本阿彌光悅）、伊萬里燒色繪花鳥文大深
　　　鉢（柿右衛門樣式）

建築：日光東照宮、桂離宮

l) 近代、現代（明治時代、大正時代、昭和時代）

　　江戶時代末期，由於參加巴黎萬國博覽會，展出各種幕府
或是各藩的美術工藝品，精巧脫俗爲主的擺飾品，受到各界極
大的贊賞。驚艷關心之餘，也掀起了歐洲對日本美術工藝的風
潮，對於當時前衛的藝術家們，產生了強而有力的影響。

　　明治維新之後，日本政府導入西洋式的純粹美術，爲了將
藝術體裁上加以整理，提升到不輸歐洲各國的層次，進而把日
本諸派的繪畫等，視爲舊社會凋弊之作，而打入冷宮，讓日本
美術面臨了存續的危機。此外，隨著廢佛毀釋或是地方豪門的
沒落，大量優秀的美術品也出現在古董市場，流出到歐美各國。

　　另一方面，費能羅莎、岡倉天心等人，開始闡述日本美術
的優秀性，於東京開設了美術學校。黑田清輝等人則赴海外留
學，導入歐洲最新的繪畫，使得西洋繪畫活動更形活躍。此外，
京都畫壇的竹內栖鳳等日本繪畫作家赴海外留學後，將各派繪
畫融合並加入西洋畫的影響，誕生了全新近代的日本畫。日本
畫當中的題材，除了美人畫、風景畫、佛畫之外，歷史上的人
物、描繪歷史事件的歷史畫與花鳥畫並列，爲最能代表日本畫
藝術表現上的一個領域。

日本畫：悲母觀音（狩野芳崖）、斑猫（竹內栖鳳）、生生流轉
　　　　（橫山大觀）、落葉（菱田春草）、炎舞（速水御舟）

洋畫：湖畔（黑田清輝）、渡津海龍宮（青木繁）
雕刻：女（荻原守衛）、老猿（高村光雲）

建築物：東京駅駅舎（辰野金吾）

m）国宝・重要文化財

　日本では、縄文時代から現代にいたるまでの2000年を超えて脈々として受け継がれてきたさまざまな有形文化遺産が保存されている。その中で、世界文化の見地からも価値が高く、類ない国民の宝と認定されたものは、国宝をはじめとする重要文化財に指定されている。国宝には、美術工芸品862件（絵画・彫刻・工芸品・書跡・典籍・古文書・考古資料・歴史資料が含まれる）、建造物214件が指定されている。美術工芸品の多くは、東京・奈良・京都・九州の四つの国立博物館、その他の博物館・美術館、寺院、神社に展示・保管されている。また建造物については、奈良・京都をはじめとして、寺院、神社、城郭などが全国各地にあり、観覧することができる。

（4）演劇・芸能

a）伝統的な演劇・芸能

　日本の演劇には長い歴史があるが、過去のものがしだいに発展変化して、現在の演劇になったのではない。過去のものはそのままの形で伝わり、他方、つぎつぎに新しいものが加わって、現在の多種多様な演劇が、共存しているのである。

　伝統的な演劇として、14世紀からの「能」、17世紀からの「文楽」・「歌舞伎」が知られている。これらには現在熱心な愛好者がいるが、日本人全体からすると、ごく一部である。

　一方、伝統的な芸能として「浪花節」・「落語」・「民謡」・「小唄」などがあり、むしろこれらの方がはるかに多くの大衆に愛好され、親しまれている。

b）能・狂言

　日本最古の演劇である「能」の起源は古いが、盛んになったのは14世紀以降である。「歌舞伎」や「文楽」が庶民の演劇であるのに対し、能は武士階級のものとされ、舞台の上で、謡曲につれて仕舞を演じる歌舞劇である。主役は多くの場合面をかぶり、ゆっくりとした仕草で動き、劇

建築物：東京車站（辰野金吾）

m）國寶、重要文化財

　　日本從繩文時代開始到現代為止，超過 2,000 年的歲月當中，代代相傳著各式各樣的有形文化遺產。其中以世界文化的觀點而言，具有非常高的價值而認定為國民之寶。以國寶為首，許多被指定為重要文化財。被指定為日本國寶的美術品有 862 件（包含繪畫、雕刻、工藝品、書跡、典籍、古文書、考古數據、歷史數據），建築物則有 214 件。多數的美術工藝品是收藏展示於東京、奈良、京都、九州的四所國立博物館，其餘則在其他博物館、美術館、寺院、神社當中展示或是被保管。關於建築物方面，從奈良、京都開始，寺院、神社、城郭等分布於全國，都可以前往觀賞。

（4）戲劇、演藝
a）傳統的戲劇、演藝

　　日本的戲劇具有悠久的歷史，但並非是由過去逐漸演變而成，而是在傳承過去的各種形式之外，又不斷地加入新的元素，而形成現在具有各式各樣戲劇共存的狀況。

　　傳統的戲劇當中，最具有代表性的是起源於 14 世紀的「能」，及 17 世紀的「文樂」、「歌舞伎」。這些戲劇雖然至今仍有其愛好者，但畢竟不多。

　　另一方面，傳統大眾化的演藝有「浪花節」、「落語」、「民謠」等，而這些演藝文化才是真正受到大眾喜愛且受到歡迎。

b）能、狂言

　　日本最古老的戲劇「能」起源甚早，但是一直到 14 世紀之後才開始盛行。「歌舞伎」和「文樂」是平民的戲劇，「能」則屬於武士階級的戲劇。「能」是一種在舞台上，伴隨謠曲來舞蹈的歌舞劇。在「能」劇中，主角大多帶著面具，以緩慢的動作，劇情上缺乏戲劇的要素。「能」的聲樂部分（台詞或是腳本）稱為「謠曲」，而「謠曲」的本身，也被認為是一種獨立的藝術。

的な要素は少ない。能の声楽部分（台詞や脚本）は謡曲といわれ、これのみでも独立の芸術とされている。

能の題材は約250あるが、これらを分類すると神・男・女・狂・鬼の5種になり、思想的には仏教の影響を受けているものが多い。

主役のかぶる面の役は特定のものに決まっておらず、一つの面をいろいろのテーマのいろいろの役に使い分けている。能面は、極度に抽象化された役者の動作と、単調な音楽とあいまって独自の芸術美を発揮する。能の衣装も面とともに、能の味わいの深さを構成する主要な要素となっている。現在、観世・宝生・金剛・金春・喜多の5流に分かれ、それぞれ家元がいる。それぞれの能楽堂で上演されるほか、東京には国立能楽堂がある。2001年ユネスコの定める世界無形文化遺産に指定された。

狂言は、能と異なった滑稽味を加えた洗練させた笑い劇である。能の途中で狂言が入るが、狂言だけでも独立して鑑賞されることもある。

c）歌舞伎

歌舞伎は17世紀から盛んになった日本の代表的な庶民演劇である。現在、能や文楽よりも愛好者が多い。能や文楽の要素も取り入れているので、日本の伝統芸能の集大成的なものといえる。

歌舞伎の舞台装置には、花道や回り舞台など独特のものがある。花道は、舞台に向かって観客席を貫いて設けられた通路である。これは俳優が登場・退場するためだけでなく、俳優と観客との交流をも、目的とするものである。

演劇としての性格からいえば、歌舞伎の「時代物」といわれるものは、音楽劇であり、舞踊劇が多い。多くの作品が三味線などによる日本固有の音曲を伴奏とし、台詞にも動作にも独特の音楽的リズム感が要求される。そして、省略・誇張・形式化された動きが一つの様式を生み出し、近

「能」的題材約有 250 種，可分為神、男、女、狂、鬼五種，思想上受到佛教的影響很大。

主角用來遮臉的面具並不特定使用於某種角色，一種面具可使用在各種題材的各種角色上，「能」的面具較缺乏個性表情，但是借由從現實中昇華的形相，來表達其深邃的思想，這也是「能」面具的思想精髓。演員以極度抽象化的動作與單調的音樂相配合，表現出獨特的藝術之美。而「能」劇的服裝也與面具一樣，也是構成具有深度涵義的主要因素。現在分為觀世、寶生、金剛、金春、喜多等五大流派，每一流派都有其開山祖師。除了在各自的能樂堂上演之外，東京也有國立能樂堂。2001 年聯合國教科文組織已經指定為世界無形文化遺產。

「狂言」與「能」的相異之處為：「狂言」會加上滑稽的要素，成為洗練又流暢的笑劇。在「能」中間的橋段有時會加入「狂言」，但是「狂言」本身也可獨立觀賞。

c）歌舞伎

歌舞伎是從 17 世紀起開始盛行，是具有代表性的日本平民戲劇。現在，歌舞伎的愛好者已遠多於「能」和「文樂」。由於歌舞伎吸收了「能」和「文樂」的要素，可說是集日本傳統戲劇的大成。

在歌舞伎的舞台裝置之中，最具特色的是「花道」和「旋轉舞台」。「花道」連貫了舞台和觀眾席的通道，此一設計不僅是為了演員進場、退場的方便，也有借此促進演員和觀眾交流的目的。

以演劇的性格而言，歌舞伎可說是反應時代的戲劇，不但有音樂劇，舞蹈劇也很多。許多的作品是由三味線（三弦琴）等樂器，伴奏著日本固有的樂曲，除了台詞之外，動作上也要求配合音樂，有獨特的韻律感。以省略、誇張、形式化的動作，

代的リアリズムに立脚する演劇とは大きく異なっている。
しかし江戸末期から明治にかけて盛んになった「世話物」
は現代劇に通ずるリアリズムに立脚している。

　男優が女性の役に扮することや、瞬間的な衣装替えの技
巧なども特色の一つである。歌舞伎の主題には、昔の貴族
や武士の世界を描くものと、庶民の生活を描くものとの2
種類がある。歌舞伎の俳優は、先祖の芸を受け継ぐよう幼
少から育てられ、脚本にしたがって演ずるというよりは、
俳優の芸を中心に脚本がつくられる。

　歌舞伎は、2005年ユネスコの世界無形文化遺産に指定
された。

d）文楽（人形浄瑠璃）

　「文楽」は一種の人形劇である。能・歌舞伎と並んで日
本三大古典演劇の一つで、17世紀から盛んになった。浄
瑠璃の語り、伴奏の三味線、人形の3役がひとつになって
上演される。語りは大阪弁を使うのが特色である。

　文楽で使う人形は首・胴・手・足・衣装からなってい
て、1mから1.5mの大きさである。
　舞台の上で、人形遣いが人形を、主な役については1
体につき3人で動かす。人形遣いは黒い衣で顔を隠してお
り、それぞれ首と右手・左手・足の動きを分担している。
女の人形には足がなく、人形の衣装の裾さばきで巧みに表
現する。人形は、三味線の伴奏と、独特の節まわしで太夫
によって語られる浄瑠璃にあわせて、さまざまな仕草をす
る。このため、文楽のことを人形浄瑠璃ともいう。

　人形の首は約60種類あり、そのうち40種類は、一つの
首をいろいろの役に使う。そのほかに一首一役の特殊な首
がある。目や口が開閉するもの、眉が上下するもの、指の

而自成一格，這與近代戲劇當中所要求的寫實性演出，基本上不太相同。但是從江戶末期到明治時代流行的「世話物」（描寫社會事件及戀愛、義理、人情糾葛的作品），則與現代戲劇相近，比較具有寫實感。

而男扮女裝的角色及在瞬間更換服裝的技巧等，也是歌舞伎的特色之一。歌舞伎的主題，可分爲描寫昔日貴族和武士的世界，及描寫平民生活的兩個種類。歌舞伎的演員多半爲自幼即繼承家傳的技藝，演出並非完全依照既定腳本來演，而是根據演員的演出技巧來編寫劇本。

歌舞伎在 2005 年被聯合國教科文組織指定爲世界無形文化遺產。

d）文樂（人形淨瑠璃）

「文樂」是一種木偶劇，17 世紀開始盛行，與「能」、「歌舞伎」並列爲日本三大古典戲劇。淨瑠璃將說唱、伴奏的三味線及人偶三種角色，由一人同時負責演出，說唱時，是使用大阪腔的方言，爲其特色。

在「文樂」中使用的人偶，由頭、身體、手、足、服裝組成，有 1～1.5 公尺大小（日語中稱木偶人爲「人形」）。

在舞台上扮演主角的人偶，是由 3 個人一起操作。操作人偶的人，身穿黑色服裝將臉藏住，並各自擔當人偶的頭、左右手和腳的動作。女的人偶沒有腳，而以人偶服裝的下擺來巧妙地表示。木偶則隨著三味線的伴奏和獨特的節拍說唱「淨瑠璃」（用三味線伴唱的日本說唱技藝），並做出各種動作。因此「文樂」也被稱爲「人形淨瑠璃」。

人偶的頭約有 60 種，其中有 40 種可使用在各種角色之中，其他則是只能使用在某個特定角色的特殊人偶頭。頭、眼睛、嘴巴能開合，眉毛可上下動作，手指也可屈伸，透過木偶微妙的動作來表達感情。

動くものもある。感情の動きなども、人形の微妙な動作で表現される。

　文楽は2003年ユネスコの世界無形文化遺産に指定された。また、大阪には国立文楽劇場もある。

e）邦　楽

　日本古来の邦楽には、その発生時期にしたがって、古代の「雅楽」、中世の「能楽」、近世の「三味線」・「箏」の音楽があるが、各種の邦楽のうち、現在も比較的愛好者が多いのは「箏曲」・「長唄」・「小唄」・「謡曲」などである。

　箏曲は、琴で演奏する音楽の総称で、16世紀後半に発展し、三味線・胡弓・尺八とも合奏されるようになった。現在は西洋音楽との交流も試みられている。

　長唄は、三味線音楽による長編のうたいもので、17世紀後半に歌舞伎舞踊とともに発達し、その過程で謡曲・地歌・浄瑠璃・民謡などの、歌詞や曲節が取り入れられたため、多様性があり、伴奏に笛・小鼓・大鼓・太鼓の囃子などを用いるので、曲詞が爽快で、はでなことが特徴である。

　小唄は、15〜16世紀ごろ行われた庶民的な短い歌謡である小歌の流れをくみ、19世紀初めごろに生まれた小歌曲で、テンポが早く、声をおさえる発声法でうたわれ、伴奏の三味線は「ばち」を使わず「つまびき」をする。19世紀終わりごろに、個性的な作詩・作曲、独特な伴奏が行われるようになって様式が確立した。

　謡曲は、能の台本ともいえる性格をもつが、独立したかたちでもうたわれる。大部分は15〜16世紀ごろにつくられたもので、ことに観阿弥・世阿弥父子によるものが多い。詞章は7・5調または5・7調の韻文が主体で、その多くは『古事記』や『日本書紀』、『源氏物語』や『平家物語』、鎌倉・室町時代の説話などに題材をもとめている。一般に能管・小鼓・大鼓・太鼓の伴奏で演奏され、シテ・ワキ・ツレなど登場人物のうたう部分と合唱する部分とか

文樂在 2003 年被聯合國教科文組織指定爲世界無形文化遺產。大阪設立有國立文樂劇場。

e）邦樂

日本自古流傳下來的邦樂，依發生時期而言，有古代的「雅樂」、中世紀的「能樂」及近代的「三味線」、「箏曲」等。現在邦樂之中較受歡迎的有「箏曲」、「長唄」、「小唄」、「謠曲」等。

「箏曲」是以古箏演奏音樂的總稱，發展於 16 世紀後半。其後常與三味線、胡琴、尺八（類似簫的日本樂器）合奏，現在還嘗試與西洋音樂來作交流。

「長唄」是以三味線伴奏的長篇歌謠，於 17 世紀後半，與歌舞伎舞蹈同時發展流行。由於其發展過程中，吸收了「謠曲」、「地歌」、「淨瑠璃」、「民謠」等的歌詞和曲節，所以有其多樣性。同時因爲伴奏中使用快節拍的笛子、小鼓、大鼓、太鼓等樂器，所以具有曲詞明快、華麗的特色。

「小唄」（小調歌）是在 15～16 世紀左右流行的平民短歌謠中，加入流行的小調，於 19 世紀初期誕生的小調歌曲。以快節奏及使用抑制聲音的發聲方法來演唱，伴奏的人不用撥板而用指甲撥彈三味線。小唄於 19 世紀末時，確立了其具有獨立個性的作詩、作曲及獨特伴奏的形式。

「謠曲」具有「能」脚本的性格，但也能以獨立的方式演唱。「謠曲」大部分創作於 15～16 世紀左右，特別以觀阿彌、世阿彌父子所作的曲調居多。「詞章」以 7・5 調或 5・7 調的韻文爲主體，其中多數取材於「古事記」、「日本書紀」、「源氏物語」及「平家物語」之中，以鎌倉、室町時代的傳說爲題材。一般使用能管、小鼓、大鼓、太鼓來伴奏，加上由主角、配角等登場人物的唱詞與合唱部分所組成。

らなっている。

f) 日本舞踊

　日本舞踊は、一般に「能」以前のものが「舞」、歌舞伎
以後のものが「踊」と呼ばれてきた。

　「歌舞伎踊」は今日も盛んに行われており、日本舞踊と
いえば、この歌舞伎踊を指すことも多い。踊は15〜16世
紀ごろから、民俗舞踊として庶民の間で広く行われ、やが
てそのなかから歌舞伎踊が生まれた。その発展過程で舞の
要素も取り入れられ、さらにたとえば、富士山の形を描い
てみせるというような、演劇的表現の強い「振り」といわ
れる要素も加えられた。

　女歌舞伎が禁止されて以後、専門の舞踊家は男子ばかり
だったが、18世紀ごろからしだいに芸者などの間に広ま
り、庶民の愛好者も増加した。踊の流派も、「西川」・「花
柳」・「若柳」・「藤間」など多くのものが生まれ、また20
世紀初めごろからは西洋舞踊の影響を受けて、新舞踊運動
が起こった。現在では、主として女性が趣味として日本舞
踊を習っている。

　「舞」は大阪・京都で行われたので「上方舞」ともい
う。京都の祇園だけで行われる「井上流」のほか、大阪を
中心とする「山村流」などがある。

　なお、沖縄には独特の琉球舞踊があり、「国立劇場おき
なわ」も設立されている。

g) 大衆芸能

　現在多くの日本人に親しまれている、伝統的な大衆芸能
をいくつかあげてみよう。
　落語は、対話を主とした滑稽な話を独演し、聴衆を笑わ
せる大衆芸能の一つである。
　落語の源流は16世紀にみられ、17世紀中ごろには、身
ぶりもまじえて話すようになり、おかしさを効果的に盛り

f）日本的舞蹈

　　日本舞蹈中，一般將「能」以前的稱爲「舞」，「歌舞伎」以後的稱爲「踊」。

　　「歌舞伎踊」於今日亦相當盛行，因此若提到日本舞蹈，泰半是指「歌舞伎踊」而言。「踊」是在 15 ～16 世紀左右，以民俗舞蹈形式，在民間廣爲流傳，而後從中誕生了「歌舞伎踊」。在發展的過程中，也吸取了舞蹈的要素，譬如說爲了呈現富士山的形狀，舞蹈時會以強烈的演劇手式來表現。

　　自從女歌舞伎被禁止之後，專業舞蹈家清一色由男子來擔任，直至 18 世紀以後，才逐漸於藝妓間流傳，同時也深受一般民衆的喜愛。「踊」的流派有「西川」、「花柳」、「若柳」、「藤間」等多種。20 世紀初，受到西洋舞蹈的影響，而興起了新舞蹈運動。現在主要是以女性爲主，以興趣來學習日本的舞蹈。

　　「舞」昔日在大阪、京都，稱之爲「上方舞」。僅在京都祇園演出的稱爲「井上流」之外，也有以大阪爲中心的「山村流」等。

　　此外，沖繩也有獨特的琉球舞蹈，也設有「國立沖繩劇場」。

g）大衆演藝

　　現列舉幾樣受到大多數日本人所喜愛的傳統大衆演藝。

　　「落語」是以對話爲主的脫口秀（talk show），由演員單獨演出，並以滑稽的言語來博君一笑的大衆演藝。

　　「落語」的源流可追溯至 16 世紀，直至 17 世紀中葉，發展成爲連講帶比的表演方式，且爲達到開懷大笑的效果，結尾

上げる方法として、話の終わりに「落ち」がつけられるようになった。かけだしの落語家のことを「前座」というが、これは寄席で客が出揃うまでの時間を埋めるために、プログラムの初めの方に出演するということから出た呼び名である。一座でもっとも芸の優れた落語家のことを「真打ち（心打ち）」といい、寄席では最後に出演する。一座の「シン（中心）」になって興行を打つ技量をもった落語家という意味である。

　講談は、武勇伝・政談・人情話などを語り聞かせるもので、落語とともに日本特有の話術芸能の一種である。起源は 17 世紀で、はじめは棒読みだったが、その後調子をつけて独特なテンポで語るようになった。

　浪花節（浪曲）は、三味線の伴奏に合わせて渋みのある独特の節まわしでうたう部分と、対話を主とした語りの部分からなり、これを独演する。義理・人情や勧善・懲悪を内容とするものが多く、現在愛好者は年輩者に多い。「浪花節的」という言葉があるが、これは義理・人情に安易に傾きすぎていることをいう。

　漫才は、2人のコンビで滑稽な軽口の掛け合いを行う演芸である。13～14 世紀ごろから伝わる伝統的な万歳（初春に悪魔をはらい、祝福をもたらすという習俗を演芸化したもので、2人で演ずる）を現代化したもので、19 世紀末に大阪で生まれ、その後全国に広まった。現在はコント（2人または若干名で行う滑稽な寸劇）、漫談（1人または3名以上で行う滑稽な話芸で、楽器を持ち込むものもある）などとともに「お笑い芸」の一ジャンルであり、軽妙でテンポの速いものに特に人気がある。

　日本民謡には、農村の田植歌や馬子唄などの仕事歌、婚礼や新築を祝う祝賀歌、子守歌などさまざまな種類がある。しかし、文明の発達とともに、労働の機械化や、生活そのものの均質化が進む中、その土地土地で歌い継がれてきた民謡も、現在は宴席用の娯楽歌、あるいは盆踊り歌として変質を遂げつつ、一部だけが生き残っているのが実情である。

時常加上一針見血的幽默言詞。初出茅廬的落語家被稱爲「前座」，這是因爲在正式開演前，觀衆尚未到齊時，爲了先將前段時間打發，於是在節目的前段先行演出，因而得名。對於最爲出色而優秀的落語家，被稱爲「真打」（打動內心），負責最後壓軸演出的節目，這是形容落語家們具備能够打動觀衆內心的優秀技巧。

「講談」是談論英雄傳記、政界清談、社會故事等的說書方式，與「落語」同爲日本特有說話藝術的一種。它起源於 17世紀，起初是採用平鋪直敍的方式，後來按照一定的節奏，形成具有獨特韻律感的說唱方式。

「浪花節」（浪曲）是隨著三味線的伴奏，以優雅的曲調演唱及以對話爲主的說唱兩個部分，採用單人獨奏的表演方式。內容多以義理、人情及勸善、懲惡爲主，現在的愛好者以年長者居多。有所謂「浪花節的」說法，這是形容一個人過於拘泥人情義理之窠臼。

「漫才」是由 2 人搭配演出，並透過風趣的台詞和表演，來逗引觀衆發笑的演藝。原本爲 13～14 世紀流傳下來的傳統戲劇「萬歲」（是將初春時人們驅魔、祈福等習俗，予以演藝化的一種民間表演藝術，通常是由 2 人表演）所發展而成。於 19世紀末，發源於大阪，後來加上現代化的要素，流行到全國。現在以即興短劇（以 2 人或若干名演員來演出的滑稽短劇）、漫談等（如相聲般，以 1 人或是 3 人以上搭配進行的滑稽說唱劇，有時也會使用樂器伴奏），都是屬於逗引觀衆發笑的演藝，其中尤以輕妙快節奏的演出，最受到歡迎。

日本民謠，有農村的秧歌、馬車夫小調等工作歌謠，也有婚禮、慶祝新居落成的祝賀歌、搖籃歌等，有許多的種類。但是隨著文明的發展與工作時的機械化，加上生活均質化的進展，在各地方所傳繼的民謠，也轉變成爲宴席上的娛樂歌或是盂蘭盆會（8 月 15 日）時的民間舞蹈用歌，僅剩下一部分被留傳下來，這也是實情。

(5) 伝統芸術・工芸

a）いけばな

日本のいけばなは、切花を使った伝統的生活芸術で、16世紀ごろから盛んになった。

初期のいけばなは自然のままの素材と姿を重んじていたが、しだいに素材は自然のものを用いながら、構成について理念的な意味づけが行われるようになった。すなわち、いけばなの基本となる枝を天（宇宙）・地（地球）・人の3本とし、これらが調和のとれた大自然を表現する。

しかし伝統的ないけばなに対し、第2次大戦後、生命のない鉄片・石膏・ガラスなども素材にしてそれに生命感を与え、生きた形として表現しようとする前衛的ないけばなが生まれた。現在、いけばなの流派は3,000ほどあるといわれる。

いけばなの基礎技術としては、一つには素材を花器に定着させる方法、余分な枝葉の切り落とし方、素材の曲げ方、ゆがみの直し方など、造形上の技法がある。現在では室内装飾の一つとして、また生活を楽しむ趣味として、気軽に生活のなかに浸透している。

b）茶道

「茶道」は一定の作法にしたがって、主人と客が心の共感をもってお茶を飲む日本伝統のもので、安土桃山時代（16世紀後半）に千利休によって大成された。

現在も千利休の子孫が表千家・裏千家・武者小路千家として京都に住み、全国的に盛んな活動をしている。

茶道では、抹茶という粉末状の精製された茶の葉を茶碗に入れて湯を注ぎ、茶筅（ちゃせん－竹の攪拌具）でかきまわして泡立てて飲む。

茶道の礼法は、そのためにつくられた観賞価値のある独特の茶碗に、香り高い茶をたてて客にすすめる方法や、客がこれをいただく心得からなる。茶道の礼法には、武士の礼法や能の影響がみられ、これは日本の伝統的な礼儀作法に強い影響を与えた。形のみならず心も重んじ、おのれを

（5）傳統藝術、手工藝

a）生花（插花）

日本的生花（插花）為擺設花卉的傳統生活藝術，於 16 世紀起開始盛行。

早期的插花重視的是保持自然的素材和形狀，但是逐漸演變成除了採用自然的素材之外，整體上的表現也開始賦予抽象的理念。這也是說插花是以「枝」來表現天（宇宙）、地（地球）、人的三位一體，而充滿了調和的大自然景象。

但是第二次大戰以後，除了傳統的插花外，另外也產生了比較前衛派的插花手法，採用沒有生命的鐵片、石膏、玻璃等作為素材，表現上則賦予作品生命感。現在插花的流派，據說已超過 3,000 種以上。

以插花的基本技術而言，有的是將素材固定於花器上，再將多餘的枝葉裁切；或將素材彎曲、拉直歪斜的部分等，有許多造型上的技法。現在插花已成為室內裝飾之一，有的則是把插花當作生活情趣。

b）茶道

「茶道」是日本傳統之一，須遵照一定的程序作法，其目的是為了使主人和客人於品茗時能「以茶會友」，達到心靈共識。安土桃山時代（16 世紀後半）的千利休（茶道宗師）集其大成。

現在千利休的子孫也分為表千家、裏千家、武者小路千家的三大家族，定居於京都，並將茶道活動推展到全國。

茶道是將精製過後呈粉末狀的茶葉（抹茶），置於茶杯內沖入熱水，再用圓竹刷（竹製攪拌器）攪拌至起泡後飲用。

茶道的禮儀是以具觀賞價值的獨特茶碗，及以一杯香味四溢的茶來奉客的禮節，並加上客人在接受招待時的禮儀所構成的。茶道的禮節深受武士的禮儀及「能」的影響，這也給予了

むなしくして客をもてなすのが茶道の心といわれている。

　茶室（茶をたてるためにつくられた専門の部屋）・露地（茶室の庭）・懐石料理（茶席で出す簡単な料理）・茶道具さらに茶菓子の取り合わせなど、すべてにわたり「客をもてなす」という主人の細心の注意が払われる。茶菓子は、抹茶の味を引き立てるために添えられるもので、季節感があり見た目にも美しいものが好まれる。多くは花鳥風月などの自然にちなんだ名前が付けられている。
　茶会の客に初めて招かれた場合、茶道の礼法を知っているのにこしたことはないが、客としてもっとも大切なのは、主人の心づかいに対する感謝の気持ちである。

　単にお茶を飲むという日常行為を、形式美をともなった一種の芸術に仕上げたところに茶道の特色がある。岡倉天心が英語で書いた『茶の本』は、日本の茶道を世界に紹介した本として有名である。

c）書道

　書道は、漢字や仮名文字を、毛筆と墨で書くことによって、精神的な深さ、美しさを表わそうとする造形芸術である。
　西洋でも文字を美しく書くことは行われているが、中国・朝鮮・日本では漢字が複雑で一字一字に意味があること、軟らかくも硬くも、太くも細くも書ける毛筆があったことにより、芸術として発達した。

　作品の鑑賞は表現美（運筆・構成・墨色・配置など）と内容美（風格・意味）によるが、書道は書家の人格の表現であるから、鑑賞者の心を打つものがよいとされる。

　正月2日に、めでたい言葉や縁起のよい詩歌などを毛筆で書く「書き初め」の風習もあるが、現在の一般家庭ではあまり見られなくなってきている。

日本傳統禮儀上強烈的影響。茶道不但重視「形」且重視「心」，
經由「捨己爲客」的精神來招待客人，爲茶道的中心思想。

從茶室（爲了品茗而特設的專用房間）、露地（茶室的小庭
院）、懷石料理（在茶席中端出的簡單菜餚）到茶果子的取用等，
全都充滿著主人爲了款待客人所投入的細心與準備。茶果子是
讓抹茶的口感更形出色，在喝茶時所搭配的甜點，因爲充滿著
當令的季節感，視覺上總令人驚艷而賞心悅目。許多命名上，
爲了附庸風雅，常取用自然中的花鳥風月等即景。

首次應邀出席茶會時，最好能瞭解茶道的禮節，如果不瞭
解時，身爲客人的你，最重要的是要表現出對主人盛情招待的
感激之情。

茶道的特色是將喝茶這種單純的日常行爲，提升到具形式
美的藝術。岡倉天心以英語所著的「茶之書」，即是將日本的茶
道介紹給全世界而聞名。

c）書道

書道是借著毛筆和墨，書寫漢字和假名文字，藉以表現深
遠的精神及美感的造形藝術。

西洋也講究書寫優美的文字。中國、朝鮮、日本因爲漢字
字形的複雜，而且每一個字均有其意義，加上軟硬、粗細均能
書寫自如的毛筆，所以書法也發展成一種藝術。

作品的鑑賞分爲表現美（運筆、結構、墨色、布局等）及
內容美（風格、意境）。由於書道是書法家人格的具體表現，所
以能打動鑑賞者心靈的作品即爲好作品。

每年的正月2日，會舉行用毛筆書寫新年賀詞，或是開運
祝福的詩歌等「開筆試毫」的習俗，現在一般的家庭已經較少
舉辦了。

d）日本画

日本画は、日本家屋に飾る絵としてふさわしく、その愛好者も多い。絹地または和紙の上に毛筆で、墨や岩絵具（群青・緑青・黄土などの鉱物を砕いたもの）を膠（にかわ）などで溶いて画く。

日本の絵画は、当初仏画として中国から伝わったが、10世紀ごろになると日本の風景や風俗も描かれるようになり、大和絵が発生して日本画の基礎が築かれた。

水墨画は、禅宗とともに中国からもたらされ、15世紀ごろには、日本画としても独自の発達をとげた。墨の濃淡を用い、簡素・素朴で暗示的な表現を、特徴としている。

その後水墨画に大和絵の手法を取り入れるなど、いろいろな変遷をたどり、さらに近代以降は油絵の影響も受けて、現代の日本画に至っている。

江戸時代の絵画で、現在でも広く鑑賞されているものに浮世絵がある。民衆的風俗画の一様式で、肉筆画も行われたが、とくに版画として普及した。その画題は、芝居の情景・美女・役者・力士の似顔絵を主とし、歴史画や風景・花鳥におよぶ。18世紀中ごろに、多色刷版画が鈴木春信により創始され黄金期を迎えた。代表的な浮世絵師には、美人画の喜多川歌麿、役者絵の東洲斎写楽、風景画の葛飾北斎、歌川広重などがあげられる。浮世絵の画法が印象派の画家たち（モネ、ゴッホなど）に大きな影響を与え、新しい写実技法が展開したといわれている。浮世絵のなかの春画が外国に流布したため、外国では浮世絵即春画と考えられることがある。しかし、これは浮世絵のなかの少数部分である。

e）陶磁器

日本の先史時代を縄文時代・弥生時代などその当時の土器の名称で呼ぶことから分かるように、日本の陶器の起源は古く原始時代に始まる。その後5〜6世紀ごろ朝鮮・中

d）日本畫

　　日本畫是種適合日式房屋的裝飾畫，有相當多的愛好者。用毛筆在畫絹與和紙上，以墨或「岩繪具」（是用群青、綠青、黃土等礦物搗碎製成的材料）與膠融合後來繪畫。

　　日本的繪畫起初是從中國傳來的佛像畫，但到 10 世紀左右也開始描繪日本的風景與風俗。此外，大和繪則是奠定了日本畫的基礎。

　　水墨畫與禪宗同樣自中國引進，在 15 世紀左右，成為代表性的日本畫而獨自發展。運用墨的濃淡，以簡單、樸素的暗示性為其表現特徵。

　　其後在水墨畫內加入大和繪的手法，又經歷不同的變遷，近代以後則受到油畫的影響，而成為現代的日本畫。

　　江戶時代的繪畫，至今還是受到廣泛鑑賞的有浮世繪。和民眾性的風俗畫同一樣式，有以手繪製的，但以版畫最為普及。畫題主要以戲劇的情景、美女、演員、相撲力士的肖像為主，並涵蓋歷史畫、風景與花鳥。十八世紀中，鈴木春信發明多色版印刷，版畫因此邁入黃金期。具代表性的浮世繪繪師，有畫美人畫的喜多川歌麿、役者繪（歌舞伎演員）的東洲齋寫樂、風景畫的葛飾北齋、歌川廣重等。浮世繪的畫法對於後期印象派的畫家們（莫內、梵谷等）有很大的影響，也有人說，浮世繪促使了創新寫實技法的發展。浮世繪當中有些春畫流傳到海外，因此國外有人將浮世繪聯想成是春畫，但這些只是浮世繪之中的一小部分。

e）陶瓷器

　　如同日本的史前時代，以當時土器的名稱來作命名，稱為「繩文時代」、「彌生時代」般，日本陶器的起源十分悠久，從遠古時代即開始。於 5 ～ 6 世紀左右，隨著來自朝鮮、中國優

国からすぐれた陶工とともに技術が渡来し、日本各地で独特のものを産出するようになった。

　陶磁器とは陶器と磁器の総称で、「やきもの」または「瀬戸物」とも呼ばれている。これは中部地方の瀬戸市付近が長い間有名な産地であったからである（平安後期の11世紀〜江戸中期の18世紀）。

　しかし、陶器と磁器とは別のもので、その間にはかなりはっきりした違いがある。その主な違いは、素材、焼く温度、固さ、厚さ、色、たたいたときの音、などによるものである。
　陶器は「土もの」といわれ、ガラス質を含まない土（粘土）を素材とし、低い温度で焼くので多孔性で吸水性があり、余り硬くない。また肉厚で色は一般に茶系統の不透明色である。たたくと、にぶく低い音がする。「轆轤（ろくろ）」を回しながら手で作ったものは、表面が滑らかではなく形も不整形で温か味がある。日本の芸術的・伝統的な陶器の有名なものには、信楽焼、京焼、薩摩焼、楽焼、栗田焼、織部焼、萩焼、志野焼、備前焼などがある。
　他方、磁器は「石もの」と呼ばれ、素材はガラスの光沢をもつ岩石（長石）を含む石の粉で、高温で焼くため非常に硬く水を通さない。肉は一般に陶器より薄く、表面はガラスのように滑らかである。内部の色は半透明の乳白色である。たたくと高く澄んだ金属音がする。工業的に成形するので形は整っていて、量産も可能である。日常生活で使われるのは大部分が磁器である。日本の磁器で伝統的に有名なものには、有田焼、伊万里焼、清水焼、九谷焼、美濃焼などがある。
　中国の青磁、朝鮮の白磁も磁器の代表である。西洋に磁器の製法が伝わったのは比較的新しく18世紀初めで、日本、中国からである。当初ヨーロッパでは磁器は宝石並みに高価で、王室では「磁器の間」などに飾られていた。今日世界的に有名なドイツのマイセンなどの製品が東洋の磁器に似ているのはこのような歴史的背景による。

f）漆器
　漆器とは漆を塗った器などの美術工芸品である。漆が

秀的工匠及同時引進技術之後，日本各地也開始出產獨樹一格的陶瓷器。

陶瓷器是陶器與瓷器的總稱，在日文中也稱為「燒物」或是「瀨戶物」。這是因為中部地區的瀨戶市附近，長久以來就是著名的產地，因而得名（平安後期的 11 世紀～江戶中期的 18世紀）。

但是陶器與瓷器，本質上就有很大的不同，兩者之間有顯著的差異。主要的差異在於素材、燒窯的溫度、硬度、厚度、顏色、敲打時發出的聲音等。

陶器俗稱為「土器」，是以沒有玻璃質的土（粘土）為素材，且因為是以低溫燒成，因此具有多孔性及吸水的特性，硬度並不高。此外厚度也較厚，一般都是呈類似茶色的不透明顏色。輕輕敲打的話，會發出鈍實而低沉的聲音。如果是使用轉盤，以手工旋轉方式所製作的陶器，雖表面不甚平滑，形狀也不規則，却有一份溫厚的味道。現今日本具傳統及藝術性的陶器有「信樂燒」、「京燒」、「薩摩燒」、「樂燒」、「栗田燒」、「織部燒」、「荻燒」、「志野燒」、「備前燒」等。

另一方面，瓷器則稱為「石物」，素材是使用含有玻璃光澤成分的岩石（長石）的石粉，以高溫燒製時，會變得非常堅硬而不透水。厚度則較陶器為薄，表面如玻璃般非常平滑，內部的顏色呈現半透明的乳白色。如果敲打的話，會發出高而清澄、類似金屬的聲音。因為能利用工業來成型，因此可以大量生產。日常生活所使用的大部分是瓷器。日本瓷器在傳統上有名的產地為「有田燒」、「伊萬里燒」、「清水燒」、「九谷燒」、「美濃燒」等地。

中國的「青瓷」與朝鮮的「白瓷」也是瓷器的代表。瓷器的製法，一直到 18 世紀才開始傳到西洋，是從日本及中國傳出。當初瓷器在歐洲如同寶石般的高價，在王室中甚至還特別設置一間「瓷器室」來擺飾。今天全世界著名的德國瓷器麥森等的產品，看起來與東洋的瓷器非常相似，也是由於這樣的歷史背景。

f) 漆器

漆器是指將漆塗擦於器皿等之上的美術工藝品。漆器是東

東洋特産のため、漆器は日本・中国・朝鮮・ベトナム・タイ・ミャンマーなどで発達した。とりわけ日本のものは世界的に名高い。英語で漆器のことを japan（ジャパン）というが、これは漆器が、日本から欧米に紹介されたからである。

漆とは、ウルシの木の樹皮の下から浸み出てくる粘液である。これを精製して顔料を加えたものを塗って、ほどよい湿度で乾燥させると、接着性や防蝕・防湿性の強い被膜が得られる。通常、薄く塗っては乾かすことを何回も繰り返す。

漆の利用は古くから行われ、原始時代のものも発見されているが、芸術品としては法隆寺に残されている玉虫厨子（桧造りの上に黒漆が塗ってある。玉虫の羽根は漆塗りの上に張ってある）がもっとも古い。

7世紀以後、中国の技術も導入されて、箱・食器そのほかの家具・仏像・建築などの、美術工芸品に用いられている。現在では、日本食に必須の汁ものには、漆のお椀が食器として用いられている。

g）日本刀

日本刀は片刃で反りがあり、加熱した玉鋼を槌で打ってよく鍛練し、焼き入れを行うなど独特の製法によってつくられるので、折れたり曲がったりせず、切れ味の鋭いのが特徴である。

日本には中国・朝鮮などから刀剣の製法が伝えられたが、9世紀ごろになって反りのある日本刀がつくられるまでは、ほとんど直刀（両刃のものもある）で、これは古代刀と呼ばれている。

9世紀から12世紀にかけてつくられたものは、刀身の元幅と先幅の差が大きく、腰もとでの反りが強く、またこの時代から刀に作者の銘がきざまれるようになった。無銘のものも少なくないが、刀の特徴によって、現在では作者が確かめられているものが多い。

洋的特產，所以漆器在日本、中國、朝鮮、越南、泰國、緬甸等國較為發達，尤其日本的漆器更是在世界中非常出名。漆器在英語中也稱為「japan」，這也是因為漆器是由日本介紹到歐美的緣故。

漆是從漆樹皮滲出的粘液中提取出來。將該粘液精製並添加顏料後，塗在器皿上，在適當的濕度下使其乾燥後，即可得到具有接著性及防蛀蝕、防潮性強的覆蓋膜。通常是塗一薄膜後使其乾燥，再將此步驟反覆數次。

漆自古代即已開始利用，也曾發現原始時代的漆器物品。被視為藝術品的，以保存於法隆寺的玉蟲廚子（在檜木造佛龕上塗上黑漆，並將玉蟲的翅膀張貼於漆器之表面）的年代最為久遠。

7 世紀以後，引進中國的技術，塗漆技術除用於箱子、餐具之外，也廣泛地運用在家具、佛像、建築等美術工藝品上。現今日本用餐時的湯碗，仍是以漆器的碗來作為餐具。

g）日本刀

日本刀是單刃並呈弧度，經由獨特的製法，將鍛打加熱後的「玉鋼」，經淬火後反復鍛鍊製成，所以具有不會折斷或彎曲，以及刀鋒銳利的特性。

刀劍的作法由中國、朝鮮傳入日本。在 9 世紀左右製造出有弧度的日本刀之前，多是使用直刀（也有兩刃），這些被稱為古代刀。

從 9 世紀到 12 世紀所造的刀，刀身的根部和先端的寬度差異很大，且刀身腰部較彎。從這個時代起，開始在刀上刻上作者的名字，也有少數未刻上名字的，但大多數可從刀的特徵來判斷為何人所作。

13世紀初めごろから日本刀は武家の需要により、刀身の身幅が広くなるとともに元幅と先幅の差が縮まり、切っ先が短くなって豪壮さを加え、その黄金時代を迎えた。

　一般に、16世紀末ごろまでにつくられたものは古刀、それより新しいものは新刀と呼ばれている。新刀は身幅が広く、反りが少なく、先幅が細く、切っ先が長いのが特徴である。
　刀は武士の魂とみなされ、武家社会の象徴だったので、工芸品としても優れた名刀も多い。

　第2次世界大戦後は、日本刀はもっぱら美術品として鑑賞の対象となり、清く澄み切った冷たい美しさから、心の落ち着きを得るために、一部の人によって珍重されている。日本では日本刀を所持するには、許可証をとる必要がある。

h）人形
　日本の原始時代の遺跡から土の人形（土偶）が発見され、古代の古墳から埴輪人形が出土するなど、大昔から日本人と人形の関係は切り離せない。

　日本の伝統芸術の一つである文楽は、大きな人形をあやつりながら演ずる大規模な人形劇である。

　男の子の節句（5月5日）には武者人形を飾り、女の子の節句（3月3日）には華美な雛人形を飾る。
　日本で現在つくられている人形の種類は、ヨーロッパ式も含め非常に多い。もっともポピュラーなものは「博多人形」と「こけし」であろう。
　「博多人形」は、土で形をつくり、素焼にしてから彩色するもので、九州福岡県の特産である。写実的で繊細な姿態と彩色を特徴とし、模写に優れ、世界各国の風俗、古今の美人画、歌舞伎俳優などの題材をこなしている。

　「こけし」は、東北地方伝統の木製人形である。ろくろでひいた円筒形の胴体に、丸い頭をつけて女の子の顔を描き、胴体に赤・青・黄など2〜3色で線や菊の花などの模様を描く。素朴なものであるが、面相や彩色にひなびた味

從 13 世紀初開始，依武士的需要，日本刀在加寬刀身的同時，也縮小了刀身根部與先端寬度，刀尖變短增加了豪壯感，此爲黃金時代。

一般將 16 世紀末以前製造的刀稱爲古刀，以後製作的稱爲新刀。新刀具有刀身寬、弧度較小、刀身前部較窄、刀尖長等特徵。

刀被視爲是武士的靈魂，同時也爲武士社會的象徵，因此有很多優良的名刀具有工藝品的價值。

第二次世界大戰以後，日本刀成爲一個美術品，且大部分成爲收藏鑑賞的對象。因其具有清澄、冰冷之美，並可使人心神安定，所以深受部分人士的珍愛。在日本需有許可證，才能持有日本刀。

h）人形（玩偶）

在日本遠古時代的遺跡中，有發現玩偶（土偶），而古代的古墳中也有陶俑出土，由此可知日本人自古以來，就和「人形」有著密不可分的關係（日語中稱木偶、玩偶爲「人形」）。

日本傳統藝術之一的文樂，即是操縱大型「人形」演出的大規模木偶戲。

日本家庭在男孩子的節日（5 月 5 日）時，會裝飾「武者人形」；女孩子的節日（3 月 3 日）則裝飾華麗的「雛人形」。

日本現在製作的「人形」種類中，也有很多歐洲式的「人形」。最受歡迎的則是「博多人形」和「小芥子」（日本東北地區特產的木製人偶）。

「博多人形」的製作過程，是先用泥土造形，經過素燒後再描繪上細膩寫實的姿態和色彩，爲九州福岡縣的特產，題材上使用世界各國的風俗、古今美人圖、歌舞伎演員等。

「小芥子」是東北地方傳統的木製玩偶。運用旋轉車床來車出圓筒形身體，裝上圓形的頭，並描繪出女孩子的臉，身體則用紅、青、黃等 2～3 色描繪出線條和菊花的模樣。雖然感覺很鄉土樸素，但是面相和色彩則令人愛不釋手。

わいがある。

i）扇子（せんす）

　　扇子は日本で発明されたもので、もともと暑さをしのぐためのものであったが、その後儀礼用や舞踊の用具として用いられるようになった。

　　はじめに桧の薄片を綴り合わせた桧扇がつくられ、その後紙扇がつくられた。桧扇は7世紀ごろから宮廷で使われ、8世紀には、宮廷内での装束になくてはならないものとなった。やがて紙扇もつくられるようになり、能や歌舞伎の用具としても取り入れられ、また宗教行事や庶民の日常生活のなかにも、盛んに用いられるようになった。

　　能や歌舞伎に用いられる扇子にはそれぞれきまりの文様があるが、庶民が日常使用する扇子には自由に歌や書や絵が描かれた。桧扇や紙扇は中国や朝鮮にわたり、朝鮮扇は扇骨の数が増加し、中国では扇骨に彫刻をほどこすようになった。西欧の扇が日本の方式にならって折りたたみ式になったのは、17世紀中ごろからである。

j）羽子板

　　羽子板は正月などに遊ぶゲームで使う板で、長方形の柄がついている。遊び方はバドミントンに似ており、ふつうは着物をきた若い女性2人が「羽根」（黒くて固い種子に鳥の羽毛を植えつけたもの）を高く打ちあげて遊ぶ。「羽根」を地上に落とした方が負けになる。この遊びが最初に出てくるのは、室町時代（14～15世紀）の文献である。

　　羽根は、蚊を食うトンボに似せたもので、この遊びは子供の蚊よけ、厄病よけのまじないから生まれたともいわれる。室町時代には宮中の公家や女官の遊びであったが、江戸時代に一般庶民の遊びとなった。

　　羽子板は、江戸時代には飾りものとしても使われるようになった。大形の羽子板には、船・美人・初日の出・花・鳥など豪華な絵柄を飾りたてたものもある。現在でも正月

i）扇子

扇子是日本所發明，原來是夏季爲了搧風取凉，但後來演變成爲禮儀或是跳舞時的道具。

最初的扇子是用檜木薄片連綴而成的檜扇，到後來又製造出紙扇。檜扇於 7 世紀左右開始於宮廷中被使用，到了 8 世紀時，已成爲宮廷裝飾中不可或缺的物品。在紙扇製造出來後，也成爲「能」和「歌舞伎」的道具之一，同時也在宗教儀式與平民的日常生活中，被廣泛的使用著。

「能」和「歌舞伎」中使用扇子也有各自規定的風格樣式。但平民日常使用的扇子，則可自由地在上面書寫歌詞、書法和繪畫。檜扇和紙扇傳到中國和朝鮮後，在朝鮮被增加了扇骨的數目，到了中國則變成在扇骨上雕刻。西歐在 17 世紀中葉以後，才有類似日本折叠式的扇子。

j）羽子板（拍鍵子板）

羽子板是過年時玩的遊戲中所使用的板子，它有長方形的手把。玩法有點類似羽毛球，通常是兩個穿著和服的年輕女性，將「羽毛鍵子」（將黑色的硬種子包上羽毛）往上打，若羽毛鍵子落地的一方就落敗。此種玩法的記錄最早是出自於「室町時代」（14～15 世紀）的文獻。

也有人說是因爲羽毛鍵子和吃蚊蟲的蜻蜓很相似，所以此種遊戲是由替兒童驅蚊、驅除災厄、病痛的祭拜儀式中衍生而來。在「室町時代」是屬於宮中朝臣和女官的遊戲，但到了江戶時代則成了一般平民的遊戲。

拍鍵子板在江戶時代，就被用來作爲裝飾品，有的大型拍鍵子板上繪有船、美人、元旦的日出、花、鳥等華麗的圖樣。現在新年的時候，從東京（從前的江戶）到各地均有販賣拍鍵子板的市集。

には、東京（昔の江戸）をはじめ各地で羽子板市が開かれ
ている。

k）庭園

　　日本・中国・朝鮮の庭園は、自然の景観美を主とするも
のであって、幾何学的な美しさを重視する西洋の庭園とは
対照的である。自然の景観美といっても、自然そのままの
姿ではない。樹木・石など自然の材料を用いて自然の山水
のたたずまいを象徴化し、あるいは強調して、一つのまと
まりのある調和した人工的空間美を形成する。

　　1000年にわたる庭園の歴史のなかで、時代の推移とと
もにその様式も変化する。大別して、中心の池で大海を表
わし、土を盛り岩を配して山を表わす形式（築山式）と、
水を使用せず、白砂を敷いて大海を、砂紋によって流れを
表現し、青石を立てて滝を象徴させる方式（枯山水式）が
ある。

　　京都の天竜寺や西芳寺の庭園が前者の、竜安寺や大徳寺
大仙院の庭園が後者の例である。

　　こうした日本庭園のそれぞれの特徴をすべて取り入れた
うえ、庭園外の山や樹木をも遠景として活用した（借景）
庭園としては、京都の円通寺が有名である。

l）盆栽

　　盆栽は陶磁器の鉢に樹木を植え、その生育する力を利用
して適切な培養を行い、自然の雅趣をかもし出すように姿
を整えて観賞するものである。中国に生まれ、隋・唐の時
代（日本の奈良・平安時代）に日本に伝えられ、日本で独
自の発展を見た。

　　短期間観賞する鉢植えとは異なり、盆栽は数十年から数
百年もの長期にわたって育成し、しだいに古木の風格をつ
くり出していくものであり、そのために特殊な培養を行う。

　　盆栽の素材の代表格は松であるが、常緑樹、落葉樹、

k）庭園

日本、中國、朝鮮的庭園以自然的景觀美爲主，和重視幾何圖形美的西洋庭園恰成對比。雖稱之爲自然景觀美，但也不是照著自然的原始風貌，而是採用樹木、石頭等自然材料，將自然山水的姿態予以象徵化或強調，而形成一種統一而和諧的人工空間美。

經歷了千餘年的庭園歷史，隨著時代的推移，其式樣也有很大的變化，大致可分爲：以中心的池塘表示大海、堆土配上岩石表示山的形式（築山式），及不使用水而鋪陳白沙表現大海的流動、以沙紋展現大海的波濤、豎立青石象徵瀑布（枯山水式）等。

屬於前者的例子有京都的天龍寺和西芳寺的庭園，龍安寺和大德寺大仙院的庭園則屬於後者。

除了具備了日本庭園所有的特色外，京都圓通寺利用庭園外的山和樹木作爲遠景，成爲（借景）庭園而享有盛名。

l）盆栽

盆栽是在陶瓷花盆中種植樹木，並利用其生育力作適當的培養，修整其姿態，藉以創造出具有自然雅趣的觀賞品。盆栽創始於中國，隋唐時代（日本的奈良、平安時代）傳入日本，其後在日本發展出獨自的風格。

盆栽和一些供短時間觀賞的植物不同。盆栽是歷經數十年、甚至數百年的長期培育，逐漸孕育出具有古樹的風格，因此必須作特殊培養。

盆栽的素材中具代表性的是松樹。此外，常綠樹、落葉樹、能開花結果的樹等也都能作爲盆栽，每種都具備獨特而令人著迷的樂趣。

花や実のなる樹など多くのものを盆栽に仕上げることができ、それぞれに独特の趣があるとされる。

　盆栽は、自然の美を愛し、それを身近な生活に取り入れようとした日本人の生活の知恵の所産といえよう。

(6) 建築・住居

a）家屋

　日本の個人住宅は木造が多く、2階または平屋である。木造は火災や地震に弱いが、通風採光がよく、高温多湿な日本の風土に適している。また、材料である木の落ち着いた感触が日本人の好みに適合している。

　現在は、耐震性を重視したコンクリート造りあるいは鉄骨造りの住宅も増えているほか、家屋の形にヨーロッパ風も取り入れられている。また、都市およびその周辺には、3階建から20階建以上のアパートがある。このような集合形式の住宅はマンションと呼ばれ、戸建住宅と区別されている。マンションも和室を備えているところが多い。

　和室の内装は、一般に天井は木の板であり、壁は塗り壁、床は板を張った上に畳を敷いてある。畳の本体は米作の副産物であるワラでつくったマットであり、表にいぐさで織ったシートが張ってある。和室の境界には木の枠に紙を張りつけた襖や障子がある。これは敷居という横木に刻まれた溝の上を、左右に滑らせることにより開閉する建具である。

　障子は採光を考慮したものであり、襖は遮蔽を主目的とし、採光は考慮されていない。これらの素材は日本の多湿の風土によく適合しており（湿気を吸うので湿気を調整する機能がある）、長い間の生活の知恵から生まれたものである。

　洋間のつくりは、おおむね欧米の部屋と変わりはない。

　家に入るときには、玄関で靴を脱ぐ。ここで、スリッパにはきかえることもあるが、これも和室に入る前には必ず脱ぐ。

盆栽注重自然美，並可將其融入生活當中，可說是日本人表現生活智慧的產物。

（6）建築、住居

a）家屋（住居）

　　日本的個人住宅多爲木造的 2 層樓或平房。木造的房子最怕火災和地震，但是具有通風及採光良好的優點，非常適合高溫、多濕的日本風土。此外，木材會給人安定的感覺，也十分符合日本人的喜好。

　　現在因爲考慮耐震性，以混凝土的建物，或是以鋼骨結構的住宅已經增加，家屋的外型也大多採用歐洲風格。此外，在都市及其周邊區域，有 3 層到 20 層的樓房。像這些集合式的住宅稱作大廈，藉以區別獨立一間的住宅。此種大廈中，一般也建有和式風格的房間。

　　和室的內部裝潢，大體上有一定的形式。一般而言，天花板都採用木板，牆壁是抹灰牆，地面先鋪上木板，再於其上鋪榻榻米。榻榻米本身是稻作的副產品，由稻稈所製成，如床墊般，表面則鋪上藺草所編之草席。和式隔間上有一貼上紙的木框拉門或隔門。在稱爲「敷居」的橫木上，有著溝槽可以左右拉動用以開啓隔門。

　　「障子」是考慮採光，另外也有「襖」，以遮蔽爲主要的目的，所以不考慮採光。兩者在材料上都適合日本多濕的風土氣候（因爲會吸收濕氣，因此有調整濕度的作用）。這也是人們在長期生活中所累積的智慧。

　　西洋式隔間大致上與歐美式房間相同。

　　進入家門時，要先在玄關脫鞋，也有人在此換穿日式拖鞋，但不管換穿什麼，在進入和室房間時，一定要先脫掉鞋子。

b）建築物

　　日本では 19 世紀以前の建築物は、すべて木造であった。それは良質な木材が豊富に採取できたこと、高温多湿の気候に適していること、地震や風に対しても構造を工夫すれば、かなり強い建物が造れることなどの事情による。

　　7 世紀後半の建物といわれる法隆寺は、現存する世界最古の木造建築であり、また奈良の大仏のある東大寺は、世界最大（東西 57.3 m、南北 50.4 m、高さ 48.6 m）の木造建築である。なお、寺院建築の多くは中国・朝鮮の建築様式に倣ったものである

　　19 世紀にヨーロッパの建築技術が導入されて以来、レンガ造りや鉄筋コンクリート造りで大学・官庁・事務所などが建てられた。とくに鉄骨については、使用鋼材の改良と従来の剛構造から柔構造への設計思想の進歩もあり、1960 年代半ば以降は都市部には 40 階以上の高層建築物がたくさん建てられるようになった。現在では、70 階以上の建物もある。

　　こうして、昔から日本の建築界を悩ましてきた地震に対する問題も一応克服できた。しかし、新技法による高層建築は、現実の試練に直面した経験が少ないので、倒壊・火災以外のトラブルに対する配慮が要望されている。

(7) スポーツ

a）概要

　　スポーツで人気があるのは、野球・サッカー・ラグビー・バレーボール・バスケットボール・テニス・水泳・柔道・剣道・弓道（アーチェリーを含む）・空手道・登山・釣などである。
　　また、ウインタースポーツとしてスキー・スノーボード・スケート・アイスホッケーが盛んである。

b）建築物

日本於 19 世紀以前的建築物全部是木造。這是因為良質木材可以豐富的取得，且適於日本高溫多濕的氣候，只要注意地震和防風，在建築結構上面下點工夫的話，即可建造出頗為堅固而耐用的住宅。

建於 7 世紀後半的法隆寺，是世界上現存最古老的木造建築。另外，於奈良以大佛而著名的東大寺是世界最大（東西 57.3公尺、南北 50.4 公尺、高 48.6 公尺）的木造建築。寺院建築方面，大多是仿造中國及朝鮮的建築樣式。

19 世紀引進歐洲的建築技術後，以磚瓦和使用水泥鋼筋混凝土建造了大學、政府機關及辦公室等建築。尤其是鋼骨結構的建築物，在鋼材的改良及設計思想的進步之下，將以往的剛性構造轉變成柔性構造，1960 年代中期以後，在都市中建造了很多 40 層以上的高樓，現今也有 70 層以上的建築物。

如上所述，對於自古即困擾著日本建築界的地震問題，也逐漸能夠克服，但由於依照新技術建造的高層建築，尚未實際經歷過現實的考驗，所以對於倒塌、火災之外的災禍，還是應該要充分的注意。

（7）運動
a） 概要

運動中最受歡迎的有棒球、足球、橄欖球、排球、籃球、網球、游泳、柔道、劍道、弓道（包括西洋弓）、空手道、登山、釣魚等。

此外，冬季的運動則盛行滑雪、滑雪板、溜冰和冰上曲棍球。

ビジネスマンの間でもっとも普及しているのはゴルフである。

　野球やサッカーなどにはプロのチームがあり、相撲・ゴルフ・ボクシング・レスリング・テニスなどには、プロの選手がいる。試合は、テレビで放映されてファンが多い。

b）相撲

　相撲は日本の国技である。その歴史は古代にまでさかのぼることができる。相撲は単にスポーツとしてだけではなく、農業生活の吉凶を占い、神の心を伺う行事として行われてきた。16世紀ごろからは見るスポーツとしても発展してきた。

　現在の相撲は、直径4.55m（日本の古い尺という単位で15尺、14.9フィート）の円形の土俵の中で力士2人が技を競う。力士は、素手で腰に「まわし」を締めただけの裸体で登場する。

　2人は呼吸の合ったところで同時に立ち合い、押し合い、突き合い、組み合って闘う。土俵の中で足の裏以外の部分が土につくか、体の一部が土俵の外に出た方が負けになる。

　プロの相撲団体が一つあり、年に6回、1回15日間の興業（「大相撲」と呼ばれる）を東京で3回、大阪・名古屋・福岡で各1回行っている。各回ごとに、勝率によって各力士の地位の入れ替えが行われる。

　力士の最高位は横綱で、過去300年間に69人（2008年）しかこの地位に上っていない。1990年代から外国人力士の進出が目立ち、曙、武蔵丸、朝青龍、白鵬などハワイ、モンゴル出身の横綱が誕生した。優勝すると天皇杯を賜るほか、外国大使館やいろいろの団体から賞をもらう。

　相撲は国技として人気があり、テレビ中継やラジオ放送によって全国民が楽しんでいる。プロの相撲のほか学生相撲もあり、また少年達は相撲で遊ぶことも、かつては多かった。

c）柔道

　嘉納治五郎という教育者（東京高等師範学校長になった

企業人士中盛行的運動是高爾夫球。

除了棒球、足球等有職業隊伍以外，在相撲、高爾夫球、拳擊、摔角、網球等都有職業選手。比賽常在電視中播映，愛好者也爲數衆多。

b）相撲

相撲是日本的國技。而相撲的歷史可以可以追溯到古代。相撲不僅是運動，也成爲農業社會占卜吉凶、詢問神明旨意的一項民間行事。從 16 世紀開始，發展成一種觀賞的運動。

現在的相撲在直徑 4.55 公尺（以日本古尺單位來說是 15 尺，14.9 英尺）的圓形摔角場（土俵）中，由兩名力士競技，力士徒手且幾近裸體，僅在腰間繫一「丁字兜襠」登場比賽。

當兩人呼吸一致時，即同時奮起搏鬥，以推擠衝撞、推甩、扭打來比賽。在「土俵」中，只要除了腳掌以外的部分接觸地面，或是身體的一部分超出「土俵」即算輸。

日本相撲團體僅有一個，於每年舉行 6 次的「大相撲」活動，每次爲期 15 天。在東京舉行 3 次，在大阪、名古屋、福岡各舉行 1 次，根據勝率來變更各力士的地位。

力士的最高等級是「橫綱」，過去 300 年以來（到 2008 年爲止）僅有 69 人取得橫綱的地位。從 1990 年代開始，外國人力士進入日本相撲界的也非常多，也誕生了曙、武藏丸、朝青龍、白鵬等美國（夏威夷）、蒙古出身的「橫綱」。如果取得優勝，除可獲賜天皇杯之外，還可獲得外國大使館及來自各團體所贊助的獎賞。

「相撲」被視爲日本國技，非常受到歡迎，透過電視和收音機的現場實況轉播，觀賞相撲也成爲全國國民的樂趣之一。除職業相撲外，也有學生相撲，青少年過去也常以相撲爲遊戲。

c）柔道

曾任東京高等師範學校校長的教育家嘉納治五郎先生，於

人）が、私費を投じて講道館を 1882 年に開き、柔道の研究と指導を行った。ここで古来の武術である柔術から、近代柔道としての発展の基礎をつくったのである。

　柔道は単に勝負を競うのみでなく、これにより心身を錬磨するものである。20 世紀になってから男子の中等学校以上の教育にも取り入れられ、大いに普及した。

　柔道の競技方法は、上衣・下袴・帯から成る柔道着を着けた 2 人が、5 間（9 m）四方（50 枚の畳を敷いてある）の中で、互いに組み合い、投げ技と固め技によって勝負を競う。
　柔道の柔とは「やわらかい」という意味であり、「柔よく剛を制す」という原理により名付けられた。

　各人の力量を段と級で表わし、段のなかでは 10 段が最高、初段が最低、級は段に至らないもので、1 級が最高、5 級が最低である。そして段と級の区分により帯の色をかえる。10〜9 段は紅、8〜6 段は紅白のだんだら、5〜初段は黒、1〜3 級は茶、4〜5 級は白、初心者は水色になっている。

　1964 年以来男子柔道が、1992 年以来女子柔道が、国際スポーツとしてオリンピック正式種目になっている。これと共に柔道が外国で広く普及し国際化されて、今や日本以上の柔道人口をもつフランスのような国も出現している。

d) 剣道・弓道・薙刀（なぎなた）・空手道
　剣道・弓道・空手道は日本の伝統的な武道であるが、現在はスポーツとして親しまれている。最近では外国人の愛好者も非常に増加している。
　剣道は、剣で身を守り、敵をたおす道である。7〜8 世紀ごろから行われ、16 世紀ごろに急速に発展して、いろいろな流派が生まれた。17 世紀以降、剣道は技術とともに精神を練ることに重きがおかれ、仏教や儒教、とくに禅宗の影響によって、道徳的に修練されるようになった。昔は木刀を多く用いたが、18 世紀に竹刀と面・胴・小手・たれ、などの防具が考案され、今日に至っている。

1882 年時自費開設了講道館，從事柔道的研究與指導。從此也奠定了古代武術中的柔術，成為近代柔道的發展基礎。

柔道不僅是爭勝負的競賽，更重要的是可以磨練身心。20 世紀後，男子中等學校以上的學校教育中，也納入柔道課程，因而更廣為普及。

柔道的比賽方法是：由兩個人身著上衣、下褲、帶子組成的柔道服，在 9 公尺見方（鋪設 50 張榻榻米）的場地內，以互相拉扯、甩摔、擒拿等技巧，來分出勝負。

柔道的柔是「柔軟」之意，是依「柔能克剛」的原理而命名的。

柔道是以段和級表示個人的技術水平，段之中以 10 段為最高、初段為最低；級在段之下，以 1 級為最高、5 級為最低。根據段和級的不同而變更腰帶的顏色，10～9 段為紅色、8～6 段為紅白相間的紋路、5～初段為黑色、1～3 級為茶色、4～5 級為白色、初學者為水藍色。

男子柔道自 1964 年起、女子柔道則從 1992 年起，開始被列入國際奧林匹克運動會的正式比賽項目。柔道因而廣泛地普及，成為國際化的運動，現在甚至出現比日本柔道人口還多的國家--法國。

d）劍道、弓道、薙刀、空手道

劍道、弓道、空手道是日本傳統的武道，現在因成為運動項目而更受到歡迎。最近外國人的愛好者也大為增加。

劍道是以劍防身擊倒對方的武道。始於 7～8 世紀，於 16 世紀左右急速發展，並產生了各個流派。17 世紀以後，劍道在強調技術的同時，也開始著重精神上的修練。由於受到佛教和儒教，尤其是禪宗的影響，所以也注重道德面的修養。過去多使用木刀，18 世紀以後開始使用竹刀和面罩、護身、護臂、護膝盔甲等部位的防護用具，延續至今。

面打ち・小手打ち・胴打ち・突きを技の基本とし、いろいろな連続わざ、応用わざや構え方がある。競技は通常3本勝負で行われ、3人の審判員のうち2人以上が有効な打ち・突きを認めれば1本となる。

弓は狩猟や武器に使われ発達したが、鉄砲の伝来（1543年）以来、薙刀と同じく、しだいに武器としての効用を失った。弓道は、その後禅や儒教の思想を取り入れて、心身鍛練のための武道の一つとして発展した。競技方法は、的中を競うだけではなく、射形、射品、態度などを総合して審査員が採点するもので、ヨーロッパで生まれたアーチェリーなどの同種のスポーツとの相違がある。

薙刀は、堅い木で作られた長い柄の先に反りのある刀身を装着した武具であり、江戸時代以降、武家の婦女子の精神鍛練である武道として発展をみた。武士の家であれば嫁入りの際には薙刀を必ず持参したという。大正から戦後にかけて、主に女性のたしなむ武道となり、「なぎなた」として現代も競技が盛んである。

空手道は、手の突きや足のけりを主体に、体の各部位を有効に使って身を防ぎ、相手を制する技をきわめるものである。7世紀ごろ中国に発生し、14世紀に沖縄に伝えられた。試合には、組手と型の2種類がある。型の試合は、基本動作と移動転身による正しい姿勢、正確な突き・けり、気合の充実、動作の緩急などにより勝負を決する。組手試合は、気合の充実した正確な突き・けり・間合い・残心などを重要な要素として、相手を倒しえたと判定される技をもって優劣を決める。

e）野球

日本はアメリカに次いで野球が普及している。アマチュア野球は、むしろ本家のアメリカをしのぐ隆盛を示している。

日本に野球が伝えられたのは1873年である。1934年にプロ野球ができるまでは、学生野球を中心として発展普及

劍道以擊面、手臂、擊身、刺咽喉部位為基本技法，其他還有各種連續技法、應用技法和姿勢。比賽通常以 3 回合決定勝負，如果 3 個裁判中有 2 人以上認為是有效的出擊，則 1 回合就可分出勝負。

弓原本使用在狩獵或是武器用途，因而發達，但是自 1543 年傳入槍炮以來，與薙刀相同，逐漸地喪失了作為武器的效用。弓道後來加入了禪和儒教的思想，因其也具有鍛鍊身心的作用，而發展成為武道之一。競技的方法，不僅是射靶而已，還講究射箭的姿態、射品、態度等，裁判以綜合評分的方式來計分。這與歐洲所誕生的射箭等運動，雖為相同種類的運動，但仍有些相異的部分。

薙刀是在堅硬的木柄上，裝置著弧形刀身的武具，江戶時代以後，成為武家婦女鍛鍊精神時的器具，而成為武道發展至今。傳說只要是出身於武士之家，在出嫁時，一定會帶著薙刀一起陪嫁。從大正到戰後，成為以女性修習為主的武道。與薙刀相關的競技，至今依然盛行不衰。

空手道是以手劈、腳踢為主，有效地使用身體各部位，借以防身並制服對手的技法。於 7 世紀左右起源於中國，14 世紀時從沖繩傳入。比賽分為「對打」與「型」兩種。「型」的比賽以基本動作、移動轉身姿勢的正確度、出拳踢腳的正確度、氣勢的飽滿、動作的緩急等來決定勝負。「對打」比賽則以氣勢的飽滿、正確的出拳、踢打、出拳時機及終止時的態勢為重要因素，由此來判定優劣。

e）棒球

棒球在日本的普及程度僅次於美國，業餘棒球的興盛程度，甚至超過棒球的發源地--美國。

棒球從 1873 年傳入日本，到 1934 年職業棒球成立以前，是以學生棒球為中心而逐步發展普及。現在東京 6 所大學（早稻田、慶應、明治、法政、立教、東大）的聯盟賽及全國高中

した。現在も、東京6大学（早稲田・慶応・明治・法政・立教・東大）のリーグ戦や、春夏の全国高等学校野球大会が多くのファンを湧かせている。2008年夏の高等学校野球大会には、4,059校が参加した。

プロ野球は第2次大戦後非常に人気を高め、今日に至っている。現在のプロ野球は、セントラルリーグとパシフィックリーグの2リーグ制で、各6球団計12球団がある。シーズン末には、両リーグの優勝チーム同士で日本シリーズが行われる。2008年の観客動員数はセ・パ両リーグ合計で年間2,160万人であった。

日本の代表的プロ野球選手であった王貞治は、1977年に、ホームラン756本の世界記録を達成し、1980年に引退するまで、通算868本のホームラン記録を樹立した。1995年野茂英雄投手が先鞭をつけて以来、多くの日本人選手がアメリカ大リーグで活躍するようになった。最近ではアメリカの年間安打最多記録を84年ぶりに更新した（247本）イチローや、2009年ワールドシリーズでMVPを受賞した松井秀喜などが注目を集めている。

日本は、野球がオリンピック正式種目となって以来、ずっと参加している。

また、WBC（ワールドベースボールクラシック。北中米・アジア・欧州・アフリカ・豪州などから16カ国・地域が参加し世界一の座を競う国別対抗戦）において、日本は2006年の第1回と2009年の第2回の2大会連続で優勝した。

f）サッカー

サッカーは野球・相撲・ゴルフなどと並んで人気のあるスポーツであり、子供から成人まで多くの人々に親しまれている。小学生・中学生・高校生・大学生・社会人など各層レベルの全国大会がある。

1993年、プロの競技団体としての「日本プロサッカーリーグ」（Jリーグ）が設立された。一部リーグ（J1）、二部リーグ（J2）ともに18チーム（2009年）あり、世界のトップレベルへの仲間入りを目指している。1998年には、長年の夢であったワールドカップへの初出場を果たした。また、2002年には韓国とワールドカップを共催し、韓国はベスト4、日本はベスト16入りを果たした。日本は2006年のワールドカップにも出場した。

棒球的聯賽，至今仍吸引著大批的球迷。2008 年夏季的高中棒球大會的比賽有 4,059 所學校參加。

職業棒球於第二次大戰後，即大受歡迎至今，現在的職業棒球分「中央聯盟」和「太平洋聯盟」兩個聯盟，各有 6 個球隊、合計 12 個球隊。在球季末由兩個聯盟的優勝隊伍進行日本總冠軍賽。2008 年這兩個聯盟動員的觀眾人數，高達 2,160 萬人。

王貞治是日本具有代表性的職業棒球選手，於 1977 年達成 756 支全壘打世界紀錄，到 1980 年退休為止，共創造了 868 支全壘打的紀錄。1995 年野茂英雄投手首先加入美國大聯盟，自此之後，許多日本選手在大聯盟中表現得非常活躍。最近更新了 84 年來美國安打紀錄（247 支）的鈴木一郎，以及 2009 年世界比賽獲頒 MVP 的松井秀喜等，都受到矚目。

自從棒球列入奧林匹克運動會的正式比賽項目以來，日本一直都有參賽。

此外，ＷＢＣ「世界杯棒球賽」（北中美、亞洲、歐洲、非洲、澳洲等 16 國、地區參賽，爭取世界第一的頭銜），日本在 2006 年第 1 回及 2009 年第 2 回的比賽中，都連續獲得冠軍。

f）足球

現在足球與棒球、相撲、高爾夫球一樣，同為最受歡迎的運動，從兒童至成人均有其愛好者。有小學、中學、高中、大學、社會人士等各個層次的全國性比賽。

1993 年設立了職業比賽聯盟「日本足球聯盟」（Ｊ聯盟）。一軍的 J1 聯盟與二軍的 J2 聯盟都各有 18 隊（2009 年），以成為世界級勁旅為目標。1998 年達成初次參賽世界杯的願望，且於 2002 年與韓國共同舉辦世界杯比賽，韓國得到第四名，日本則進入 16 強。日本也獲得 2006 年世界杯足球賽的參賽權。

g）オリンピック

　　日本は、1912 年の第 5 回ストックホルム大会に初参加
して以来 2008 年の第 29 回北京大会まで、また冬季オリン
ピックも 1928 年の第 2 回 サンモリッツ大会から 2006 年
の第 20 回 トリノ大会まで、ほとんど毎回参加している。

　　1920 年の第 7 回アントワープ大会で、熊谷一弥・柏尾
誠一郎が初めてのメダル（銀）をテニスで取った。日本で
最初の開催は 1964 年の第 18 回東京大会で、このときの金
メダル獲得数は 16 個に達し、世界第 3 位となった。

　　冬季オリンピックでは、1956 年の第 7 回コルティナダ
ンペッツォ大会において、猪谷千春がアルペンスキー男子
回転で初のメダル（銀）を取った。
　　1972 年札幌で開かれた第 11 回冬期大会で、70 m 級ジャ
ンプで一挙に 3 本の日章旗を揚げた。また、1998 年の第
18 回長野大会でも日本選手は大活躍をした。

(8) 宗教

a）概説

　　日本でのおもな宗教には、神道・仏教・キリスト教があ
る。統計によると、特定の宗教を熱心に信仰しているとす
る日本人は少なく、宗教には無関心とみずからいう者が多
い。
　　この理由はいくつか考えられる。まず、日本人の現世
的・楽天的性格があげられよう。美しい自然と恵まれた四
季のなかで、日本人は外敵の侵入も極端な天災もなく、何
世代にもわたって過ごしてきた。そのため、宗教を熱心に
求める気風ができなかったのかもしれない。また、元来多
神教的であった日本古来の神道の影響から、どの宗教に対
しても伝統的に寛容であった。多くの日本人は誕生や結婚
の儀式は神道やキリスト教により、葬式は仏教により行
う。同じ人間が神社に初詣でもするし、お盆の寺参りもす
るし、クリスマスも祝う。

g）奧運

日本自 1912 年首次參加第五屆斯德哥爾摩奧運以來，到 2008 年第 29 屆北京奧運為止；冬季奧運則從第 2 屆的聖模里斯冬奧開始，到 2006 年第 20 屆都靈冬奧為止，幾乎每次都參加。

在 1920 年的安特衛普奧運會上，熊谷一彌與柏尾誠一郎首次以網球的項目，獲得銀牌。日本首次舉辦奧運，則是 1964 年於東京舉行的第 18 屆奧運，日本當時獲得 16 個金牌，位居世界第 3 位。

冬季奧運則於 1956 年第 7 屆的科蒂納冬奧當中，豬谷千春在男子高山滑雪曲道比賽當中，首次獲得了銀牌。

1972 年於札幌舉行的第 11 屆冬季奧運會，70 公尺級的滑雪跳遠項目，一舉升起了 3 面日章旗。1998 年所舉辦的第 18 屆長野冬季奧運，日本選手也非常活躍。

（8）宗教

a）概說

日本主要的宗教有神道、佛教、基督教。依據統計，日本人很少對於特定的宗教抱持著熱衷的態度，也有不少人表示對於宗教不關心。

這也可以從幾個理由來說明。首先，可由日本人關心現今世事、樂天的性格來作說明。在美麗的自然及受惠於四季分明的氣候中，加上日本也沒有外敵入侵及嚴重的天災威脅，而安然度日，因此沒有熱衷追求宗教的風氣。此外，日本自古以來即受到多神教神道的影響，傳統上對於任何宗教均抱持寬容的態度。多數的日本人出生和結婚的儀式上，會依照神道或基督教的儀式來舉行，然而葬禮却遵從佛教的儀式。同一個人也可能在過年時到神社參拜，同時在中元普渡時到寺廟進香，又在年底時慶祝聖誕節。

各宗教が自宗の信徒数として発表している数は、神道1億682万人・仏教8,918万人・キリスト教303万人（2006年、文化庁）である。宗教人口を合計すると、日本の人口の約2倍に達するという事実は、外国には例がない。

　日本では憲法で宗教の自由が保障され、厳格に実行されている。したがって国教というものはなく、国の行事も宗教とは一切無関係である。国公立の学校では、宗教教育が禁じられている。

b）神道

　神道は日本固有の自然宗教であり、神道の神を祭るところが神社である。田舎の町や村の中心には、鎮守の神がまつられている。神道でいう神は無数にあり、初めは自然物や自然現象を神としていた。そしてしだいに先祖をも祭るようになった。したがって神道には特定の教祖はなく、教典もない。

　日本神話では「八百万（やおよろず）の神」という言葉があるように、神々の数は極めて多かった。のち神道は仏教・儒教の影響を受け理論化もされてきた。19世紀以後は国教のような扱いを受け、天皇が神格化された。第2次世界大戦後は国家との関係を断ち切り、各地の神社ごとの信仰となっているが、伊勢神宮が全国の神社の中心的な地位を占めている。

　日本人は誕生のときお宮参りをし、結婚式を神前で行う。さらに神社に入学合格を願ったり、自動車を運転する人が交通安全のお札を受けたりする。家の中に神棚を祭ることが多い。正月には有名な神社に一家そろってお参りし、また神社ごとに定めている年1度のお祭りには、その地域の住民が多く集まり、出店なども繁盛する。

　このように神社との縁は深いが、大部分の国民は神道の教義には無関心であり、現代日本人に対する思想的影響は少ない。

c）仏教

　仏教は紀元前5世紀にインドで起こり、1世紀に中国

依據各宗教組織發表的信徒人數，神道有 1 億 682 萬人、佛教有 8,918 萬人、基督教有 303 萬人（2006 年文化廳資料）。若依此資料，則宗教人口總數約為日本總人口數的 2 倍，在外國則沒有此種例子。

日本憲法保障人民有信仰宗教的自由，並嚴格執行此一法律。所以日本沒有國教，國家的活動也與宗教沒有任何關係。國公立學校則禁止宗教教育。

b）神道

神道為日本固有的自然宗教，神道祭祀的場所是神社。在鄉村及村落的中心，常設有鎮守當地的神明。神道敬奉無數的神，最初是將自然物和自然現象當作神來祭拜，逐漸發展為祭拜祖先。因此神道既無特定的教祖也無教典。

日本神話中有所謂「八百萬之神」的說法，可見神明為數眾多。之後，神道因為受到佛教、儒教的影響也被理論化。19 世紀以後，神道曾被明定為國教，天皇也因而被神格化。但是，第二次世界大戰以後，神道和國家的關係遭到否定，現已成為各地神社的各別信仰。伊勢神宮占有全國神社中心的地位。

日本人於誕生時，會在神社舉行保佑平安並能順利成長的儀式，結婚儀式也在神前舉行，甚至在神社祈求能金榜題名，開車的人也常向神社求取交通安全的護身符。過年時，經常全家一起到有名的神社參拜。另外，各神社一年一度的祭典，總是吸引大批該地區的居民，此時也會擺設很多攤位，非常熱鬧。

如上所述，日本人和神社有很深的緣份，但是大部分的國民並不十分關心神道的教義。此外，神道對於現代的日本人在思想上也無甚大的影響力。

c）佛教

佛教是公元前 5 世紀起源於印度，在 1 世紀時傳到中國，之後再經由朝鮮半島，於 6 世紀傳到日本。歷經奈良、平安時代，佛教對於日本國家的政治統一及日本文化發展方面，扮演

に伝わり、のち朝鮮半島を経由して6世紀に日本に伝わった。奈良・平安時代を通して、仏教は日本国家の政治的統一と日本文化の発達に大きな役割を果たした。9世紀はじめに遣唐使として唐で学んだ最澄（伝教大師）が帰国後開いた天台宗とその本山・比叡山延暦寺は次の鎌倉仏教に多大の影響を与え、現在も多くの信徒を集めている。同じく9世紀に唐に渡り密教を学んだ空海（弘法大師）は帰国して真言宗と本山・高野山金剛峯寺を開き、平安貴族社会に生活実践の宗教として浸透した。また、空海の修行の遺跡である四国88箇所の霊場を巡る「遍路」の信仰習慣は今も人々により継承されている。

　その後、鎌倉時代には鎌倉仏教と総称される日本独自の諸宗派が生まれた。それらは平安時代までの貴族対象の鎮護国家思想から独立し、戦乱期の厭世観と末法思想を背景に大衆の魂の救済をめざすものであった。

　「南無阿弥陀仏」の念仏を唱える法然の浄土宗と親鸞の浄土真宗、「南無妙法蓮華経」の題目を唱える日蓮の法華宗（日蓮宗）などは、庶民の間でも非常に盛んになり、同時にこれらは現在まで引き続いて日本人の宗教の中心になっている。一方、栄西の臨済宗や道元の曹洞宗などの禅宗は武士階級に普及した。

　仏教は「みずから真理に目覚めることによってえられる悟り」を究極の境地とする。また「あらゆるものが無常であるにもかかわらず恒常のものと考え、すべてのものは実体を持たないにもかかわらず実体あるものと考える執着を絶つこと」を眼目とする。
　仏教では神がなく、無限の愛をもって憎しみや怨みを捨てることを強調する。一般に狂信を排して寛容であり、同時に平等を貫こうとする。
　日本人の生活では仏教とのつながりが非常に強く、信徒でなくともお寺に参詣し、葬式を仏教式で行い、死後は仏教上の名前（戒名）をつけ、ほとんどの家庭が、自分の家に仏壇を設け、供物を置き、線香をたき、先祖の冥福を祈っている。仏教は、日本の美術・文学・建築あるいは日

著非常重要的角色與助力。9 世紀初，以遣唐使的身分前往唐朝的最澄（傳教大師），歸國後創立了天台宗及其本山--比叡山延曆寺，對於其後的鎌倉佛教有相當大的影響，現在也擁有眾多的信徒。在唐朝同時期，渡海學習密宗的空海（弘法大師）回國後，創設真言宗及其本山--高野山金剛峯寺，以生活實踐的宗教而滲透於平安貴族社會階層當中。當時空海修行的遺跡，於四國地方赴 88 處靈場修行，朝拜「遍路」的信仰習慣，現在依然被傳承下來，流傳至今日。

其後的鎌倉時代，誕生許多日本獨自的教派，總稱為「鎌倉佛教」。過去在平安時代的佛教是以貴族為對象，而「鎌倉佛教」是從鎮護國家的思想中獨立，以戰亂時代的厭世觀與末法思想為背景，以拯救大眾的靈魂為其目標。

以傳唱「南無阿彌陀佛」佛號的法然淨土宗、親鸞的淨土真宗，或是以詠唱「南無妙法蓮華經」佛號為題的日蓮法華宗（日蓮宗）等，在平民百姓之間非常受到歡迎而日益茁壯盛大，同時這些教派也一直延續至今日，成為日本人宗教信仰的中心。另一方面，榮西的臨濟宗及道元的曹洞宗等的禪宗，則在武士階級中相當普及。

佛教是以「基於對真理的覺醒而開悟」作為最高境界。另外尚以「不論任何的事物都是無常的，而此為恆常的真理」及「全部的事物都沒有實體，因此應該斷絕對於實體的執著」為要義。

佛教中沒有神，強調以無限的愛為力量，拋棄怨恨。並排除狂熱的信仰，而以寬容的態度和平等的思想貫徹其中。

日本人的生活和佛教關係密切，即使不是佛教徒也會到寺廟參拜，按照佛教儀式舉行葬禮，並於死後求取佛教的諡名。絕大部份的家庭在自家中設置佛壇，供奉祭品及香火為祖先們祈求冥福。佛教對日本的美術、文學、建築或日本人的思想、道德等整體的文化上，影響深遠。

本人の思想・道徳など、文化全般にわたり非常に強く影響を与えている。

d）禅

　禅宗は仏教の一つである。禅とは、悟りを求め、心を静めることによって得られる高次の宗教的・内面的体験である。このように、心を静めるために座って静かに思いをこらすことが坐禅である。

　禅宗は 12〜13 世紀に、中国から帰国した日本人僧侶（栄西・道元）によって伝えられた。
　禅宗では、真理は我々の言語・文字による表現を超えているとされ、坐禅修道によって直接に自証体得することによってのみ把握されるものだとする。禅宗は武士道や茶道・いけばな、などのバックボーンになり、日本の思想や文化・生活全般に影響を与えた。

　現在の日本では、禅宗の僧侶以外で、みずから坐禅をして真理を追求している人は少ないが、精神修養の方法として、短期間禅寺に坐禅をしにいくことは一部に行われている。

e）キリスト教

　日本に最初にキリスト教が伝えられたのは、1549 年にカトリック教会のイエズス会士フランシスコ・ザビエルが鹿児島に渡来したときである。
　はじめは、支配層のなかには西洋の文物に対する関心もあって、イエズス会のカトリック布教に好意的な者もあった。17 世紀初めの最盛期には、信徒が約 75 万人いたとされる。のち、封建秩序に有害であると考え、しだいに抑圧禁止するようになった。信者は迫害を受け、1613 年には外国人宣教師は国外に追放された。カトリック禁止後も、秘密に信仰を持ち続ける者も少なくなかった。

　19 世紀後半、欧米と国交を開いてから、再び日本におけるキリスト教布教が盛んになった。1859 年以降、プロテスタント宣教師がアメリカから派遣され、またカトリック・ロシア正教も布教活動を行った。これらの外国人宣教

d）禪

禪宗是佛教的流派之一。所謂的「禪」，是將心思沈靜後，以期有所頓悟，是高層次的宗教及內心面的體驗。如上所述，以靜坐將心思沈靜下來，並冥想專一，稱之爲「坐禪」。

禪宗是 12～13 世紀時，經由中國返國的日本僧侶（榮西、道元）傳入日本的。

禪宗認爲真理已超越語言和文字所能表現的範圍，唯有依靠坐禪修道，進行直接的自證體會才能把握其中道理。禪宗後來成爲武士道、茶道、插花等的中心思想，並對於日本的思想、文化及生活上，產生了很大的影響。

現在的日本，除了禪宗的僧侶外，已少有人靠自己坐禪來追求真理。但是，有些人則把坐禪當作精神修持的方法，前往禪寺進行短期間坐禪。

e）基督教

基督教最早是在 1549 年，由天主教耶穌會教士佛朗西斯哥・夏維爾前來鹿兒島傳道，而傳入日本。

最初由於社會的統治階級關心西洋的文物，其中耶穌會的傳道也受到許多人歡迎。17 世紀的最盛時期，信徒約達 75 萬人。之後由於認爲教會對封建制度的秩序有所妨害，而逐漸遭到壓抑與禁止，信徒也遭受迫害，1613 年時更將外國傳教士驅逐出境。天主教被禁後，仍有爲數衆多的信仰者仍持續秘密信仰。

19 世紀後半，與歐美等國建立外交關係後，基督教的傳道活動才再度盛行。1859 年以後，美國的新教徒派遣修道士到日本，天主教的俄羅斯正教也到日本從事傳教的活動。這些外國傳教士在傳教的同時，也從事社會福利和教育事業，對於導入歐美文化有著很大的貢獻。

師は、日本で社会事業や教育事業にも従事し、日本におけるヨーロッパ・アメリカの文化導入に貢献した。

　日本における近代文化とは、ほとんど欧米文化を意味したが、欧米文化の中心をなすキリスト教的思考・生活方式の一部、道徳なども日本に取り入れられた。現在の一夫一婦制などもその一例とされている。

　現在日本のキリスト教信者は、プロテスタントなどの新教 55 万人、カトリック 47 万人といわれている（2006 年文化庁）。各派がつくった大学もある。また、宗派を超越した国際基督教大学も設立されている。カトリックの司教土井辰雄が、1960 年日本人初の枢機卿に任命された。

(9) 風俗・習慣・娯楽

a) 着物（和服）

　現在日本人は、日常ほとんど洋服を着て生活しているが、和服は正装として、あるいは室内着として現在でも愛好されている。

　今では、この着物は日本の独自の様式と考えられているが、その起源は平安時代の十二単の下着に発している。飛鳥・奈良時代には当時の唐風の服装をそのまま受け入れていたが、平安時代の国風文化の流れの中で十二単が貴族社会の女性の間に定着した。十二単は色彩の衣装といわれるように、色の組合せに四季色折々の季節感を表わすという当時の貴族の繊細優美な美意識がうかがえる。十二単は日本人の感性と創意が造り出した日中融合文化の典型であり、平安王朝文化の華でもある。鎌倉時代になると、十二単の外側の衣と袴を脱ぎ、下着である小袖を表着として着るようになった。その後、江戸時代に絹・木綿の素材が一般に普及し、華やかな元禄時代を通じて現在の着物が完成した。

　現代の女性の着る着物は、一番豪華なものは、花嫁が着る打掛けである。これは絹の布地に金銀の箔を織り込んだ金糸・銀糸で刺繍を施し、多くは花鳥の図案模様を描いた

日本所謂的「近代文化」，多半是意味著歐美文化。日本也吸收了構成歐美文化中心的基督教思想，和一部分的生活方式及道德觀念等。現在的一夫一妻制即爲其中一例。

現在日本基督徒中，信奉基督教的有 55 萬人、信奉天主教的有 47 萬人（ 2006 年文化廳資料 ）。各教派也在日本設立大學，此外也設立了超越宗派的國際基督教大學。1960 年，天主教土井辰雄主教是日本人當中，第一位被教皇任命的樞機主教。

（9）風俗、習慣、娛樂

a）和服

現在的日本人，在日常生活中多半穿著西式服裝，但是仍有許多人愛好穿著和服，作爲正式服裝或室內便服。

現在和服已經成爲日本的獨自樣式，根據考察，是由起源於平安時代的十二單襯衣演變而來。飛鳥、奈良時代時，接受唐代風格的服裝，但是在平安時代之後，由於國風文化的潮流，十二單成爲貴族社會女性之間的式樣而受到歡迎。十二單又被稱爲色彩之服，經過顏色的搭配，可以借此表現出四季繽紛的季節感，也可感受到當時貴族纖細優美的美學意識。十二單可以說是基於日本人的感性與創意，並融合了中日文化的典型代表之作，也可視爲平安王朝文化上的奇葩，令人贊賞。到了鎌倉時代，除去了十二單外側的衣褲，將原本下面稱爲小袖的內袍，轉而外穿而顯示於外，成爲外衣。之後於江戶時代，絹及棉等素材，已經很普遍而一般化，再經過歌舞昇平而繁榮的元祿時代，成就了今日和服的地位。

現在女性穿著的和服，其中最華麗的是結婚新娘子所穿的禮服。它是在絲質的質料上面，繡著含有金箔所製成的金線及銀線，多數是繪有花鳥的圖樣。此外，未婚和已婚婦女的和服，在花紋、顏色及袖長上都有所不同。正式拜訪或僅是出外遊玩

ものが用いられる。このほか、未婚の女性と既婚の女性では着物の模様・色合いや袖の長さなどが異なり、正式訪問用、遊楽用など外出の目的によっても、布地・模様・色合い・仕立て方などが異なる。

一般の女性が着物を着るのは、正月・成人式・大学卒業式・結婚式・同披露宴・葬儀などである。

洋服が体形に合わせてつくられているのに対し、着物は体形との相関関係がルーズであって、着付けによって体に合わせるため着方が難しい。着物の着付けには、何本かの紐と帯が必要である。たび、草履などの小物との組合せにより、おしゃれを楽しむことができる。大部分の女性は、日常洋服で生活しており、自分ひとりで着物を着ることができなくなってきている。

男性が和服を着るのは、現代では主としてくつろぎのための室内用に限られるが、正月などに自宅において客をもてなすときなどには、和服を着ることは珍しくない。和服の正装では羽織・袴をつける。

もっとも軽便な室内着として、木綿地のゆかたがある。これはとくに夏期には、入浴後に着て室内の風通しのよいところで涼をとりくつろぐのには、最適の着物である。

b）主な年中行事

○元日（1月1日）：新年の門出を祝う日である。元日から1月3日までの3日間を、「お正月」または「三が日」といって完全に仕事を休む。「正月」とは本来「1月」のことであるが、慣習的にこの3日間を指すようになっている。神社に参詣したり、知人宅を訪問して新年のあいさつを交わし、酒を飲み、正月独特の料理（おせち料理）を食べたりして楽しむ。正月には、門には注連縄を張り、松飾りをつけ、または門松をたてる。門松は、神が降臨するための樹木をたてるという意味がある。松飾りのある期間は元日から7日まで（昔は15日まで）で、この期間を「松の内」ともいう。

○節分（2月3日または4日）：太陰太陽暦の立春の前日をいい、節分の夜に各家庭では「鬼は外、福は内」ととな

等，依外出目的之不同，穿著和服的圖樣、顏色及樣式等也有所差異。

一般婦女穿著和服的時機為過年、舉行成人儀式、大學畢業典禮、結婚典禮及喜宴、葬禮等場合。

洋裝在製作上是配合體型來縫製，但和服與體型的關係，比較寬鬆，沒有太嚴格的相關條件限制，但是如何穿著才能配合體型，則有其難度。在穿著和服時，還需要幾條繫於腰間的鈕繩扣具及腰帶，再配上白色的套襪及木屐、草鞋等，如何搭配及穿出高貴典雅的品味，也是一項樂趣。現在大部分的女性，日常生活都是穿著洋裝，漸漸地已不會自己一個人穿和服。

現在日本的男性多半只有在室內休閒時，才穿著和服，但是過年時也常穿著和服，在自宅招待客人。和服的正裝包括外褂和外褲。

最輕便的室內服裝也有棉質的浴衣，尤其是夏天，最適合入浴後穿著，在室內通風處，倍覺涼爽舒適。

b）主要的年中行事活動

○元旦（1月1日）：慶祝新年元旦的假日。元旦是指元月1日到3日之間稱為「正月」，這段期間完全休假。「正月」原本是指1月，但習慣上是指這3天。人們利用這3天去參拜神社、去朋友處拜年、喝酒，或是吃新年特製的菜餚來享受。新年時，門上掛著代表吉祥的連結草繩、裝飾松枝，或豎立著「門松」。「門松」是指為了迎接神的降臨而豎立的樹木。從1日到7日（以前是到15日）這段期間，用松枝裝飾正門，此期間也稱為「松之內」。

○節分（2月3日或是4日）：是指農曆上「立春」的前一日而言。「節分」當晚，每個家庭都要舉行儀式，一邊大聲的念著「妖魔滾蛋、留下福氣」，一邊從家裏向外撒大豆來驅除妖鬼（災厄）再關上房門的儀式。

えながら家の内外に大豆をまき、鬼（災い）を追い払って戸口を閉ざす行事が行われる。

○ひなまつり（3月3日）：女の子の将来の幸福を願うお祭りである。昔の宮廷の風俗を模したきれいなひな人形を桃の花と一緒に飾る。もち米の粥に麹をまぜて醸造した白酒を飲んで楽しむ。

○端午の節句（5月5日）：男の子が健やかに育つことを願うお祭りである。武士の人形を飾り、邪気を払うための菖蒲を軒に差し、鯉のぼりをたて、柏餅を食べて楽しむ。

○七夕（7月7日）：中国伝来の風習と、わが国固有の信仰とが結合したものといわれている。天の川（銀河）の両岸にある牽牛星と織女星とが、年に一度出会うことを祝うお祭りである。庭前に供物（とうもろこし、なす、など）をし、歌や字を書いた5色の短冊を笹竹につけて飾り、織女星にあやかって女児の手芸の上達を祈る。

○お盆（8月15日の前後数日）：種々の食物を祖先の霊に供えてその冥福を祈る。都会に働きに行っている者は郷里に帰る。なお、東京などの大都市では7月に行うところもある。各地の町や村で盆踊りが行われ、ゆかた姿で多くの人が参加するが、これは日本の夏の風物詩の一つである。

○月見（陰暦8月15日夜および9月13日夜〔満月の夜〕）：すすきを飾り、お酒とだんごを月に供え、月を見ながら秋の夜を楽しむ。

○お彼岸（春分の日と秋分の日を中心とした前後7日間）：彼岸とは向こう岸の意味で、仏教ではさとりの世界のことである。先祖の霊を呼び、仏事を行い、墓にお参りする。

○女兒節（3月3日）：爲祈求女孩將來能够幸福的節日。在這一天，模仿過去宮廷的風俗，將漂亮的人偶與桃花的裝飾擺設出來，並飲用糯米和米麴混合釀造的白酒釀。

○端午節（5月5日）：祈求男孩能健康成長的節日。家中會有武士的人偶裝飾，爲了避邪，在屋簷下插上菖蒲、懸掛鯉魚旗、吃柏餅等來歡度此節日。

○七夕（7月7日）：這是將中國傳來的習俗，並結合日本固有的信仰所産生的節日。也是慶祝住在天河（銀河）兩岸的牽牛星和織女星，一年一度相逢的節日。於當天在院子前面放置玉蜀黍、茄子等祭品，並將寫有詩和字的五色詩箋，裝飾在長竹上，祈求女孩能像織女般擁有好的織布手藝。

○中元普渡（8月15日的前後數日）：以各種食物供奉祖先以祈求冥福。在都市裡工作的人，都要回鄉祭拜祖先，東京等大都市有的也在7月舉行。各地及村莊都舉行「盂蘭盆會」的民間舞蹈，大家都穿著夏季的和服一起參加，這也是日本夏天的風情詩之一。

○中秋賞月（陰曆8月15日晚上及9月13日滿月的晚上）：裝飾白尾芒草，對著明月供奉酒和糯米麻薯，一邊賞月一邊歡渡中秋夜。

○彼岸（春分和秋分前後7日期間）：所謂彼岸是指對岸之意，是佛教中悟道的對岸世界。於此期間呼喚先祖亡靈，進行超渡佛事和掃墓活動。

○七五三：男の子は3歳と5歳、女の子は3歳と7歳にあたる年の11月15日に、子供の成長を祝い、晴着を着せて神社に詣でる。奇数をめでたい数とし、そのうちから三つを取ったものである。

○クリスマス：日本には洗礼をうけたクリスチャンの数は多くないが、かなりの人が一種のお祭り的なものとして、クリスマスイブを楽しむ。子供にとってはサンタクロースのプレゼントが楽しみである。

c）国民の祝日

　法律で14の国民の祝日が定まっており、学校・官庁・会社が休日になる。

○元日（1月1日）：年のはじめを祝う。

○成人の日（1月の第2月曜日）：大人になったことを自覚し、自ら生き抜こうとする青年を祝い励ます。各市町村は、その年成人になる人を集めて祝いの式を行う。

○建国記念の日（2月11日）：建国をしのび、国を愛する心を養う（紀元前660年に第1代の天皇が即位したと伝えられる日を記念する）。

○春分の日（暦の上での春分日）：自然をたたえ、生物をいつくしむ（古来より仏教上のお祭りの日であった）。

○昭和の日（4月29日）：激動の日々を経て、復興を遂げた昭和の時代を顧み、国の将来に思いをいたす（1988年までは昭和天皇の誕生日、また1989年から2006年までは、みどりの日として祝っていた）。

○憲法記念日（5月3日）：日本国憲法の施行を記念し、国の成長を期する（1947年5月3日施行）。

○みどりの日（5月4日）：自然にしたしむとともにその恩恵に感謝し、豊かな心をはぐくむ（2007年より、当初の4月29日からこの日に移された）。

○子供の日（5月5日）：子供の人格を重んじ、子供の幸福をはかるとともに、母に感謝する（古来より5月5日が

○七五三：男孩 3 歲和 5 歲、女孩 3 歲和 7 歲那年的 11 月 15 日，爲了慶賀兒童的成長，全家盛裝穿著和服去參拜神社。在日本奇數代表吉利數字，從其中取三個數字，故爲「七五三」。

○聖誕節：在日本接受洗禮的基督徒並不多，但是很多人將它當作一般節日，快樂的慶祝聖誕夜。對兒童來說，能得到聖誕老人的禮物是最高興的。

c）國定假日

　　法律規定日本國民有 14 個節日，也是學校、政府機關、公司的休假日。

○元旦（1 月 1 日）：慶賀新的一年開始。

○成人節（1 月的第二個星期一）：爲了讓青年能够自立自覺，今後以一己之力，發奮圖强成爲一個成人，在各市鎮村的區公所，都會集合當年滿 20 歲的年青人，舉行慶祝儀式。

○建國紀念日（2 月 11 日）：緬懷建國並培養愛國心（這是紀念公元前 660 年第一代天皇即位的日子）。

○春分日（日曆上的春分日）：尊敬自然與關懷生物 （古時是佛教的祭典日）。

○昭和日（4 月 29 日）：經歷動蕩的歲月，回顧戰後昭和復興的年代，祈能前瞻於國家之未來（1988 年以前，爲昭和天皇的誕生日，逝世後的 1989 年後到 2006 年之間，是以「綠之日」來紀念）。

○憲法紀念日（5 月 3 日）：紀念日本憲法的實施，期待國家的成長（1947 年 5 月 3 日起實施）。

○綠之日（5 月 4 日）：親近自然同時感謝其恩典，培育出更加豐足的心靈（當初是從 4 月 29 日轉移到此日）。

○兒童節（5 月 5 日）：爲了重視兒童的人格發展，在祝賀兒童的同時，也向母親們表達感謝之意（自古以來 5 月 5 日是慶祝男孩子的節日）。

男の子のお祝いの日であった）。

○海の日（7月の第3月曜日）：海に囲まれた国として、日本が海から受けているさまざまの恩恵に感謝するとともに、海洋国としての繁栄を願う（1941年に定められ、96年から国民の祝日になった）。

○敬老の日（9月の第3月曜日）：多年にわたり社会に尽くしてきた老人を敬愛し、長寿を祝う。各市町村では、高齢者を招いて演芸会などを開いたり、記念品を贈呈したりする。

○秋分の日（暦の上での秋分日）：祖先を敬い、亡くなった人々をしのぶ（古来より仏教上のお祭りの日であった）。

○体育の日（10月の第2月曜日）：スポーツに親しみ、健康な心身をつちかう（1964年10月10日の東京オリンピック開会を記念する）。体育振興の行事が開かれることが多い。

○文化の日（11月3日）：自由と平等を愛し、文化を進める（1946年11月3日、日本国憲法公布の日を記念する。ちなみに1945年以前には、明治天皇誕生の日として祝っていた）。

○勤労感謝の日（11月23日）：勤労を尊び、生産を祝い国民互いに感謝しあう（天皇が新しく収穫した米を神に捧げる日を記念する）。

○天皇誕生日（12月23日）：今上天皇の誕生日（1933年12月23日）を祝う。皇居で天皇・皇后両陛下が国民の参賀を受ける。

d）郷土色豊かな祭りや伝統的行事

　○秋田県横手地方の「かまくら」（正月行事の一つ）：縦横2m位の雪室をつくり、中に祭壇を設け水神を祭る。夜、数人の子供達が雪室の中に集まり、甘酒や餅などを食べる。昔は、正月小屋にこもって飲食を慎み、不浄を避けた生活を送る風習が、日本の中部以東でかなり広く行われていた。その変形として、今は、子供の楽しい行事となっている。

○海之日（7 月第三個星期一）：日本由於四面環海，爲了感謝來自海洋的恩典，並祈禱能成爲國運昌隆的海洋國家而訂定（制定於 1941 年，從 1996 年起成爲國定假日）。

○敬老節（9 月第三個星期一）：敬愛長年爲社會貢獻一份心力的老人，恭祝他們長壽。在各市、鎮、村，都會招待高齡者並舉行演藝活動，致贈紀念品。

○秋分日（日曆上的秋分日）：是遙祭祖先、緬懷已逝先人的節日（古時是佛教的祭典日）。

○體育節（10 月第二個星期一）：以親近體育、培養健康的身心爲目的（紀念 1964 年 10 月 10 日舉行的東京奧林匹克運動會）。在這一天，常舉行很多振興體育的活動。

○文化節（11 月 3 日）：愛好自由與平等，發展文化（紀念 1946 年 11 月 3 日，日本憲法的公布。1945 年以前，這天爲明治天皇誕生的紀念日）。

○勤勞感謝日（11 月 23 日）：尊重勤勞工作並慶賀豐收，國民間互相感謝平日的辛勞（也是天皇向神奉獻新收割稻米的紀念節日）。

○天皇誕生日（12 月 23 日）：慶祝在位天皇的誕辰（1933 年 12 月 23 日）。天皇、皇后在皇居接受國民的參拜與祝賀。

d）有著濃厚鄉土氣氛的祭典及傳統的行事

○秋田縣橫手地區的「雪屋」（過年的傳統行事之一）：用積雪製造縱橫 2 公尺的小屋，在其中設立祭壇祭祀水神。晚上孩子們則聚集在雪屋中，吃著甜酒和年糕等。過去有在稱爲「正月小屋」的屋內以節制飲食，來避開污穢的習俗，在日本中部以東的地方，曾經相當盛行。後來演變成今日有趣、快樂的兒童節日。

○札幌の雪祭 (2月の第1金曜日〜日曜日)：動物・神話・伝説・人気マンガのキャラクター・有名な建物などを題材にした、大小さまざまの雪像が立ち並ぶ雪の祭典である。札幌の大通り公園で行われる。

○博多の「どんたく」(5月3日〜4日)：「どんたく」とは、オランダ語の Zondag のなまりで、休日の意である。馬に乗った神話の神様の仮装行列や、屋台に乗った着飾った子供の行列がにぎやかに市内をねり歩くほか、種々の芸能大会が催される。

○東京の山王祭 (6月15日)：日枝神社の祭礼で、神田祭とともに江戸 (現在の東京) の二大祭とされた。しかし、しだいに豪華になり、氏子の負担がますます大きくなった。このため氏子の負担を軽減するために、1615年以来、双方が隔年に行われるようになった。現在もこの伝統によって隔年に行われる。

○京都の祇園祭 (7月1日〜31日)：八坂神社の祭礼で、9世紀末に疫病退散を願ったのが起源とされる。16日の夜には、町の旧家は軒に神灯や青簾をかけ、敷物をのべて花を飾り、屏風を立てて祭りに色彩をそえる。また、山鉾には、提灯が明々とともり、祇園囃子が奏でられる。17日の豪華壮麗な山鉾の巡行で、祭りの雰囲気は最高潮に達する。

○大阪の天神祭 (7月25日)：天満宮の祭礼。神輿が堂島川を下る神幸式が中心である。お迎え人形船・ドンドコ船・かがり船・はやし船などが川いっぱいに豪華な船祭りをくりひろげる。

○青森の「ねぶた」祭 (8月3日〜7日)：大きなはりこの人形・魚・鳥獣などを担いだり、車に乗せ、笛や太鼓の囃子にあわせて「らっせ・らっせ」の掛声にぎやかに市中を

○札幌的「雪祭」（2月第一個星期五～星期日）：是以動物、神話、傳說、受歡迎漫畫中的人物，與有名的建築物等爲題材，做成各種大大小小的雪雕陳列於札幌的大通公園。

○博多的「假日祭典」（5月3日～4日）：所謂「假日」，原爲荷蘭語中「Zondag」之訛音，爲休假的意思。慶祝活動爲裝扮成神話中的神明，騎著馬化裝遊行，或是兒童們也盛裝站在臨時舞台上，一起熱鬧的遊街，同時還舉辦各種文藝表演。

○東京的「山王祭」（6月15日）：是日枝神社的祭典，與「神田祭」同爲江戶（現在的東京）的兩大祭典。後來這個祭典逐漸豪華、講究，增加了主辦者的負擔。爲了減輕負擔，自1615年起，雙方商定兩大祭典隔年舉行，現在每年還是依照這個傳統，隔年舉辦此活動。

○京都的「祇園祭」（7月1日～31日）：是八坂神社的祭典，起源於公元9世紀末，當時是爲了祈求驅散瘟疫而舉辦。16日晚上，在街道兩旁的屋簷上懸掛著神燈、青簾，鋪墊飾花並豎起屏風，增添祭典的色彩。另外，裝飾花車上點起明亮的燈籠，鳴奏「祇園囃子」的歌謠（日本「能樂」或是「歌舞伎」的伴奏樂）。17日豪華壯麗的花車在街頭遊行時，將祭典的氣氛帶到最高潮。

○大阪的「天神祭」（7月25日）：是天滿宮的祭典，神輿出行於堂島川之上，並舉行豪華的「神幸式」，式典中整條河都是迎神的人偶船、鼓樂船、照明船、伴唱樂隊等，將河中裝飾的熱鬧非凡。

○青森的「睡魔（Nebuta）祭」（8月3日～7日）：抬著大型紙偶人、紙魚、紙鳥獸或是乘著花車，隨著笛子、大鼓的伴奏，喊著「來歐、來歐」的吆喝聲，在繁華的市中心遊行。晚上則在紙人、紙魚內部點燈照明，營造出夢幻般的氣氛。

ひきまわす。夜は内部から照明を照らし、幻想的な雰囲気につつみ込む。

6日夜から7日にかけて、これらを船に乗せて海上をねるのが見ものである。青森地方の夏を彩る風物詩である。

ねむいことを「ねぶたい」ともいうが、この語幹の「ねぶた」をとって、睡魔のことをいうらしい。この睡魔を払う行事が発端である。

○仙台の七夕祭（8月6日〜8日）：七夕の伝説にちなんでの祭りで、全国で行われるが、とくに仙台のものが有名である。各戸に種々意匠をこらした短冊や吹流しを飾りつけた竹を立てて優美を競うが、ことに商店街では、軒並みに趣向をこらした、豪華な飾りつけをして、雰囲気を盛り上げる。

○秋田の竿灯（かんとう）祭（8月5日〜7日）：秋田市で行われる七夕祭りの行事である。仕事の妨げとなる一年中の睡魔をはらうことを願うものである。

1本の長い親竹に横竹を結びつけ、それに46個または48個の提灯をぶらさげたものを、バランスをとって頭上・肩先・掌上などに立てる。若者が太鼓の囃子につれて、倒さないように扱う技を競う。

○徳島の阿波踊り（8月12日〜15日）：16世紀末に、時の大名がこの地方に入城したのを祝って、住民が踊ったのがはじまりといわれる。

三味線・太鼓・笛などの伴奏につれて、老若男女を問わず、ゆかたがけで踊る。踊りは単純活発で、手びょうし・足どりも面白く、全市をあげて夜を明かして踊り抜く。

○長崎の「おくんち」（10月7日〜9日）：諏訪神社の祭礼である。「おくんち」とは、太陰暦9月9日のことで、中国の重陽の節句（中国では、9は陽の数とされ、これを二つ重ねた月日にあたる）にちなんでいる。

中国風の蛇踊りなどがあり、鎖国時代も唯一の開港地

從 6 日晚上到 7 日黎明，這些隊伍也在海上列隊遊行，很值得一看。可說是青森地區夏季的風情詩之一。

這個地區把「想睡覺」發音成「Nebutai」，取其語幹「Nebuta」即指睡魔。睡魔祭就是起源於驅逐睡魔的儀式。

○仙台的「七夕祭」（8 月 6 日～8 日）：是來自七夕傳說的祭典，全國都有舉行，但是其中以仙台最為出名。各戶豎立起裝飾著各種精心設計的詩箋及風幡的竹枝，競相比美，特別是在商店街，家家戶戶懸掛著引人入勝的豪華裝飾，更增添了節日的氣氛。

○秋田的「竿燈祭」（8 月 5 日至 7 日）：是秋田市舉行的七夕祭典，為驅除一年中妨礙工作睡魔的儀式。

在一根長竹上捆上橫竹，在橫竹上懸掛 46 個或 48 個燈籠，保持平衡立於頭上、肩上、掌上。年輕人隨著大鼓的節奏，競相表演不讓竹竿倒地的絕技。

○德島的阿波舞蹈（8 月 12 日～15 日）：始於 16 世紀末，當時是歡迎貴族從此地入城的舞蹈。

使用三味線、太鼓、笛等的樂器來伴奏，男女老少都穿著夏季和服來跳舞。舞蹈的動作很單純活潑，手打著拍子、步伐也很有趣，整個城市都通宵達旦，舞蹈到天明。

○長崎的「御九日」（10 月 7 日～9 日）：是諏訪神社的祭典。所謂的「御九日」是指陰曆 9 月 9 日，源於中國的重陽節（9 被視為陽數，即是重複 2 個 9 的日期）。

在節日活動中有中國風的舞龍等。長崎在鎖國時代，是唯一開放的港口，由此可追憶當時的風土人情。

だった土地柄をしのばせる。

　○京都の時代祭（10月22日）：平安神宮の祭礼である。
京都に都がおかれていた、1000余年にわたる風俗・習慣
などを、時代別にかたどった行列がくりひろげられ、日本
歴史の絵巻物を、目のあたりに見るような美しさである。

　○秩父の夜祭り（12月3日）：秩父神社の祭礼で、夜祭
りとして有名である。神輿に続いて、ぼんぼりを無数にと
もした屋台と山車が行進する。はげしいリズムをもつ祭囃
子は、秩父屋台囃子として知られている。

　○男鹿半島の「なまはげ」（12月31日）：古くから男鹿
半島に伝わる行事である。面をかぶり、わらや海草でつ
くった腰みのをつけて、鬼に仮装した青年達が、張子の出
刃包丁・棒・かますなどを持って各家を訪れ、怠け者をい
ましめて歩く。

　「なまはげ」は「なまみはぎ」（生身剥ぎ）の転訛である
が、なまみとは炉端で火にあたってばかりいるときにでき
る、皮膚の火だこのことで、これができるような怠け者を
指す。

e）外国と異なる日本の習慣
　○入浴：日本人は入浴により体を洗うだけでなく、湯槽に
つかってゆっくり温まる習慣がある。体を洗い、汚れを流
すのは湯槽の外で行う。最近の風呂は好みの温度設定で湯
張りができるようになっており、湯の減った分は湯を追加
したり、ぬるくなった分は再加熱して温めることもでき
る。数人が順次同じ湯槽に入る。各家庭だけでなく、代金
を支払って入る共同風呂の銭湯も同様である。

　○ノーチップ制：戦前は、旅館や交通機関の一部でチップ
を与える習慣があったが、最近はほとんどなくなった。

f）名刺
　日本でも名刺は広く使われており、とくにビジネスマン
が初対面のときに、姓名のほかに、勤務先企業・団体名・

○京都的「時代祭」（10月22日）：是平安神宮的祭典。這一天，遊行中展示定都於京都以來，千餘年所流傳下來的風俗、習慣等，依照時代變遷的順序，以遊行隊伍的方式，重現日本歷史，就如同觀賞一幅美麗畫卷一般。

○秩父的「夜祭」（12月3日）：是秩父神社的祭典，以夜晚舉行祭典而聞名。以神輿爲先導，用無數小型紅白相間的紙燈籠裝飾，加上花車沿街遊行。以具有強烈節奏感的音樂，而遠近馳名。

○男鹿半島的「活剝皮祭典」(Namahage)（12月31日）：自古流傳於男鹿半島，演變而成的民俗活動。戴上假面具，身上穿著用稻草和海草製成的短蓑衣，裝扮成鬼的青年，手持紙糊的厚刃菜刀、棍棒、草袋等巡訪各家，去訓誡懶惰蟲。
　　「Namahage」是「Namami-hagi」（活剝皮）的訛音，是指經常在爐邊烤火，烤多了皮膚上就出水泡，也是泛指不愛勞動的懶惰蟲。

e）與外國相異的日本習慣
○入浴：日本人入浴不僅是爲了洗澡，還有泡在浴缸中，以熱水浸泡暖和身體的習慣。清洗身體的污垢及沖洗是在浴缸外進行。最近洗澡的浴缸設備，除了可以設定喜歡的溫度，也可以將減少的熱水自行補充，或是將已經冷却的熱水，再行加熱。幾個人依順序進入同一個熱水槽。這種習慣，不祇是各個家庭如此，即便是付錢入浴的澡堂也是一樣。

○無小費制：戰前部分旅館和交通機關有收小費的習慣，但是最近都已不收小費了。

f）名片
　　在日本名片的使用很廣泛，尤其是企業界人士，在初次見面時，都有交換名片的習慣。名片上除姓名外，還印有工作單

所属名・役職名・住所・電話番号・メールアドレスが印刷されている名刺を、相互に交換する習慣がある。

名刺の交換は、地位の低い人や若い人の方から先に相手に渡すのがエチケットとされている。

g）判子

日本では、西欧式のサインと同じような意味で、自分の姓や名を彫った判子による押印が用いられる。

市町村の役所に登録してある印を「実印」と呼び、それ以外の「認め印」と区別する。この実印の印鑑証明によって、本人に相違ないことを確認することが法律上定められている。したがって、主要な取引や契約書作成には、印鑑証明が必要になる。

このように判子は、ビジネス社会に限らず一般市民生活にも、極めて重要である。たとえば、日本では近年、銀行預金の出し入れのさい自動引出し用の「キャッシュカード」の利用が盛んになっている。しかし、この「カード」によらない銀行からの預金払い戻しや、郵便書留の受取証・領収書発行などにも判子が必要である。

h）風呂敷

風呂敷は、日本で古くから物品の持ち運びや保存などに使用されている四角形の布である。風呂敷の名称が一般に用いられるようになったのは、江戸時代前期（17世紀ごろ）である。共同風呂である銭湯の発達にともない、衣料をこの布に包んで運び、更衣をこの布の上で行ったため、風呂敷と呼ばれるようになった。

風呂敷は、物品の形・大きさなどにあまり関係なく自由に包装できる。また何も包まないときは、小さく折りたたんで持ち歩ける。物品を包装するさい、四角の布の対角線上の端を、相互に結ぶ必要があり、手先の器用さが求められる。

風呂敷の大きさや材質は、用途に応じていろいろなものがある。ふとんを包むための木綿で唐草模様の実用一点張りのものや、絹織物に紋様や花鳥の模様をあしらった美しいものまである。

位或團體之名稱、所屬部門、擔任職務、住址、電話號碼、電子郵件地址等。

由地位低或年紀輕的人先遞名片給對方，是交換名片時的基本禮節。

g）印章

日本使用的印章（上刻有自己姓或名的印章）和西歐式的簽名意義相同。

在市、鎮、鄉公所登記的稱爲「實印」，和「認印」（普通常用的印章）有所區別。法律上規定如果提出印鑑證明，即可證明確爲本人無誤。因此在達成重要的交易和簽定契約時，都需要印鑑證明。

如上所述，印鑑不僅限於商業社會，在一般市民生活當中，也是相當重要。例如近年來日本銀行帳戶中，存提款多半都使用能自動提領的「金融卡」，但在不使用此種卡片的銀行、郵局的帳戶存取款項或領取掛號、簽發收據等時，都還是需要使用印章。

h）風呂敷（四角包物巾）

「風呂敷」是日本自古代起，用來携帶和保存物品的一塊四方巾。「風呂敷」的名稱被普遍地使用，是因爲從江戶時代前期（17 世紀左右），伴隨著營業澡堂「錢湯」（需付費的公共澡堂）的發達，人們去澡堂洗澡時，都用這塊布來携帶衣服，並將更換下來的衣服，用這塊布包起來，因而得名。

風呂敷與物品的形狀、大小關係不大，可以自由地包裝。沒有包任何東西時，可以折成小塊隨身携帶；在包裝物品時，需要將四角巾的對角線前端相互打結，此時需要靈巧的手指與技巧。

風呂敷的大小及材質，依用途的不同，而有各種樣式。例如有包裹棉被時使用具實用性的棉質風呂敷，及在絹絲布料上點綴圖案和花鳥的漂亮風呂敷。

ｉ）そろばん

　　日本古来よりの計算器であり、電卓やコンピュータが
普及した現在でも、算数の基礎学習のために利用されてい
る。横長浅底の木枠の内側に、上方に横に梁を設け、これ
を貫いて縦に木枠の上辺と下辺に竹串を等間隔に渡し、梁
を隔てて各串の上部に珠を1箇おいて数字の5を、下部に
珠を4箇おいて、1箇で1を表わす。この珠を上下して加
減乗除を行う。

　　そろばんは16世紀ごろ中国から日本に伝わったといわ
れている。その後現在の形に改良が加えられた。
　　そろばんの技術を示す段や級が設けられており、その認
定を受けたい者は検定試験を受ける。

ｊ）賭け事

　　日本人には、賭け事や勝負事が好きな人が比較的多い。
しかし、賭博は禁止されており、カジノはない。競馬・競
輪・競艇・宝くじは公営で行われている。

　　競馬は、全国規模の24のG1重賞レースがある（2008
年）。競馬の年間の売上げは3兆1,400億円（2007年）で
ある。
　　宝くじは、地方自治体の財政資金を調達するために
1946年以来発売されており、夢を買うということで、国
民の間に根強い人気がある。現在の最高賞金は前後賞を含
め3億円（2008年）である。この他に、ロト・ナンバー
ズという購入者が数字を選び、発売額と当せん口数によっ
て賞金額が変動するものもある。

　　2001年3月に、サッカーくじ（愛称トト）の販売も開
始された。これは、購入者が各試合の勝ち負けを予想し投
票する仕組みである。2006年には新しくコンピュータが
勝ち負けをランダムに選択する方法のサッカーくじ（愛称
ビッグ）も発売された。最高賞金金額はキャリーオーバー
発生時に6億円となり、賞金金額としては日本でもっとも
高い。

i) 算盤

算盤是日本自古以來的計算器具，現今雖然使用電子計算器或是個人電腦已經非常普及，但還是利用在算術的基礎學習的用途上。算盤是在橫長淺底的木框上方設有橫梁，縱向則從木框上邊到下邊，將竹串以等間隔的方式穿過。用橫梁隔開的各桿上都有珠子，橫梁上方有一個珠子，代表數字「5」，下方有4個珠子，每個代表數字「1」。上下撥動珠子以進行加減乘除。

據說算盤是 16 世紀左右，自中國傳入日本，其後加以改良發展，而成爲現在的形狀。

珠算以段和級來表示技術的高低，其認定則須通過檢定考試。

j）賭博

日本人中喜歡賭博和爭輸贏的人不少，但是日本禁止賭博，所以國內沒有賭場。現在，公營具有賭博性質的有賽馬、賽自行車、賽艇、彩券等。

日本每年舉行 24 次全國規模的 G1 賽馬大賽（2008 年）。賽馬的年營業額爲 3 兆 1,400 億日元（2007 年）。

彩券是爲了籌措地方自治體的財政資金，從 1946 年以來發行至今。買彩券就如同買一個夢，所以非常受到歡迎。現在的最高獎金，包含前後獎爲 3 億日元（2008 年）。此外，也有獎金金額會變動的選號樂透，讓購買者選擇數字，依販賣的金額與中獎的人數來分配獎金的獎券。

2001 年 3 月，開始發售足球（暱稱「Toto」）的體育彩券。這是讓購買者依照各場比賽的勝負來猜測下注的方式。2006 年也開始推出足球彩券（暱稱「Toto Big」），這是以電腦選擇隨機數字的方式，如果沒人中，最高獎金可以累積到 6 億日元，以獎金金額而言，是日本最高的。

k）パチンコ・パチスロ

　　パチンコは日本の社会に広く普及した庶民の遊びである。その愛好者は現在およそ 1,450 万人と見られている（2007 年パチスロを含む）。パチンコ・パチスロの市場規模は 2007 年で売上高 22 兆 9,800 億円、全国の店舗数13,600、機械台数 460 万台である。

　　パチンコの原型は 1920 年頃アメリカから渡来し戦前はコリントゲームの名前で知られていた。パチンコの機械は一種の縦型のピンボールゲームで、前面がガラス張りの盤の中央の少し下にポケットと呼ばれる穴があいていて、穴は多くの釘で周囲をガードされている。プレーヤーは電動レバーを操作して直径 11 mm の鋼球を連続的に盤の上方に向けて打ち出す。釘の間を落ちてくる球がポケットに入ると機械の下の出口から 15 個以内の玉が出てくる。

　　現在では、ハイテク技術が加えられた新機種が次々と開発され、玉が入ると同時に遊戯機械の複雑な電子機構が働いたり、盤の中央の派手な液晶画面のさまざまなキャラクターや数字が動き出してゲームを演じ、同じものが揃うと「大当たり」となって、場合によっては最大数千個の玉が1 度に出てくるようなギャンブル性の強いものもある。この他にパチスロという一種のスロットマシーンも人気がありパチンコと並ぶ大衆娯楽となっている。

　　日本でパチンコ・パチスロがこのように全国的に普及しその人気を保っているのは、手軽に短時間に楽しめることが日本人の好みに合っており、また機械メーカーが大衆の関心をひきつける新機種の開発に力を注いでいるからであるといわれている。

l）カルタ

　　日本の家庭で親しまれているカード遊びとして、カルタ取りがある。

　　カルタ取りのうち、古くから行われているものに小倉百人一首がある。これは、13 世紀に新古今和歌集の選者である藤原定家が、7 世紀以来の代表的な和歌百首を集めたものである。その後歌ガルタとなって普及し、今日もカルタ遊びとして広く親しまれている。

k) 柏青哥（小鋼珠）

柏青哥現在是日本社會廣為普及的平民遊戲。現在的愛好者大約有 1,450 萬人（2007 年包含電動吃角子老虎）。柏青哥及電動吃角子老虎的市場規模，在 2007 年的營業額為 22 兆 9,800 億日元，全國的店鋪數有 13,600 家，機台數則有 460 萬台。

柏青哥的原型是 1920 年左右，戰前從美國傳入的彈珠台。柏青哥為直立式的鋼釘彈珠遊戲，前面裝有玻璃，在面板中央的下端有空著稱為「口袋」的洞穴，而洞穴用很多釘子來阻隔。遊戲者操作電動圓形旋紐，直徑 11 公厘的鋼珠就會瞄準面板上方而彈出鋼珠。當鋼珠掉落到鐵釘之間，進入目標的口袋洞，機械下方就會掉出 15 顆以內的鋼珠。

現在柏青哥因為加上高科技的技術，新機種也不斷地被開發出來。只要鋼珠進洞，同時就會啟動複雜的遊戲機電子裝置，面板中央華麗的液晶螢幕還會出現各種人物或是數字，一起動作演出。如果湊到一組相同的，就會出現「中大獎」的字樣，有的機台最多還會一次吐出數千顆鋼珠，賭博性非常強。其他還有稱為「柏青司露」的電動吃角子老虎，也非常受到歡迎，與柏青哥同為日本最普遍的大眾娛樂之一。

日本柏青哥之所以會如此普及，是因為能在短時間內做輕鬆的消遣，此也正適合日本人的喜好。加上機台供應廠商不斷地開發新型機種，藉以吸引大眾的關心所導致的。

l) 紙牌遊戲

日本家庭中最受歡迎的紙牌遊戲，是一種稱為「Karuta」的抓紙牌遊戲。

抓紙牌遊戲中有一種自古即盛行的「小倉百人一首」。這是在 13 世紀時新古今和歌集的編選者藤原定家，將 7 世紀以來具有代表性的和歌百首加以彙編而成。之後成為紙卡的形式而普及，也成為正月過新年的紙牌遊戲，受到廣泛的歡迎。

和歌は、5音7音5音の上の句と、7音7音の下の句から成っている。遊び方としては、まず下の句のみ書いたカードを広げておく。何人かでこれを囲み、一人の人が和歌を読み上げるのを聞いて、対応するカードを拾う。たくさん拾った人が勝ちである。

　上手な人は上の句を読み始めるとすぐカードを拾ってしまう。したがって、100の和歌を全部記憶しておかなければ勝負に勝てない。和歌の記憶を通じて、文化の伝承を行った古人の知恵といえよう。この遊びはおもに正月に行われ、家庭のみでなく、全国的な競技大会もある。

　このほか、子供用にことわざなどを読み上げ、そのことわざの最初の文字および関係ある絵を書いたカードを拾うイロハカルタもある。

m) 碁 (囲碁)・将棋・麻雀

　日本でもっとも普及している室内の娯楽には、碁・将棋・麻雀などがある。
　碁は361箇の目（交点）のある正方形の碁盤の上で、2人の対局者が白と黒の碁石を交互に並べて、囲み取った目の数で勝負を決めるゲームである。

　上手の者が白石を持ち、黒石を持った者が先手となる。対局者の実力の差に応じて、いくつかの黒石を碁盤の目の一定の場所にあらかじめ並べておくというルールがあり、こうしてハンディキャップをつけることにより、実力に差のある者同士でも互角に戦うことができる。

　碁は8世紀に中国から伝わり、初めは当時の貴族の遊びであった。13世紀ごろからしだいに広まり今日におよんでいる。

和歌由 5 音‧7 音‧5 音的上句與 7 音‧7 音的下句所組成。遊戲的方法是：先攤開寫著下句的紙牌，幾個人圍著這些紙牌，聽一個人朗讀一首和歌的上句，然後拾起對應下句的紙牌，拾得最多的人獲勝。

玩得爐火純青的人，在一開始讀上句時，立刻就能拾起紙牌，因此，若不能完全記住 100 首和歌就無法獲勝。用這種方式，透過對於和歌的記憶，來達到文化傳承的目的，這可說是傳承自古人的智慧。這個遊戲主要是在過年期間舉行，除了在家庭當中競賽，也有全國性的比賽。

此外，也有供兒童使用的諺語紙牌，上面寫著諺語中第一個文字及畫著相關的圖畫，藉以認識文字及諺語。

m）圍棋、將棋、麻將

圍棋、將棋、麻將等，是日本最普及的室內娛樂。

圍棋是兩個對奕者，各持黑白棋子，在有 361 個（交點）的正方形棋盤上，相互交替對奕，由圍取對方棋子取得的數目多寡，來決定勝負的一種遊戲。

實力較好的人持白子，持黑子的人則先下，也有一個規則是當對奕者實力懸殊時，可在棋盤的一定位置上，預先擺放幾個黑子作為承讓，以此縮小實力差距，因此即使實力上有差距的人也能對奕。

圍棋是在 8 世紀時由中國傳入，最初是貴族間的遊戲，到了 13 世紀左右才逐漸普及發展。

将棋はチェスに似て、2名の対局者が81箇の区画が描かれた将棋盤の上で交互に駒を動かして、相手の王将を早く追い詰めた方が勝ちとなるゲームである。駒は8種類あり、それぞれが合計20枚を持ち、最初に将棋盤の所定の位置に並べる。

　将棋は8世紀に中国から渡来し、しだいに改良が加えられて日本将棋として発展し、相手からとった駒を自分の持ち駒として再び使用できる独特のルールが生まれ、ゲームが変化に富んだものとなった。

　段位の差のある人同士の対戦では、上位の人が、自陣の駒の一部を落として、戦力のバランスをとることになっている。

　碁・将棋の段位は実力に応じて上位に向かって初段から九段まである。さらに名人・棋聖・十段位などのタイトルがある。初段の下は1級で、2級、3級となるほど下位になる。

　碁・将棋いずれの場合もプロにとっては厳しい勝負の世界であり、人間形成の場でもある。したがって昇段基準も厳しく、アマチュアとの対比では、同じ段位でも、実力の差はかなりあるようである。

　麻雀は136個の牌を用いて4人で得点を争うゲームである。4人がそれぞれ13個ずつの牌を持ってゲームを開始し、牌に刻まれた記号が解からないように裏返しに並べられた残りの牌を順番に1個ずつ引き、代わりに不要の牌を1個ずつ捨てながら、手持ちの牌の組み合わせを定められた形に整えていく。もっとも早くその形ができ上がった者を勝ちとし、でき上がった形の種類によって得点が計算される。

　日本には1920年代に、中国やアメリカからの帰国者によってつぎつぎに伝えられ、第2次世界大戦後は麻雀人口が急速に増加した。しかし、近年レクレーションの多様化にともない、麻雀人口は、ひところより減少している。

將棋類似西洋棋，由兩個對奕者，在畫著 81 個區的將棋盤上，相互移動棋子，能先將死對方將軍（王將）的一方為獲勝。棋子有 8 種，各種合計有 20 枚，開始時在棋盤上，把棋子排列在預定位置後開始。

將棋是 8 世紀時由中國傳來，經過改良而逐漸發展為現在的日本將棋。此外，還創造出將對方棋子吃掉後，作為自己棋子的獨特規則，使遊戲更富有變化性。

段位差異大者相互對奕時，上位者往往拿走自己的部分棋子，以取得戰力平衡。

圍棋、將棋的段位是根據實力，分為初段到九段。在九段之上還有名人、棋聖、十段位等頭銜。初段以下是 1 級、2 級、3 級。數字越大，則越低階。

不論是圍棋或將棋，對於職業的棋手而言，都是非常嚴苛、以勝負論英雄的世界，同時也是鍛鍊人格的場所。所以升段標準也很嚴格，與業餘者相比，既使是同一段位，實力上也有很大的差距。

麻將是使用 136 塊骨牌，由 4 人來爭得點的遊戲。開賽時 4 個人各自持有 13 張牌，之後將反面排在桌上的牌，依順序抽取，如要換牌則將不要的牌丟出，並將手中的牌依一定的組合順序整理，最早完成組合者為贏家。而贏點的計算方式，則是以組合出牌型的種類來計分。

麻將是在 1920 年時，經由中國和美國的歸國者而傳入，第二次世界大戰以後，麻將的人口急速地增加。但是近年來，由於休閒日趨多樣化，因此麻將人口有逐漸減少的趨勢。

n) 日本の流行歌とクラシック音楽

1) 流行歌

　　　西洋音楽の影響を受けて、日本の伝統的なうたである詩吟・音曲・民謡などとは異なる独特なふしまわしの歌謡曲が生まれ、いわゆる流行歌として国民大衆に愛好されるようになった。

　　　日本の歌謡曲の発生は、1914年にトルストイ原作の『復活』の劇中でうたわれた「カチューシャのうた」がはじまりといわれている。その後、毎年多くのヒット曲がつくられ、ひろくうたわれ、大衆の心のいこいとなってきた。

　　　テレビやラジオでの歌謡曲の放送は、根強い人気があるが、プロの歌手のみでなく、一般視聴者が出演する素人のど自慢の放送もたびたび行われている。

　　　毎年末には、その年にもっともヒットし評価の高かった歌謡曲の歌手や作詞・作曲者を選ぶレコード大賞や歌謡大賞の選定がある。

　　　その年の人気歌手が、男性と女性のチームに分かれて各自のヒット曲をうたい、チームの総合評価を競い合う「紅白歌合戦」は、毎年12月31日放映される。年末をしめくくる恒例の番組として親しまれ、このテレビ放送を見て年を越す人も多い。

　　　カラオケは今日でも人気を保っている。メロディだけで歌詞が入っていないディスクなどの伴奏に合わせて各人がうたい、歌手気分を味わって楽しむことが、気安い仲間同士の宴会や家庭で一般化している。「カラオケ」とは、歌の入っていないオーケストラ（空のオーケストラ）という意味の日本語の略称である。このシステムは、現在では東南アジアをはじめ諸外国にもかなり広がっている。

　　　歌謡曲の多岐にわたるジャンルの中で、演歌の歴史は古く、戦前から1980年代まで日本の流行歌の主流の一角を占めていた。小節（こぶし）を利かせた特有の歌唱法とあいまって、もの悲しく、暗く、どこか哀愁を帯びた演歌のメロディは日本人の感情に深く訴えるものであった。しかし、近年では演歌の新しいヒット曲は数少なくなってきており、往年を懐かしむ年配者などが愛好者の主体となっている。

n）日本的流行歌曲與古典音樂

1）流行歌曲

受到西洋音樂的影響，有別於日本傳統的歌謠、詩吟、音曲、民謠等，以獨特曲調的歌謠曲，也就是俗稱爲流行歌，現在受到國民大衆的喜好。

一般認爲日本的歌謠曲是始於 1914 年托爾斯泰的原著「復活」演劇當中所唱的「卡秋莎之歌」。之後，每年都創造出許多暢銷的流行曲，被廣泛的歌唱傳頌，也成爲大衆心靈的寄託及休憩時的嗜好。

電視及收音機所播放的歌謠曲，一直非常受到歡迎，除了職業歌手之外，只要自認爲歌聲美妙就可出場演唱的節目，也經常播出。

每當歲末時，也會選拔當年度最暢銷或是評價最高的歌曲、歌手、作詞及作曲家的唱片大賞，或是歌謠大賽，來頒發年度大獎。

「紅白對抗大賽」是將當年最受歡迎的人氣歌手，分作男女兩隊，各自獻唱賣座的歌，再對兩隊進行綜合評分的節目，在每年 12 月 31 日於電視播出。這也成爲總結一年的除夕晚會，每年都依慣例播出，有許多人每年均觀看此電視節目來跨年。

卡拉 OK 至今還是相當的受到歡迎。各人可以點播歌曲，依照沒有歌聲的雷射光碟的伴奏，來各自發揮演唱，不但可以享受身爲歌手的氣氛，也可以在三五同好的宴會或是家庭中演唱，所以非常流行。所謂「卡拉 OK」，在日語之中是指沒有演唱者的管弦樂隊的略稱（空的樂隊）。這種演唱系統從東南亞到海外許多國家，都已經非常廣泛而普遍。

歌謠曲當中，也有許多不同的區塊，其中以演歌歷史最爲悠久，從戰前到 1980 年代爲止，總是占了日本流行歌曲主流的一席。以獨特的小調旋律加上唱腔，帶著些許悲情、陰沉又哀怨的演歌旋律，深深觸動日本人的情感。但是最近幾年演歌的賣座曲數大爲減少，愛好者也大多是緬懷過往的高齡者。

一方、若い世代は軽快でポップな曲調を好み、海外ミュージシャン（代表例はプレスリーやビートルズなど）の影響も取り入れながら、戦後から今日に至るまで、和製ポップス、グループ・サウンズ、ニューミュージック、Ｊ-POPなど、時代時代で新たなジャンルを切り開いてきた。一部の演歌と同様に、最近のＪ-POPの多くの曲が、日本国内だけでなく海外、特に東アジア諸国でも広く受け入れられている。

２）クラシック音楽
　日本におけるクラシック音楽の源流は、明治時代にさかのぼる。当初は、原歌の旋律に日本語訳詞を乗せた、翻訳唱歌の域を出なかったが、1879年に国の音楽専門教育機関（1887年に東京音楽学校と命名。現・東京芸術大学の前身）が設立されて以降、主に学校教育の場を通じて根付くようになり、多くの英才を輩出してきた。

　その先駆的存在でドイツにも留学した作曲家・瀧廉太郎は、その短い生涯で「荒城の月」「箱根八里」「花」「お正月」など現代も多くの日本人に親しまれる数々の名曲を残した。

　その後、ラジオやレコードの普及により、学校における音楽だけでなく、古典派を中心したオーケストラによる西洋音楽の愛好家が増加した。
　日本で発売されるクラシック音楽の新譜CDタイトル数は近年2,000点前後で推移し、全音楽ジャンルの10数％を占めている。常設オーケストラの数は20を超え、海外からも本場ヨーロッパを中心に毎年何十ものオーケストラが来日し（2008年は31）、また全国で150以上のコンサートホールがクラシックの演奏会用に供されている。
　音楽家の育成については、音楽大学、音楽専攻学部が約40校あり、ピアノ教室など楽器や歌唱のレッスンを提供する場も全国各地に多数存在する。海外で活躍する日本人演奏家、歌手、指揮者も多く、ウィーン国立歌劇場音楽監督（2002-2009）の小澤征爾はその筆頭格といえる。

　エリザベート王妃国際コンクール、ショパン国際ピ

在另一方面，年輕一代喜歡的是活潑而輕快的 POP 曲調，也受到海外的音樂家（代表例子有「貓王」艾維斯普里斯萊、披頭四等）的影響，從戰後到今日為止，分別創造了許多「和製 POPS」、合唱團音樂、新音樂、J-POP 等，每一時代都開拓出新的音樂領域。如同演歌一般，最近許多 J-POP 的歌曲，不但是日本國內，連海外特別是東亞各國，也非常流行而廣受歡迎。

2）古典音樂

日本古典音樂的源流可以追溯自明治時代。當初是在原有的旋律上，加上日語的譯詞，並沒有跨出翻唱的領域。但是 1879 年設立了國立的音樂教育機關之後（1887 命名為東京音樂學校，為東京藝術大學的前身），主要是以學校教育來紮根，後來輩出相當多的優秀人才。

其中以留學德國，被視為作曲家先驅的瀧廉太郎，在他短暫的生涯當中，創造了許多如「荒城之月」、「箱根八里」、「花」、「御新年」等的名曲，受到多數日本人的喜愛。

之後因為收音機及唱片的普及化，不僅是在學校當中，以古典派為中心，喜愛管弦樂團演奏的西洋音樂愛好者也隨之增加。

日本所銷售的古典音樂新譜 CD 的總數，最近每年都在 2,000 張左右，占整體音樂出版的一成左右。常設的交響樂團超過 20 個，海外以歐洲為中心的交響樂團，每年來日本演奏的超過數十個（2008 年為 31 個）。此外，全國也設置有 150 座以上、供古典音樂演奏的音樂廳。

在培育音樂家方面，音樂大學、專攻音樂的學部約有 40 所學校，有非常多的鋼琴學校教授音樂，或是提供歌唱課程的場所，分布於全國各地。活躍於海外的日本人演奏家、歌手、指揮家也很多，其中最傑出的，以擔任過維也納國立歌劇場音樂監督（2002-2009）的小澤征爾可作為代表。

伊莉莎白皇后國際音樂大賽、蕭邦國際鋼琴比賽、柴可夫

アノコンクール、チャイコフスキー国際コンクール、バン・クライバーン国際ピアノコンクールなどの世界の著名な音楽コンクールにおいて、上位に入賞するのみならず、これまでに、堀込ゆず子、諏訪内晶子、神尾真由子、辻井伸行が優勝し、日本人の若手音楽家が国際的にも認められようになった。

一方、外国の一流劇場が日本でオペラを上演することが増え、オペラ専用の新国立劇場が完成し、日本国内でもオペラを愛好する人が近年めざましく増えてきた。日本人のみによるオペラも上演される。

o）日本映画

第2次世界大戦後、日本映画は、国際的に高い評価を受けるようになった。そのきっかけとなったのは、1951年に黒沢明の『羅生門』が、ベネチア国際映画祭で最高賞の金獅子賞を獲得したことである。

その後日本映画は、各地の国際映画祭で多くの賞を得ているが、そのいくつかを紹介すると、衣笠貞之助の『地獄門』が、1954年のカンヌ国際映画祭で当時最高賞のグランプリを受賞するとともに、ニューヨーク映画批評家賞で外国映画賞首位に輝いている。1958年には稲垣浩の『無法松の一生』がベネチア国際映画祭で金獅子賞を獲得し、1961年には新藤兼人の『裸の島』がモスクワ国際映画祭のグランプリを獲得、また1963年には今井正の『武士道残酷物語』がベルリン国際映画祭で最高賞の金熊賞を獲得した。黒沢の『隠し砦の三悪人』は、1959年にベルリン国際映画祭で銀熊賞を、『影武者』は1980年にカンヌ国際映画祭で最高賞のパルムドールを受賞している。また1983年のカンヌ国際映画祭では、今村昌平の『楢山節考』がパルムドールを受賞した。

その後、ベルリン国際映画祭では、1986年に熊井啓の『海と毒薬』が銀熊賞、1987年に、原一男の『ゆきゆきて、神軍』がカリガリ映画賞を受賞、また2009年には園子温の『愛のむきだし』が国際批評家連盟賞とカリガリ賞をダブルで受賞した。ベネチア国際映画祭では、1989年に熊井の『千利休・本覚坊遺文』が銀獅子賞を、1991年には竹中直人の『無能の人』が、国際映画批評家協会賞を得た。さらに、1997年のカンヌ国際映画祭では、『うな

斯基國際小提琴比賽、范・克萊本國際鋼琴比賽等世界著名的
國際音樂比賽,日本音樂家不但名列前茅,至目前爲止,堀込
由子、諏訪內晶子、神尾真由子、辻井伸行等人也獲得優勝,
日本年輕一輩的音樂家在國際上不但嶄露頭角,也受到許多肯
定。

在另一方面,隨著外國一流歌劇團體前往日本公演次數的
增多,加上歌劇專用的新國立劇場也已落成啓用,最近數年日
本國內愛好歌劇的人數,呈現驚人的成長。由日本人獨自擔綱
的歌劇也經常上演。

o)日本的電影

第二次世界大戰後,日本電影在國際上受到很高的評價,
首開先河的是 1951 年,由黑澤明所執導的「羅生門」,在威尼
斯國際影展中,獲得最高榮譽的金獅獎。

之後,日本電影在各地的國際影展中經常獲獎,現在介紹
其中幾部如下:衣笠貞之助導演的「地獄門」,於 1954 年的法
國坎城影展中獲得首獎,並同時獲得紐約電影評論家獎,在外
國電影獎中,位居首位。1958 年稻垣浩以「無法松的一生」獲
得威尼斯國際影展的金獅獎。1961 年新藤兼人導演的「裸島」
於莫斯科國際影展獲獎。1963 年今井正的「武士道殘酷物語」
獲得柏林影展最高之金熊獎。黑澤明所導演的「暗寨三惡人」
在 1959 年柏林影展中,獲銀熊獎;「影武者」則於 1980 年的坎
城影展中,獲得最高榮譽的金棕櫚獎。此外,今村昌平導演的
「楢山節考」也在 1983 年的坎城影展中獲得金棕櫚獎。

其後在柏林影展 1986 年熊井啓的「海與毒藥」獲得銀熊獎。
1987 年原一男的「前進、神軍」得到卡里加里電影獎。此外,
在 2009 年園子溫以「愛的曝光」一舉斬獲國際評論家聯盟獎以
及卡里加里電影獎兩項大獎。1989 年威尼斯國際影展中,熊井
的「千利休・本覺坊遺文」獲得銀獅獎。1991 年竹中直人的「無
能的人」得到國際評論家聯盟獎。1997 年的坎城影展今村昌平

ぎ』で今村がパルムドールを受賞し、二度目の最高賞を獲
得した。また、同年、ベネチア国際映画祭で、北野武の
『HANA‐BI』が金獅子賞を受賞した。

　最近では、2009年に滝田洋二郎監督『おくりびと』が
アメリカのアカデミー賞・外国語映画賞に輝いた。遺体を
棺におさめる納棺師の仕事が描かれ、生と死、家族のきず
なという普遍的なテーマを、日本文化の美を通して描いた
ことが高く評価された。

p）日本のマンガ

　今日の日本で見られるマンガが生れたのは、明治時代
（1800年代後半）で、新聞マンガが最初である。風刺絵に
近いマンガから始まり、現在でもほとんどの日刊新聞に掲
載されている4コママンガに発展した。
　ストーリー性を重視したマンガも第2次世界大戦前に生
まれ、主として少年向きの人気キャラクターが活躍するマ
ンガが呼び物になった。この分野のマンガで、第2次世界
大戦後もっとも広く国民に親しまれているのは、長谷川町
子の『サザエさん』である。
　戦後のマンガブームの先駆者は、手塚治虫である。彼は
映画的手法を初めて日本のマンガに導入した。マンガの読
み手は、はじめは主として子供であったが、1960年代に
なると「劇画」が生まれ、そのリアルな絵と社会的なテー
マによって、大学生を中心に大人の読者を増やして行っ
た。その後も多くのマンガ家が多彩な表現に挑戦し、娯楽
性をもったものだけではなく、芸術的・文学的価値をもつ
作品が生み出された。これらの中には翻訳され、海外で楽
しまれているものも多い。特にヨーロッパではイギリス、
フランス、イタリアなど、アジアでは韓国、中国、香港、
台湾、タイで広く読まれている。

　また、アメリカのアニメーション「ライオン・キング」
は手塚治虫の『ジャングル大帝』がもとになっているとい
われ、その他「ターミネーター2」、「ロボコップ3」など
日本のマンガはハリウッドのエンタテイメントのアイディ
アの種を与えている。
　2007年、日本における出版物の年間総売上の約23％が
マンガである（コミック本を含む）。さまざまなジャンル

的「鰻魚」獲得金棕櫚獎，這也是今村第二度獲獎。同年威尼斯國際影展中，北野武的「HANA-BI」獲得金獅獎。

2009 年瀧田洋二郎導演的「送行者」，獲得奧斯卡最佳外語片獎。這部影片是描繪將遺體納棺的入殮禮儀師的工作，將生與死、家族的親情牽掛等普遍的題材，使用日本文化的極致美學來作鋪陳，獲得很高的評價。

p）日本的漫畫

今天日本流行的漫畫，是起源於明治時代（1800 年代後半），最初是報紙漫畫。以諷刺時事的漫畫開始，發展成爲至今仍常於報紙中登載的四格漫畫。

重視故事性的漫畫，是始於第二次世界大戰前，主要是以受到年輕人歡迎的人物，當作漫畫中的主角，因而使得漫畫大受歡迎。第二次世界大戰後，最受歡迎的有長谷川町子的「莎莎惠桑」。

戰後的漫畫先驅者是手塚治虫，他將電影的手法引進到日本漫畫之中。漫畫的讀者開始時是以小孩爲主，1960 年誕生了「劇畫」後，因爲劇情寫實及具備社會性的題材，增加了許多成人讀者，其中以大學生居多。其後，很多的漫畫家也將內容表現得更多樣化，挑戰新的題材。因而產生了很多具備娛樂性、藝術性與文學價值的作品，這些作品有很多經翻譯後流傳於海外。特別是在歐洲的英國、法國、義大利等國，在亞洲則以韓國、中國、香港、台灣、泰國等地，被廣泛地閱讀著。

此外，美國的動畫「獅子王」據說是從手塚治虫的「森林大帝」中取經而得，其他諸如「魔鬼終結者 2」、「機器戰警 3」等，也帶給了好萊塢的娛樂世界許多創意的點子。

2007 年日本出版品年度總發行量中，漫畫約占 23%（包含連環漫畫）。周刊加上月刊，發行的漫畫雜誌高達 300 種。其中以「劇畫」的型態最多，以周刊方式發行的漫畫中，有的銷

のマンガ雑誌が週刊・月刊をあわせて約300種も発売されている。なかでも劇画スタイルがもっとも多く、週刊誌として刊行されているもののなかには数百万部も売れていたものもある。人気はやや下降気味であるが、まだなお相当な人気を保っている。また、近年では、携帯電話を中心としたデジタルマンガ市場が急激に伸長していることが注目されている。

1987年には、情報マンガが市民権を得た。たとえば、1987年大ベストセラーになった『日本経済入門』などのように、経済・法律・流通など経済の仕組を解説したものや、現代社会の動向を題材にしたものもある。1995年には、マンガ文庫ブームも再来した。今日ではマンガは、新聞や雑誌には必要欠くべからざるものであり、企業の会社案内パンフレットにさえ姿を現わす。こうしてマンガは、老若すべての日本人にとって、不可欠の表現手段となっている。

q）メディアコンテンツ

1）概要

メディアコンテンツを知的財産立国の一つの柱とする日本では、現在世界的に優位に立っているアニメ・ゲームソフト・映画などを活用したビジネスを飛躍的に発展・拡大させることに関心が高まっている。コンテンツ産業は世界的にももっとも高い成長率が期待され、新たな成長主導産業ともなりうると見られている。また、日本発コンテンツの普及により、海外の人たちの間で日本および日本文化への関心が高まり、それによって相互交流や相互理解が深まる契機になるのではとの期待も寄せられている。

2）アニメ

マンガの静止画像に映像メディア工学の技術が結合したものがアニメである。

日本のアニメは、その画面の美しさや物語性に加えて、地球エコなどのテーマ性で大人をも惹きつける魅力をもっており、世界でも広く受け入れられている。現在世界で放映されるアニメの6割は日本のアニメである。

世界最初の長編アニメであるディズニーの『白雪姫』が日本で公開されたのは1950年のことである。1963年、日本アニメの草分けとして手塚治虫の『鉄

售量還高達數百萬部。最近雖然受歡迎的程度有點下降的趨勢，但還是相當受到歡迎。近幾年，以手機爲主的數位漫畫市場也以極驚人的速度成長，受到矚目。

　　1987 年報導新資訊的漫畫也受到大衆的認同。例如：1987年最暢銷書「日本經濟入門」，就是使用漫畫來解說經濟、法律、流通等經濟構造，有的則以現代社會動向爲題材。1995 年又出現了漫畫文庫的風潮，今天漫畫也成爲報紙及雜誌中，不可欠缺的素材，有的甚至還出現在公司的介紹之中。漫畫對於日本各階層的人，已成爲一種不可或缺的表現手法。

q）媒體數位内容

1）概要

　　媒體數位内容，預料將成爲支撐「智慧財産立國」日本的一大支柱，日本今後有必要將居於世界優勢地位的媒體數位内容（動畫、遊戲軟體、電影等）更加以活用，令人關注的是如何讓其在商業上更形擴大，讓其能够更飛躍而蓬勃的發展。現在「内容産業」在世界上，也成爲最受到矚目的高成長産業，也有人認爲其將成爲領導性的基幹産業。此外，由於日本向外傳播内容的普及化，海外人士對於日本及日本文化方面的關心也與日俱增。相信這也將成爲加深互相交流或是相互理解的契機，而被寄予相當大的厚望。

2）動畫

　　讓靜止的漫畫畫像，利用影像媒體的工學技術加以結合，稱之爲動畫。

　　日本的動畫，因爲美麗的畫面加上故事性，再加以地球環保等主題，連大人都不禁感受到它的魅力，受到全世界廣泛的歡迎。現在世界上所放映的動畫有 6 成都是日本製的動畫。

　　世界最早的長篇動畫是迪士尼的「白雪公主」，1950 年於日本公開放映。1963 年日本動畫的分水嶺是手塚治虫製作的「原子小金剛」電視系列連續劇，它的成功帶給日後日本動畫

腕アトム』がテレビシリーズ化されたが、その成功
はその後の日本アニメ界に大きな影響を与えた。1977
年に松本零士の劇場用アニメ『宇宙戦艦ヤマト』が大
ヒットし、それ以降、劇場用アニメも盛んにつくられ
るようになった。また、藤子・F・不二雄の『ドラえ
もん』は、小学校入学前後者向けのテレビアニメであ
り、1970代以降、引き続き高い視聴率を維持してい
る。時代によって変化しない子供の気持ちを代弁した
アニメと言われ、主人公をキャラクターとした、関連
商品の売上もビジネスとなっている。

　宮崎駿監督による『千と千尋の神隠し』は、2002
年のベルリン国際映画祭で最高賞にあたる金熊賞をア
ニメ映画として初めて受賞したのに加え、2003年の
アカデミー長編アニメ賞も受賞した。2009年には加
藤久仁生の『つみきのいえ』がアカデミー・短編アニ
メ賞に輝いた。

3）ゲーム

　マンガ、映画、アニメなどは鑑賞作品で、情報発信
は一方向的であり、作品と鑑賞者は分離されている。
しかし、メディアアートとしてのゲームは、鑑賞者が
ゲームに参入することができるインターラクティブ
性（双方向性・相互作用性）をもつので、ゲームの参
加者が自分でストーリーの筋を変化させたり、自分の
キャラクターを成長させたりすることができる。さら
にインターネットによるオンラインゲームの登場によ
り、遠隔地の未知の人々同志が競争したり、戦ったり
するバーチャルリアリティー（仮想現実）の世界を体
験することができる。これによってメディアアートと
してのゲームは従来になかった新次元の魅力を有する
ものとなった。

　日本のメディアゲームの代表作『ポケットモンス
ター（ポケモン）』は大ヒットし、日本のみならず、
東南アジア、アメリカその他世界各地で多くのファ
ンを魅了した。ポケモンソフトの総売上本数は1億
5,500万本（2007年現在）であるが、アニメ・映画・
カードゲーム・ハードウェアー（ゲーム機）および
4,000件におよぶ関連商品の累計売上は約3兆円（300
億ドル）と見られる。

　2005年の日本のゲームソフトの輸出と輸入の比率
は84：1（2,528億円：30億円）であった。

界很大的影響。1977 年推出松元零士的劇場版「宇宙戰艦大和號」,因為空前賣座,自此以後劇場版的動畫也開始被大量製作上映。此外,藤子·F·不二雄的「哆啦A夢」是針對小學入學前後的學童的電視動畫,1970 年以後一直維持很高的收視率。這也被認為是代表著孩童心情的動畫,不會因時代而有任何改變,而主角相關商品的銷售,也成為龐大商機。

宮崎駿所編導的「神隱少女」等,在 2002 年柏林影展中,得到最高榮譽的金熊獎,此為動畫電影首度得獎,於 2003 年也獲得奧斯卡最佳長篇動畫獎。2009 年加藤久仁生的「積木屋」也獲得奧斯卡最佳短篇動畫獎。

3)電動遊戲

漫畫、電影、動畫等都屬於鑑賞作品,資訊的傳遞只是單方向,作品與鑑賞者是分開的。但是以媒體藝術的電動遊戲來說,鑑賞者可以自己加入遊戲當中,具有互動性(雙方向性及相互作用性),遊戲的參加者還可以自己設定故事的大綱,甚至還可以設定角色,使其成長茁壯。此外,由於網路連線遊戲的登場,在線上還可以體驗虛擬的世界,讓遠隔兩地未曾謀面的同好們一起競爭或是對打。由於上述原因,現在電動遊戲已成為媒體藝術的代表,讓人體驗到過去從未經歷過的新次元魅力。

日本電動遊戲的代表作「神奇寶貝」成為最暢銷的作品。不僅在日本有其魅力,連在東南亞及美國等世界各地,也獲得了許多粉絲們壓倒性的支持。「神奇寶貝」軟體本身總銷售數量為 1 億 5,500 萬套(2007 年),加上動畫、電影、遊戲卡、硬體(遊戲機)等 4,000 多件的相關商品,估計累計銷售金額約為 3 兆日元(300 億美元)。

2005 年日本遊戲軟體的出口與進口的比率為 84:1(2,528億日元:30 億日元)。

(10) 食物・飲み物

a) 食生活

　　日本人の食生活には、伝統的に主食と副食という考えが
あって、米を主食とし、野菜や魚などを副食としてきた。
肉食も相当古くから行われていたが、仏教の普及により肉
食を禁忌するようになり、中世以降すたれ、明治以後復活
した。

　　第2次世界大戦後、学校給食の影響でパン食が普及し、
経済成長とともに、肉類や乳製品などの摂取も大幅に増加
した。

　　米食には、野菜や魚または肉などの煮物・揚げ物・焼き
物などに、味噌汁・漬物をそえる。副食には、西洋風ある
いは中華風の料理もたくさん取り入れられている。

　　日本の食生活では、節約、もったいないという観念が古
くから定着している。たとえば、魚の利用にあたっては、
「身は刺身（または焼物）に、アラは煮物に、骨は汁に」
というならわしがある。
　　また、不作のときなどに備えるための保存食として、野
菜の漬物、魚・肉の塩蔵物、乾物などが、古くから定着し
ている。
　　食事をするには、一般に箸（多くの場合木製）を用いる。

　　朝食は簡素で、昼食も比較的軽く、夕食にもっとも重点
をおく傾向が見られる。
　　最近は、社会構造・生活様式の変化にともないグルメ指
向、外食の利用、さらにインスタント食品の普及もあり食
生活は一層多様化してきている。
　　外食産業の市場規模は 24.7 兆円（2007 年）であり、食
堂・レストランの飲食業は 6.3 兆円となっている。この中
で、短時間で作れる、あるいは短時間で食べられる手軽な
食品・食事を「ファストフード」と呼び、このチェーン店
は日本中の市街盛り場や、交通量の多い道沿いに進出して
いる。
　　ファストフードと呼ぶ場合は、元来アメリカ資本のフー
ドチェーンが作り出した安価な手軽に食べられる食事とい

（10）食物、飲料
a）飲食生活

　　日本人的飲食生活，傳統上分爲主食和副食，米爲主食、蔬菜和魚等爲副食。肉食雖然自古已經普及，但是因爲受到佛教的影響，肉食成爲禁忌，所以中世紀以後即很少食肉，直至明治以後才又開始。

　　第二次世界大戰之後，受到學校供應伙食的影響，麵包、麵食類也成爲一般化。隨著經濟的成長，肉類和乳製品等的攝取也大幅增加。

　　吃米飯時，常搭配青菜、魚、肉等副食，料理方式有鍋煮、油炸、燒烤等，並搭配味噌湯、醃醬菜。在副食品之中，現在也有許多是西洋或是中華風的料理來作搭配。

　　日本人在飲食生活方面，自古以來即有儉約、不浪費的觀念。例如對魚的利用，日本人習慣上將魚身做生魚片（或者煎烤），魚頭、尾用來煮其他料理，魚骨頭則用來作湯。

　　此外，自古以來，爲了預防收成不佳而預爲儲備和保存的食物，有醃醬菜、醃製的魚，及肉類、風乾的食品等。

　　吃飯時一般都使用筷子（多使用木製品）。

　　日本人的早餐都很簡單，午餐也比較隨便，一般傾向以晚餐吃的最爲豐盛。

　　最近由於社會構造及生活樣式的變化，加上美食主義、在外用餐及速食食品普及等原因，使得飲食生活也更形豐富而多樣化。

　　外食產業的市場規模爲 24.7 兆日元（2007 年），其中食堂、餐廳的餐飲業爲 6.3 兆日元。可在短時間製作，或是迅速方便用餐的，稱之爲速食，在日本這種連鎖店大多設立在熱鬧的市街，或是交通較繁忙的道路旁。

　　原本一般人對速食食品的印象，是指美商的餐飲連鎖店所製作方便又價廉的食品，可快速用餐，大都是指賣漢堡包等

うイメージがあり、ハンバーガーなどのチェーン店を指している。加えて日本式の牛丼や立ち食いうどん・そば、などもこの仲間とされ庶民に親しまれている。

　インスタント食品は、簡単にしかも短時間であまり手間をかけないで調理できる保存性食品の総称で、昔からある粉末、乾燥、濃縮の各食品や冷凍、缶詰、レトルト食品などである。

　中でもインスタントラーメン（即席麺）は日本が世界に誇れる大発明といっても過言でないほど普及している。1958年に「お湯をかけて2分間」という味付即席麺の量産化に成功して以来改良が進められ、現在は「カップ麺」が主流である。日本では年間53.5億食（2007年）生産され、また世界では979億食（2007年）が消費され親しまれている。

b) 日本料理

　日本料理は、日本列島で生まれ発達した日本独特の料理である。新鮮な魚介類や野菜の持味を生かした料理が多く、ほとんどが米食と日本酒に調和するようにつくられている。材料や調理法に季節感を重んじており、食器の色・形・材質がさまざまで、盛りつけにも繊細な配慮が加えられる。これは、日本料理が舌だけでなく目で楽しむことも大切にしているからである。

　飯・汁・香の物のほか、前菜・刺身・焼き物・揚げ物・煮物・あえ物・酢の物などが加えられる。

　味は醤油・味噌・酒・酢・砂糖などで調味するが、材料そのものの持味を生かすようにし、あまりゴテゴテした濃厚な味つけをしない。汁・煮物・揚げ物のつけ汁などには、旨味を出すため鰹節・椎茸・昆布その他を用いる。また、「隠し味」と称してある種の調味料（たとえば塩・酒）を少量加えることにより、材料の持味のある要素（たとえば甘味）を引き立たせる用法もある。砂糖を用いるようになったのは近代以後であり、現代においても高級な日本料理では砂糖を多く使用しない。

的連鎖店。但最近已經將日式的牛肉洋蔥蓋飯（牛丼）、站著吃的立食烏龍麵、蕎麥麵等也加入其中，而統稱爲「速食」，一般平民百姓也經常食用，非常受到歡迎。

　　「速食食品」是指方便簡單、不需要花費很多的時間就可以調理，又兼具保存性食品的總稱，大多是以粉末、乾燥或是濃縮的方式製作而成的各種食品，或是以冷凍、罐頭、速食調理包等的食品，由來已久。

　　其中若說現已非常普及的速食麵，是日本足以誇耀全世界的大發明，並非言過其實。1958 年標榜「只要加熱水 2 分鐘」已調味速食麵的量產化獲得成功，之後歷經多年不斷的改良，現在是以「杯麵」爲主流。日本每年生產 53.5 億包（2007 年），而全世界的消費量高達 979 億包（2007 年），可見其受到歡迎的程度。

b）日本料理

　　日本料理起源於日本列島，並逐漸發展成爲獨具日本特色的菜餚。很多料理都保持新鮮魚蝦或是蔬菜的原味，並且大多與米飯和日本酒很搭配，材料和調理方式上，非常重視季節感，同時食器的顏色、形狀與材質上更是琳琅滿目，在整體搭配上很考究，講求纖細的巧思。這是因爲日本料理不但重視味覺，也很重視視覺上感受的緣故。

　　除了飯、湯、醃醬菜之外，尚有前菜、生魚片、燒烤類、油炸、鍋煮類及凉拌菜、醋拌菜等的料理。

　　在調味方面，雖然使用醬油、味噌、酒、醋、砂糖等作爲調味料，但都儘量保持材料本身的清淡原味，料理上較少油膩及濃厚的口味。至於湯、鍋煮類料理、油炸的調味高湯，爲了能增添風味也會使用柴魚片、香菇、海帶及其他材料來調味。在作法上，有時會添加少量被稱爲「隱味」（吃得出來，但是看不到）的調味（例如：利用鹽），來將食物本身的味道（例如：甜味）更加提顯出來。砂糖則是近代以後才開始使用，但是現在高級的日本料理多半不使用砂糖。

日本の代表的な調味料である醤油は、大豆と麹を用いて製造する発酵食品である。その起源は、13世紀ころ南宋の金山寺で作られていた金山寺味噌とされている。江戸時代のはじめに、大消費人口の需要に応えるために江戸周辺にて1年で作れる「濃いくち醤油」が開発された。

　醤油は日本を代表する味として国際的評価を得ている。日本食が健康食として世界各国でブームとなるにつれ、日本の醤油は世界100カ国以上に輸出され、アメリカをはじめとしていくつか海外生産拠点もある。醤油の原型とされる味噌も日本の発酵食品として、味噌汁など日本人の食生活に欠かせないものとなっている。

　外国人に好まれる日本料理として、鮨（すし）・天ぷら・すき焼などがある。
　すしは代表的な日本固有の食物となっている。現在では世界各国ですしの愛好者が急増している。世界におよそ2万店あると推定されている日本食レストランでも人気第一のメニューである。にぎりずし（江戸前）は、一握りの酢飯の塊の上に、香辛料であるワサビを利かせた鮮度のよい生の魚介類の切身をのせただけのものであり、少量の醤油をつけて食する。職人の腕を客の前で見せる「粋」な感覚が特徴で、全国に普及している。江戸前ずしのほか、巻きずし、押しずし、ちらしずし、などがある。生の魚介類すなわち刺身を食べる日本の習慣は、広く外国にも知られるようになり、多くの国々で「刺身愛好者」も増えている。最近は握られたすしが客の間を機械仕掛けで回る「回転ずし」が値段の安いこともあり、急激に増加している。

　天ぷらは魚介類・野菜類に水でといた小麦粉の衣をつけて油で揚げた料理である。
　すき焼は日本の伝統的な料理ではないが、19世紀後半以後普及したもので、牛肉を薄く切ったものを野菜などと一緒に煮て、主として醤油と砂糖で味をつける。

　日本人が祝い事のとき食べる料理に、赤飯と鯛の尾頭

醬油也是具有代表性的日本調味料，這是利用大豆跟麵麴來製造的發酵食品。據說是起源於 13 世紀左右，由南宋金山寺所製作的金山寺味噌而來。江戶時代的初期，爲了因應大量消費人口的需要，在江戶周邊開發出以 1 年就可製作完成的「濃厚口味醬油」。

醬油也成爲日本飲食文化味覺的代表，在國際上受到很高的評價。加上日本食品在世界各國已蔚爲風潮，被公認是健康食品，從美國到世界各地，日本風味的醬油已經外銷到世界 100 多個以上的國家，也有許多海外生産的據點。醬油的前身是味噌醬，這也是代表日本的發酵食品，味噌湯等對於日本人的飲食生活而言，是不可或缺的。

受到外國人喜愛的日本料理有「壽司」、「天婦羅」、「壽喜燒」等。

壽司已經成爲代表日本飲食文化的食物。現在世界各國壽司的愛好者有急速增加的趨勢。在世界上約 2 萬家日本料理餐廳當中，壽司在菜單中獲得的人氣總是第一。握壽司（江戶前壽司），是在手掌捏握大小的醋飯團之上，加上一點提味而香嗆的綠山葵（芥末），僅以非常新鮮的魚蝦的切片置於其上，食用時以少量的醬油沾食。品嘗壽司時，特徵是可以感受到壽司師傅表現出來的匠心獨運而又精粹其中的技藝，全國都很普及。除了江戶前壽司，也有海苔卷壽司、押壽司（關西地方）、生魚片蓋飯等。日本人吃生的魚蝦類，也就是吃生魚片的習慣，在外國很出名，很多國家的「生魚片愛好者」正逐漸增加之中。最近握壽司以機器軌道方式的「迴轉壽司」，因爲便宜，有急速增加的趨勢。

「天婦羅」是將魚蝦、蔬菜類裹上用水調和的麵粉，再用油炸的料理。

「壽喜燒」原本不是傳統的日本料理，而是從 19 世紀後半以後才開始普及。它是將牛肉切成薄片和蔬菜等一起煮，主要是以醬油和糖作爲調味料。

日本人每逢喜事時，常吃紅豆飯和帶頭尾的鯛魚。紅豆飯

付がある。赤飯はもち米に小豆を入れて蒸したもので、小豆の色が米について赤くなる。赤は火の色、太陽の色を表し、昔から縁起の良い色とされている。

鯛は日本語で「めでたい」という言葉と語呂があい、色も赤く縁起の良い魚とされている。祝の席には、頭から尻尾まで完全な形のまま焼かれた鯛が出される。これには、形の完全さによって人を祝福するという意味がある。

c）日本における外国料理
日本では、世界の主な料理が食べられる。東京や大阪などの大都会では、それぞれの国の料理を食べさせる専門店がある。

家庭でも、世界各国の料理が日本人の好みにアレンジされて、日常の食生活のなかに取り入れられている。一例をあげるとカレーライス、ハンバーグ、スパゲッティ、ラーメンなどがある。

d）酒
日本では、日本酒（アルコール含有量15〜16％）をはじめ、世界各地の酒も飲まれている。

日本酒は米からつくられる醸造酒である。全国各地でつくられるが、良い水の出るところ、あるいは良い米のできるところに、有名な酒の産地がある。なかでも兵庫県の灘、京都の伏見、広島の西条などが有名である。日本酒は、温めて飲むほか、冷酒も好まれる。

焼酎も広く飲まれている。焼酎は日本伝統の蒸留酒である。米、いも、麦などから作った醸造酒をさらに蒸留して作るので、アルコール分は日本酒より多く（25〜35％）、それぞれの原料の味と香りが楽しめる。泡盛は沖縄特産の焼酎である。その独特の香りと高いアルコール濃度（40〜50％）の愛好者も多い。

また、ビールもよく飲まれるが、ほとんど国産である。

ウィスキーやぶどう酒もかなり飲まれており、これらは国産のほか輸入されるものも多い。ほかにブランディ・ウォッカ・ジンなども輸入されている。

日本の酒類の消費量は、年間約886万キロリットルで

是糯米中加入紅豆一起蒸，紅豆的顏色會將糯米染紅，且紅色象徵火和太陽的顏色，因爲相信能够帶來良緣，也是自古即被視爲吉祥的顏色。

鯛魚在日語中與「祝賀喜慶」的發音相同，且其魚身鮮紅，所以被視爲吉利的象徵。日本人喜歡在慶祝的宴席上，擺出整條的燒烤鯛魚，取其完整的意味而藉以向人祝福。

c）在日本的外國料理

在日本可以吃到世界各國的名菜。在東京、大阪等大都市，有各國料理的專門店。

即使一般家庭，日常生活當中，也會製作一些世界各國的料理，但是會迎合日本人的口味，而稍加調整。舉例而言，有咖喱飯、漢堡牛肉餅、義大利麵、拉麵等。

d）酒

在日本，從日本酒（酒精濃度 15～16%）到世界各地的酒類，都被樂於飲用。

日本酒是以米所製成的釀造酒，全國各地都有生產，但是，名酒的產地都集中在泉水品質良好或米質佳的地方。其中以兵庫縣的灘、京都伏見、廣島的西条等，都是名酒的產地。日本酒除了溫熱後飲用之外，冰溫的冷酒也受到歡迎。

「燒酎」也廣泛地被飲用。燒酎是日本傳統的蒸餾酒（白酒）。製作上是將米、芋頭、麥等原料所製成的釀造酒，再經過蒸餾而成，所以酒精的成份要比日本酒要高（25%～35%）。因爲原材料種類繁多，因此飲用時可以享受到不同原料的味道及香味。「泡盛」是沖繩（琉球）的特產燒酎，由於獨特的香味及酒精成分較高（40～50%），因此愛好者也不少。

此外，日本人也常喝啤酒，幾乎都是飲用國產啤酒。

威士忌和葡萄酒也深受日本人喜愛，除了國產酒之外，進口的數量也不少。另外，也進口白蘭地、伏特加、琴酒等。

日本酒類的年消費量約爲 886 萬千公升，生產量約爲 889 萬千公升，其中啤酒（含發泡酒）占 58%、日本酒 6%、燒酎占 11%（2006 年）。

ある。生産量は約889万キロリットルで、そのうちビール（発泡酒を含む）が58％、日本酒は6％、焼酎は11％を占めている（2006年度）。

日本では、勤務時間後、会社の上司や同僚あるいはビジネスの相手と酒をくみかわしながら、本音で話し合ったり、人間関係を深めたりする習慣がある。

e）飲み物

日本人のもっともポピュラーな飲み物は緑茶である。使用する原料の葉の品質によって、大まかに玉露・煎茶・番茶に分けられる。

玉露はあまり高温でない湯を用い、煎茶は高温の湯を少しさまして用い、番茶は高温の湯を用いる。このほかに、玉露級の良質の茶を粉状にして湯を注いで、そのままこさずに飲む抹茶がある。緑茶には砂糖やミルクを入れない。

コーヒーも今日日本人に広く愛好されている。コーヒー好きの人は、好きな豆を買って自宅で調製して飲む。喫茶店でもコーヒーはよく飲まれる。一般の家庭でコーヒーを飲む習慣は、インスタントコーヒーが出現して以来、著しく普及した。

紅茶も広く普及し、各種の銘柄が好まれている。

その他の飲料としては、戦後80年代前半まではコーラの普及が著しかった。最近ではコーヒーが目立った伸びを示しているほか、各種のスポーツドリンク・ジュース・ウーロン茶、緑茶など、非常に多様な飲みものが飲まれている。

ペットボトルと温度調整がついた自動販売機の登場により、消費量の減少が見られた緑茶ならびにミネラルウォーター・天然水の販売量も急増している。

f）タバコ

日本はタバコ消費量で、中国、アメリカ、ロシアに次ぐ世界第4位で、成人男子の38.9％、女子の11.9％がタバコを吸っている（2009年）。健康志向の高まりから、喫煙者の比率は年々低下の傾向が続いており、20年前に比べ、

日本人經常在下班後，和上司同事或客戶一起喝酒，在酒酣耳熱後說出真心話，借此加深感情，增進人際關係。

e）飲料

日本最大衆化的飲料是綠茶，依其茶葉的品質，大致分爲「玉露」、「煎茶」、「番茶」等。

玉露以溫度不很高的開水來沖泡；煎茶則先將高溫的開水，冷却一下再使用；番茶則使用高溫的開水。除此之外，也有一種將玉露級的良質好茶先磨成粉末狀後注入熱水，即成爲不經過濾即可飲用的「抹茶」。喝綠茶時不加砂糖和牛奶。

咖啡也深受現代日本人所喜愛，愛喝咖啡的人大多喜歡買咖啡豆，在家調製飲用，也有的經常在咖啡店中飲用。一般家庭喝咖啡的習慣，是在即溶咖啡普及之後，才開始流行。

紅茶在日本也相當普及，各種牌子都相當受到歡迎。

至於其他的飲料，戰後到 80 年代前半，以可樂的普及最快。最近除了咖啡呈現高成長之外，其他各式各樣的運動飲料、果汁、烏龍茶、綠茶等的罐裝飲料，也經常被飲用。

最近由於推出寶特瓶或是使用附有溫度控制的自動販賣機來銷售，使得原本消費量日益減少的綠茶及礦泉水、天然水的銷售量，也隨之急速增加。

f）香烟

日本的香烟消費量僅次於中國、美國、俄羅斯，爲世界第四位。成年男子有 38.9%吸烟，女子有 11.9%吸烟（2009 年）。因爲最近健康意識的提升，吸烟者的比率也有逐年降低的傾向，與 20 年前相比，減少了 20%。

20 ポイント減少している。

　また、非喫煙者の嫌煙権の主張が強くなり、他の多くの国と同じように、職場、公共の施設や交通機関、レストランなどでは禁煙がますます広がっている。

　外国産を含め 100 種以上のタバコがある。銘柄別ではセブンスターやマイルドセブンなどが根強い人気を保っているが、最近では喫煙者の健康志向の高まりから、より低タール、低ニコチンのマイルドセブン・スーパーライトやマールボロ・ライトなどへ切り替える動きも進んでいる。
　日本では、タバコは 1985 年に公社から民営化された日本たばこ産業株式会社によって販売されている。現在タバコの売値のおよそ 60％超が税金である。

(11) 日本人について

a) 国民性
　日本人の国民性の特徴として、多くの人が指摘しているもののうち、共通性のあるものを、いくつか取り上げてみよう。
　①日本人が何人か集まると、たとえば、年齢とか社会的地位など何らかの基準によりお互いの序列が意識され、それにより行動様式も影響を受ける。また日本語は敬語が非常に発達しているが、これらは日本人が上下関係を重視することによるものである。

　②欧米人は自分の意思や意見を直接相手にぶつけて強く自己主張するのに対し、日本人は相手の気持ちや立場を察して、それも考慮に入れて発言したり行動したりする傾向が強い。さらに、日本人にはイエス・ノーをはっきり表明しない傾向がある。日本人がこのような行動をとり、また相手にもそれを期待するのは、日本人の同質性、無用の摩擦を避けようとする古くからの伝統などに基づくものであろう。

　③ 本人は人間と自然との調和を尊重する。建築や庭園の様式でも、自然をそのまま素材として生かそうと努める。

此外，由於非吸烟者日益強烈的主張禁烟權，如同許多國家一般，在公司、大眾運輸工具、餐廳等，也有越來越多的地方開始禁烟。

包含外國產的香烟有 100 種以上，在品牌上以七星及七星淡烟最受到歡迎。由於吸烟者的健康意識也日益提高，因此也逐漸轉換成低焦油、低尼古丁的七星超級淡烟，及萬寶路淡烟等產品方面。

目前日本烟，已在 1985 年由專賣的公社，轉換為民營化的日本烟草產業株式會社。現在香烟的價格當中，有超過 60％都是稅金。

（11）關於日本人

a）國民性

關於日本人的國民性特徵，以下就大多數人所公認的，歸納出幾個具共同性的例子：

① 幾個日本人聚集在一起時，就會以年齡、社會地位等為基準，意識到彼此身份地位的順序，其言行舉止也會受到此種意識影響。另外，日語的敬語非常發達，這足以顯示日本人對輩份關係的重視。

② 歐美人士往往直接向對方提出自己的意見，並強調自己的主張。日本人則多半會觀察對方的感覺和立場，並且在發言時或有所行動時，把這些列入考慮的因素。此外，日本人有不喜歡表示明確的「好」與「不好」的傾向，日本人在自己要有所行動時，往往期待對方能夠認同，大概是源於日本人的同質性，也是基於自古以來，在傳統上希望能避免不必要的摩擦。

③ 日本人尊重人與自然的和諧。即使是在建築和庭園的樣式上，也儘量取材於自然素材，以期能保持其原有風貌。

b) 日本人の集団帰属意識

　　日本人が個人より集団を重視する傾向が強いことは、アメリカのE・O・ライシャワー教授（ケネディ大統領時代の駐日大使）はじめ多くの研究者によって指摘されている。そして、日本人の集団帰属意識が、稲作文化の歴史とかかわりがあるとする見方も広く認められている。

　　日本の水田稲作農業では、集団作業と共同秩序が必要とされた。一定時間に集中的に行われる田植や稲刈などの作業には、近隣同士、力をあわせて共同作業をする必要があったし、田にひく水の割当なども近隣同士の配分の秩序が必要であった。このことから農民は、農村という地域社会への帰属意識を持たざるを得なかった。

　　また、中国から伝わった儒教の道徳が広がるにつれ、家に対する帰属意識が強まり、支配階級である武士は、自分の属する藩に対する帰属意識ももつようになった。

　　サラリーマンの企業への帰属意識も、このような歴史的基盤の上に、さらに日本の企業経営の特徴である終身雇用制や年功序列あるいは企業内福祉により強められてきた。

c) 武士道

　　武士道は、鎌倉時代から発達し、江戸時代（17世紀から19世紀半ばまで）に儒教的思想に裏付けられて大成した武士階層の道徳体系である。忠誠・犠牲・信義・廉恥・礼儀・潔白・質素・倹約・尚武・名誉・情愛・相手への思いやり（武士の情け）、弱者や女性への愛情などの徳目が重んじられた。

　　武士が支配階級となる前、専ら戦うことを職業としていた時代、死を讃える考え方が大きな比重を占めた。これは平和な江戸時代にも残り、佐賀藩では「武士道とは死ぬことと見つけたり」という思想（葉隠精神）が強調されたが、これは日本の武士道の全体系の中の、一部の考え方である。

　　武士道の特徴の一つは尚武・名誉である。すなわち相手に勝つことである。勝つということは、ただ単に力ずくで他者を圧倒することではない。自分自身に勝つことによってのみ他者に勝ちうるという、精神的な構造の錬磨をも含むのである。強さは自己に勝つとき形成されるものであ

b) 日本人的集團歸屬意識

　　日本人有重視集團、更勝於重視個人的傾向，這是美國的
E.O.萊歇爾教授（甘迺迪總統時代的駐日大使）依據許多研究
者的研究結果所指出的。也有很多觀點指出，日本人的集團歸
屬意識和稻作文化的歷史息息相關。

　　日本的水田稻作農業，必須仰賴集團作業和共同秩序。在
一定時間內進行插秧和收割等作業時，必須集中鄰近的人力共
同作業，引水灌溉等也須鄰居們按先後順序進行分配。所以日
本農民不得不對農村或地域社會，產生認同的歸屬意識。

　　此外，由於深受中國的儒家道德觀的影響，對家庭的歸屬
意識相當強烈，作為統治階級的武士，對於自己所屬的藩主也
有強烈的歸屬意識。

　　受薪階級對於企業的歸屬意識，也是建立在這樣的歷史基
礎上，再加上日本企業的經營特色，是採用終身雇用制和年功
序列，並提供各項公司內部福利，因而更加強了員工對企業的
歸屬意識。

c) 武士道

　　武士道從鎌倉時代開始發達，江戶時代（17 世紀起至 19
世紀後半）依據儒家思想為基礎，完成了武士階層的道德體系。
武士道重視忠誠、犧牲、信義、廉恥、禮儀、清廉、質樸、儉
約、尚武、名譽、情愛、對於對方的關懷（武士之情）、對於
弱者及女性的愛情等的品德項目。

　　武士階級在成為統治階級前，以專精於戰技為職業，當時
首重視死如歸的精神。此點在政局安定的江戶時代，仍然被延
續下來，佐賀藩則是特別強調「武士道就是尋找如何捨身就義
而已」（葉隱精神），但這只是日本武士道全體系當中，一部分
的思想模式。

　　武士道的特徵之一是尚武、名譽，亦即是戰勝對手。所謂
戰勝並不僅是用武力壓倒對方，也包含著先戰勝自己，才能戰
勝他人之精神構造上的磨練。武士道認為，真正無堅不摧的力

り、それは他者を精神的に圧倒し、他者から一目おかれる精神的な高さの表現でもある。このような精神的な強さを表現することの一部として、礼儀が重んぜられた。

剣道・柔道など武術の流れを汲む現代のスポーツにおいても、はじめに礼儀が厳しくしつけられる。

ヨーロッパの騎士道はキリスト教の影響を受けて発達し、勇気・敬神・礼節・廉恥・名誉・鷹揚などの徳を理想としている。騎士道はこのように武士道と多くの点で共通性をもつが、主従関係が契約的性質をもっていたため、この点で武士道が絶対的忠誠を重視するのと異なる。

d）切腹

切腹とは、武士が責任をとって自害する方式のことで、平安時代以来始まったといわれている。もちろん、現代日本では、切腹は自殺の手段としても刑罰の手段としても行われていない。1970年に著名な作家である三島由紀夫が切腹した事件は、極めて例外的な事柄であり、日本人自身も驚いている。

日本では、精神修養のできた立派な人を腹のできた人といって尊敬する気風が強い。

封建時代の武士は、腹を精神のやどるところとして尊重したので、武士として責任をとるために死ぬときに腹を切ったのである。

江戸時代、切腹は武士に対する死刑の方法となった。これは、武士の人格・名誉を重んずる意味で、自ら死なせるという形をとったものである。切腹の失敗を防ぎ、無残な苦しみを早く断つために、自ら腹を切ったときにほかの人が首を切り落とした。

e）日本人の微笑

長く日本に滞在して帰化したイギリス出身の文学者であるラフカディオ・ハーン（1850〜1904）は、『日本人の微笑』という随筆で次のようにのべている。

「日本人の微笑から受ける第一印象は……まず、たいていの場合、すばらしく愉快なのが通例である。日本人の微笑は、最初はひどく魅力的なのだ。それが見る人に、へんだなと首をかしがせるようになるのは、よほど後になって

量，是先由戰勝自己而得以形成，這是以強而有力的精神力量超越並壓倒對方。而如何表現出這強而有力的精神境界，則以重視禮儀為基本。

淵源於劍道、柔道等的武術，雖然今日已轉化成為現代運動，但在參與之初，就會非常嚴格的要求禮儀。

歐洲的騎士道則是受基督教的影響而發達，把勇氣、敬神、禮節、廉恥、名譽、慷慨等道德，作為騎士的理想。騎士道和武士道有很多共同點，但是其主從關係有契約性質，與武士道重視絕對忠誠，有著基本上的差異。

d）切腹

切腹是武士為了負責任而自戕的方式，據說起源於平安時代。當然，現在的日本，已經不再把切腹當作自殺或是刑罰的手段。1970 年著名作家三島由紀夫的切腹事件僅是一個極為例外的事件，就連日本人也很震驚。

日本習慣上尊敬具有高尚精神修養之人，稱之為「有肚量」（內涵）。

封建時代的武士，將腹部當作精神修養之處，因而很重視腹部。所以，當武士為了負責而欲一死時，就切腹謝罪。

江戶時代時，切腹成為處死武士的刑法之一，這是一種帶有尊重武士人格和名譽的意味，而使其自我結束生命。為防止切腹失敗，並儘快解除切腹人的痛苦，切腹後旁邊會有隨侍人員，將其首級取下。

e）日本人的微笑

長期旅居日本，並已歸化日本籍的英國文學家拉夫卡迪奧‧赫恩（1850～1904）在他的隨筆「日本人的微笑」中，作了下述的說明：

「當看到日本人的微笑的第一印象，大部分的人都會覺得很愉快。日本人的微笑，最初是非常具有魅力迷人之處，但之

からのことで、同じ微笑を常とはちがう場合に－－たとえ
ば、苦しいときとか、恥かしいときとか、がっかりしたと
きとかに見せられると、はじめは何だか妙てけれんな心
持になってくるのである。……笑顔は、目上にものを言う
ときでも、対等の相手と話をするときでも、愉快な場合
はもちろんのこと、愉快でない場合にも用いられる。だれ
にとっても一番愛想のいい顔は笑顔なんだから、できるだ
け愛想のいい笑顔を、両親・身うちのもの・先生・友達・
そのほか好意をもってくれている人にむかっていつも見せ
る。－－これが生活の掟になっているのだ。……心は千々
に乱れているようなときでも、顔には凛とした笑顔をたた
えているというのが、社交上の義務なのである。」(小泉八
雲全集『知られざる日本の面影』平井呈一訳)

　このように、ラフカディオ・ハーンは、日本人の文化
として定着している自制としての微笑に言及している。親
愛・同調・共感などを示す微笑は、外国人にも共通であり
理解されるが、この自制としての微笑は時に外国人をまど
わせるようだ。

f) 日本人の自己紹介のしかた

　日本では、特殊な職種を除いて大部分の従業員は、職
種により採用されるのでなく、一般的潜在能力により採用
されている。そして、会社が本人の希望や適性を加味しな
がら、各職場からの配属要求に基づいて、配属先を決定す
る。その後も地位の上昇あるいは事業の展開によって、経
験のない職場にかわることはごく普通である。とくにホワ
イトカラーの場合、職種という観念が乏しい。

　このようなことから、仕事の内容を表わすのには、会社
名と現在の所属部門をいうのが、一番的確であるというこ
とになる。

(12) 日本の文化力

a) 文化力の再認識

　文化力とは人の心を引き付ける魅力であり、真の豊かさ
と活力ある社会を実現する基礎であるといえる。同時に文
化芸術は国の経済活動においても新たな需要や高い付加価
値を生み出す源泉となり、また経済とも密接に関連しあう
と考えられるようになった。戦争と革命の世紀といわれた

後有時也令人感到不可思議，而丈二金剛摸不到邊。例如說，相同的微笑也會在不同的場合上使用，例如苦惱、羞愧時或是失意時也會作微笑狀，令人感到有點莫名而複雜。日本人在與長輩、上司談話，或是與平輩說話時，在愉快的場合是理所當然，即使是在不愉快時也都面帶微笑。無論對誰來說，最惹人喜愛的就是笑臉，這種笑臉在雙親、親屬、老師、朋友和帶有善意的人面前，經常可以見到，這也成為生活上的一個習慣。……即使在心緒煩亂時也在臉上表現出凜然的笑容，這在日本社會社交上有其意義，也是社交上的義務。」（小泉八雲全集「不為人知的日本面貌」平井呈一譯）。

拉夫卡迪奧‧赫恩這樣描述已成為日本文化的一部分、此種帶有自制的微笑。具有全球共同性，表示親愛、贊成、同感等的微笑，對外國人來說是可以理解，但是有時日本人此種帶有自製味道的微笑，也會使外國人困惑而感到不可思議。

f）日本人自我介紹的方式

日本除了一些特殊業種，大部分職員並不是依照專長職種而被錄用，一般在錄用上是依照其潛在能力，進入公司後再依據本人的希望和性向，以及各部門的需求決定其職務。其後，因為調升職等或隨著事業的發展，而被調到完全不熟悉的工作場所，也是常有的事。尤其是白領階層，更是沒有個人專長的觀念。

因此，在介紹職務的內容時，一般都以公司的名字和現在所屬的部門來說明，這應該是最適當的說法。

（12）日本的文化力
a）對於文化力的再認識

文化力具備著吸引人心的魅力，可說是享受真正豐足及實現活力社會的基礎。同時文化藝術也可讓國家孕育出新的需要，或是將成為高附加價值的泉源，也與經濟有著密切的關聯，這個想法已逐漸地被認同。被稱為戰爭與革命的 20 世紀已經結

20世紀が終わり、21世紀に入って国の力として従来からの政治力、経済力、軍事力などに並立する概念として「文化力」の重要性が世界的に認識されるようになった。

　ジョゼフ・ナイ、ハーバード大学教授は、近著『ソフトパワー』において、「人や国の力には3通りがある。ひとつは脅威を与えること、次は金銭的見返りを与えること、そして相手を魅了することである。この3つはそれぞれ軍事力、経済力、ソフトパワーに対応する。ソフトパワーの源泉になるものは、外交政策と人権・平和などの普遍的価値感、ならびに文化力の3つである。これからはソフトパワーの重要性を重視していかなければなければならない。」と述べ、国家の力として文化力の重要性を提唱している。
　広い意味での文化、すなわち衣食住などの生活習慣と国民の生活実態、言語、自然、芸術、伝統文化、各地の風習などを含めた価値の重要性を、国内において広く共有するだけでなく、世界中に積極的に発信して、日本を好きな国になってもらうことが肝要である。

b）文化芸術立国にむけた政府の方針

　政府においてもすでに「文化芸術振興基本法」を制定し、2007年には文化芸術振興に関する基本方針を定めている。その内容は、文化芸術の振興により心豊かな国民生活を実現するとともに、活力ある社会を構築して国の魅力を高め、経済力だけでなく文化力によっても世界から評価される国づくり、つまり「文化芸術立国」を目指すというものである。

　文化芸術振興の対象となるのは、次のような幅広い分野である。
　①芸術：文学、音楽、美術、写真、演劇、舞踊
　②メディア芸術：漫画、映画、アニメーション、コンピュータによるゲーム
　③伝統芸能：雅楽、能楽、文楽、歌舞伎

　④大衆芸能：講談、落語、浪曲、漫談、漫才、唱歌

束，進入 21 世紀後，國力也在原來的政治力、經濟力、軍事力之外，尚需要加上「文化力」。而此並立的重要性，也成為一個新的概念，被全世界重新認識。

哈佛大學教授約瑟夫・奈在近著「軟實力」一書當中敘述：「人或國家的力量分為三種，一種是以威脅，其次是回饋以金錢，再來就是魅力，讓對方為之傾倒。而這三項分別對應的是軍事力、經濟力及軟實力。軟實力的泉源就是外交政策與人權、和平等普遍的價值觀與文化力。今後必須要重視軟實力的重要性。」提倡以文化力作為代表國家的實力，有其絕對的重要性。

而廣義的文化方面，也就是包含食、衣、住等的生活習慣與國民生活實態、語言、自然、藝術、傳統文化、各地風俗等價值的重要性，不但是在國內能夠廣泛的共享，也要能積極地傳播到全世界，讓日本成為各國人心中最喜愛的國家，是有其必要的。

b）日本對於邁向文化藝術立國的政府方針

日本政府已經制定了「文化藝術振興基本法」，並於 2007 年擬定關於文化藝術方面的基本方針。其中的內容為振興文化藝術，實現讓心靈更加豐足的國民生活的同時，建構成為一個有活力的社會，並提升國家魅力。不僅在經濟力量方面，也要建構國家，成為在文化力方面，也能得到全世界的認同與評價。換言之，目標就是邁向「文化藝術立國」而努力。

振興文化藝術的對象，包含下列非常廣泛的範圍：

① 藝術：文學、音樂、美術、攝影、戲劇、舞蹈
② 媒體藝術：漫畫、電影、動畫、電腦遊戲
③ 傳統藝能：雅樂、能樂、文樂、歌舞伎
④ 大眾藝能：講談、落語、浪曲、漫談、漫才、歌唱

⑤生活文化・国民娯楽・出版物：華道、茶道、書道、囲碁、将棋、レコード、出版物

　さらに、2008年からは文化庁は「文化力プロジェクト」を推進している。文化がもたらす豊かさなどをアピールし、社会を元気にして行く目的のもとに、地域の文化を引き立て、地域社会を活性化させようというものである。
　また、海外への文化の発信との観点から、国が中心となり現在進められている方策としては、以下が挙げられる。

①文化財の保存・活用
　　世界文化遺産、世界自然遺産をはじめとする各地の文化財の保存・活用の推進
②観光庁の設置
　　日本の観光行政を担当してきた国土交通省においては、2008年に外局として観光庁が設置された。文化財をフルに活用する観光立国を目指し、外国人旅行者を2010年までに1,000万人とすることを目標に政府、民間、地方が一体となって「ビジット・ジャパン・キャンペーン（YŌKOSO！ JAPAN）」を展開している。

③現代日本文化の発信と国際交流
　　「クール・ジャパン（ジャパン・クールとも言う）」として注目を集めている現代日本文化を計画的・積極的に発信している。アニメ、ゲーム、ファッションなど、新しい文化への関心、特に若い層の関心を、日本そのものへの関心・理解に結びつけようと努力している。その一環として、政府は2007年に「国際漫画賞（International MANGA Award）」を創設した。
④海外・国内の外国人に対する日本語教育の推進
　　日本語の普及は、日本の文化、政治、経済、社会への理解を促進し、日本との交流の担い手となる理解者を育てるうえでぜひ必要である。現在、およそ300万人が海外で日本語を学習しており、国際交流基金が中心となり支援している。日本語学習人口は2006年までの3年間に26.4％増加した。近年では、留学・就職の目的のために日本語を勉強するという人だけではな

⑤ 生活文化、國民娛樂、出版物：插花花藝、茶道、書道、圍棋、象棋、唱片、出版物

除此之外，2008 年起文化廳也開始推動「文化力行動計劃」。倡導由文化所帶來更豐足的國民生活，出發點是要讓社會更加地充滿活力為目的，不但要呈現出各地域文化，也要讓各地域社會更加活性化。

基於上述推動文化傳播於海外的觀點，現在以日本政府為中心，正在推行的方案有下列各項：

①文化財的保存及運用
維護保存、靈活推動運用世界文化遺產，及以世界自然遺產為首的各地文化財。
②設置觀光廳
原本負責日本觀光行政的國土交通省，自 2008 年起以分支外局的方式，獨立設置了觀光廳。這是由於目標是要達到以觀光立國，全面地活用文化財，讓外國人觀光客在 2010 年為止，達到 1,000 萬人為目標，讓民間及地方化為一體，也以「歡迎到訪日本！」為口號，對外展開各種宣傳活動。

③ 現代日本文化與國際交流
「酷！日本（也稱作日本超酷）」將受到世界注目的現代日本文化，以有計劃且積極的姿勢對外加以宣揚。除了動畫、遊戲、流行服飾等之外，特別致力於讓年輕世代們的關心事物，能夠延伸到關心及瞭解日本全體方面。作為推動的一環，日本政府於 2007 年開始創設了「國際漫畫賞（International MANGA Award）」。

④ 對於海內外的外國人推行日語教育
日語的普及，不但可以促進對於日本文化、政治、經濟、社會的理解，負責與日本交流時，也必定需要培育對於日本有相當瞭解的人士。現在海外大約有 300 萬人學習日語，主要是由國際交流基金來負責。學習日語的人口，

く、日本という異文化を理解したい、アニメ・マンガなどのポップカルチャーを日本語で楽しみたいなどの動機から勉強を始める人も増えてきている。政府は、今後全世界に 100 箇所以上の日本語の教育拠点を作る計画である。

(13) 観光

a) 日本の自然景観を楽しむ

日本には山岳・渓谷・河川・湖沼などが多く、海岸線も複雑で地形が変化に富んでいること、四季の移り変わりがはっきりしていることなどから、美しい自然や景観を楽しめる観光地が多い。また、火山が多いので温泉地に恵まれており、それぞれ、よい保養地となっている。これらの代表的なものは、国立公園（29 カ所）や国定公園（56 カ所）に指定されている。また、松島（宮城県）、天の橋立（京都府）、宮島（広島県）は日本三景といわれ、水戸の偕楽園、金沢の兼六園、岡山の後楽園は日本三庭園として知られている。

b) 日本の歴史や文化財をたずねる

日本の古都や史跡をたずね、古い寺院・神社の建物や庭園などを見学し、また仏像や美術工芸品を鑑賞しながら、日本文化の歩みをたどることができる。

奈良、京都は平城京・平安京と呼ばれた古都であり、中国の長安（現在の西安）の都市を模範として造営されたものである。

奈良は、8 世紀に日本の首府として約 70 年間続いた古都である。神社・仏閣・仏像・彫刻・絵画など、国宝や重要文化財の宝庫である。

高さ 16.21 m の大仏（752 年開眼、その後度々修復）がある東大寺や、五重塔が猿沢池に美しい影をうつす興福寺、さらに放し飼いの鹿がたくさんいる春日大社などが、とくに有名である。東大寺には正倉院という校倉造りの木造宝物殿がある。

到 2006 年爲止的 3 年之間，增加了 26.4%。最近數年，不僅是以留學、就職爲目的而學習日語，想瞭解異文化的日本，或是動機上，想以日語直接閱讀日本的動畫、漫畫等流行文化而開始學習日語的人，也有增加的趨勢。今後，日本政府計劃在全世界設立 100 所以上的日語教學據點。

（13）觀 光

a）如何享受日本的自然景觀

由於日本的山岳、溪谷、河川、湖泊眾多，海岸線複雜且地形富變化、四季分明，所以有很多值得遊憩的自然美景和觀光名勝。也因爲火山多，所以溫泉也很豐富，產生了各式各樣優良的療養地。具代表性的地點，多設立有國立公園（29 處）及國家指定公園（56 處）。此外，還有日本三景之稱的松島（宮城縣）、天橋立（京都府）、宮島（廣島縣），及有日本三大庭園造景而著名的水戶偕樂園、金澤的兼六園、岡山的後樂園。

b）可供探訪日本歷史及文化財

如果探訪日本具有長久歷史的古都或史跡，同時也能參觀古代寺院、神社等的建築物或庭園，在欣賞佛像及美術工藝品時，也可以增進不少對於日本文化上的瞭解。

奈良與京都，是日本的古都，也分別稱爲平城京、平安京，是以當時中國的長安（現在的西安）爲典範，所建造而成的。

奈良從 8 世紀起，即爲代表日本的首府，持續了約 70 年的古都。有著許多神社、佛閣、佛像、雕刻、繪畫等，爲日本國寶及重要文化財的寶庫。

東大寺之中，有高 16.21 公尺的大佛（佛像在公元 752 年開光，其後曾歷經數度修復），與猿澤池中映出五重塔倒影的興福寺，以及放養鹿群的春日大社等，都是有名的旅遊勝地。東大寺有一個正倉院，它是一個使用校倉方式（用角材及三角材所建造）的木造寶物殿。

奈良近郊には、現存する世界最古の木造建築である法隆寺がある。
　隣接する飛鳥地方は、6～7世紀ごろ、日本文化の開花した地方で、日本仏教の発祥地でもあり、天皇の御陵や古墳・史跡などが点在している。1972年に、極彩色の壁画が発見されて有名になった明日香村の高松塚古墳もこの一角にある。

　京都は、8世紀末から約1000年余り御所のあった古都である。清水寺・三十三間堂・銀閣寺・金閣寺・平安神宮および東・西本願寺・大徳寺・西芳寺・竜安寺・京都御所・二条城・桂離宮など多くの寺社や史跡があり、その建築美や庭園美は訪れる人達を魅了する。

　また、東山・嵐山・嵯峨野・加茂川など景勝地も多く、西陣織・友禅染・京人形・清水焼・京扇子などの名産品もある。

　東京近郊の鎌倉は、12世紀末から約150年間、武家政権の幕府が置かれたところである。鶴岡八幡宮・長谷の大仏・建長寺・円覚寺などの史跡が多い。

　日本の各地には、石垣・建物・配置などに日本独特の様式をもつ城郭が残されている。三名城といわれる姫路城・名古屋城（金の鯱鉾で名高かった。戦災で焼けたあと修復された）・熊本城のほか、大阪城・松本城・犬山城（その天守閣は、現存するもののうち最古）などが有名である。

　なかでも姫路城は、14世紀中ごろにつくられ、その後しだいに拡張され、その規模の雄大さ、純白の天守閣の美しさなどで、一頭地を抜いている。別名、白鷺城とも呼ばれる。
　城郭の石垣の積み石は、重さ1トン前後のものが多い

奈良近郊也有現今世界最古老的木造建築--法隆寺。

鄰近的「飛鳥地方」是6～7世紀左右，日本文化興盛之所在，也是日本佛教的發祥地，散布著各代天皇的陵寢和古墳、史跡等。1972年，發掘出高松塚古墳，古墳中繪有極其炫麗色彩的壁畫，因此而聞名的明日香村，也位在這裏的一隅。

京都從8世紀末起，約有1,000多年是歷代天皇居住的古都。這裏有清水寺、三十三間堂、銀閣寺、金閣寺、平安神宮，以及東、西本願寺、大德寺、西芳寺、龍安寺、京都御所、二条城、桂離宮等，眾多的寺廟和古跡，其建築和庭園之美，使得造訪此地的人們，嘆為觀止且傾倒不已。

此外，東山、嵐山、嵯峨野、加茂川等風景勝地也很多，也有西陣織、友禪染、京偶人、清水燒、京扇子等當地著名的名產品。

東京近郊的鎌倉，從12世紀末起，約有150年多年是武家政權幕府的所在地。有鶴岡八幡宮、長谷大佛、建長寺、圓覺寺等眾多古跡。

日本各地都還保存著具備日本獨特式樣的石垣（城牆）、建築物及配置等。有三大名城之稱的姬路城、名古屋城（以金的鯱鉾〔屋簷突出之物，呈動物的形狀〕而聞名，曾因戰禍燒毀，其後已經修復）、熊本城。其他尚有大阪城、松本城、犬山城（其中的天守閣是現存同類建築物中最古老的）等名勝。

其中的姬路城建於14世紀左右，其後數度擴大規模，因為規模雄偉，加上擁有純白亮麗外觀的天守閣而出類拔萃。別名又稱為白鷺城。

城牆上的石塊多為一噸重左右，大阪城則特別使用更大的

が、大阪城にはとくに大きなものが使用されている。大阪城の石は、遠く 110 km もはなれた小豆島から運ばれたもので、とくに重い石の場合は、海中に石をつるし、浮力分だけ軽くして運ぶ石釣船が使われたという。

　現在の皇居は、徳川時代の将軍の居城であった江戸城の跡で、毎年 1 月 2 日と天皇誕生日には、国民参賀が行われるので、その一部が参観できる。

c）日本にある世界遺産
1）概要

　世界の顕著かつ普遍的価値を有する文化遺産と自然遺産およびその複合遺産を認定、保護する条約が、1972 年ユネスコ総会で採択された。2008 年 7 月現在、世界 158 カ国の総計 878 件が世界遺産リストに登録されている。その内訳は文化遺産 679、自然遺産 174、複合遺産 25 である。このうち、日本の世界遺産は下記の 14 件である。

2）文化遺産
①法隆寺地域の仏教建造物（1993 年 12 月登録）

　奈良県斑鳩町にある。大陸の仏教建造物を寺院建築に取り入れた世界最古の木造建築群であり、その後の建築様式に多大な影響を及ぼした。

②姫路城（1993 年 12 月登録）

　兵庫県姫路市にある。16 世紀の日本を代表する城郭建築であり、設計技術と装飾美の両面において木造建築の最高峰に位置付けられている。

③古都京都の文化財（1994 年 12 月登録）

　京都府京都市・宇治市、滋賀県大津市に点在している。平安時代から江戸時代までの各時代の神社・仏閣、庭園および文化的背景を伝えている。木造建築でありながら古いものは 1,200 年もの時を越えてその姿を今日に止めている。

④白川郷・五箇山の合掌造り集落（1995 年 12 月登録）

　岐阜・富山県境の山間部に発達した合掌造りの集落

石塊，它使用的石塊是遠從 110 公里以外的小豆島搬運而來
的，搬運時如有特別重的石塊，則使用海中吊石的方法，利用
海水的浮力，將石塊重量減輕的「石塊釣運船」來搬運。

現在的皇居，爲德川時代曾爲將軍所居住「江戶城」的遺
址，每年 1 月 2 日和天皇生日時，國民前往參拜及祝壽時，會
開放其中的一部分。

c）日本的世界遺産
1）概要

爲了認定或保護世界顯著及普遍價值觀的文化、自然遺産
及複合遺産，1972 年聯合國教科文組織訂立了共同保護的規
章。2008 年 7 月在 158 個國家當中，總計有 878 件人類文化上
的遺産被列入世界遺産。其中文化遺産有 679 件、自然遺産 174
件、複合遺産 25 件。其中位於日本的世界遺産有下列的 14 件。

2）文化遺産
① 法隆寺地域的佛教建築物（1993 年 12 月列入）
  位於奈良縣斑鳩町。將大陸的佛教建造物，納於寺院建築
  內，爲世界最古老的木造建築群，也對後來的建築樣式産生
  了重大的影響。

② 姬路城（1993 年 12 月列入）
  位於兵庫縣姬路市。代表 16 世紀日本城郭建築，以設計技
  術及裝飾美兩者兼備，而被視爲木造建築的最高峰代表之
  作。

③ 古都京都的文化財産（1994 年 12 月列入）
  星羅散布於京都府京都市、宇治市、滋賀縣大津市的地區。
  從平安時代開始到江戶時代爲止的神社、佛閣樓、庭園及文
  化背景，也都被完整的保存並繼續傳承。有的木造建築物的
  歷史都已超過 1,200 年，昔日的英姿，超越了時光停留到今
  日。

④ 白川鄉、五箇山的「合掌村落」（1995 年 12 月列入）
  發源而建築於岐阜、富山縣境的山岳地帶，有著合掌般屋簷

である。合掌造り家屋は、豪雪に耐え、養蚕にも利用できるよう工夫が施されており、巨大な茅葺き屋根と三角形の結合をベースにした独特の構造をもつ。集落として優れた自然景観が保存されている。

⑤厳島神社（1996年12月登録）

広島県廿日市市にある。海上に建ち並ぶ建造物群と背後の弥山原始林とが一体となった独創的な神社建築である。建造物の多くが平安時代の寝殿造りの特徴をもつ。日本三景の一つ「安芸の宮島」で知られる。

⑥原爆ドーム（1996年12月登録）

1945年8月6日、広島市に投下された原子爆弾によって破壊された広島県産業奨励館の残骸で、人類にとっては負の遺産であるが、後世に引き継ぐべき「歴史の生き証人」としての価値が評価された。核兵器廃絶と恒久平和を求める誓いのシンボルとして、平和へのメッセージを発信していく。

⑦古都奈良の文化財（1998年12月登録）

奈良県奈良市に点在する。8世紀の中国、朝鮮半島との文化的交流を示す建造物や芸術品が数多く遺されている。

また、日本国家の基礎が整った奈良時代の都市の様子を伝える貴重な史料としての価値をもつ。

東大寺や興福寺など日本で独自の発展を遂げた仏教建築群、春日大社とその原始林、そして平城宮跡が指定範囲である。

⑧日光の社寺（1999年12月登録）

栃木県日光市にある。江戸時代初期から中期に建てられ、日本近世の建築様式を代表する建築物群が残されている。また、自然環境と建造物が一体となった宗教空間は、古来の神道思想を顕著に反映したものとされている。

⑨琉球王国の城・遺産群（2000年12月登録）

日本、中国、朝鮮半島、その他東南アジア諸国と経済的政治の交流をもっていたことを示す建造物群があ

形狀的村莊。合掌形狀的家屋，不但能够抵禦豪雪，也匠心獨運的運用在養蠶方面。房屋的基本架構是以巨大的三角形茅葦屋頂而聞名，這種獨特構造的村落，被保存在優美的大自然景觀當中。

⑤ 嚴島神社（1996 年 12 月列入）
位於廣島縣廿日市市。排列在海上的連棟建造物群，與背後的彌山原始林合爲一體，非常具有獨創性的神社建築。許多建築物皆具備平安時代寢殿樣式的特徵。「安藝的宮島」也被稱爲日本三景之一，而廣爲人知。

⑥ 原爆紀念館（1996 年 12 月列入）
1945 年 8 月 6 日於廣島市，被原子彈破壞的廣島縣産業獎勵館的殘骸，對於人類而言，雖然是負面的遺産，但還是應該被承繼到後世，以一位「歷史的活證人」，有其存在的價值。現在身爲廢棄核武及祈願永世和平的象徵，持續對世界發聲，傳遞著訊息。

⑦ 古都奈良文化財（1998 年 12 月列入）
星羅散布於奈良縣奈良市。遺留著許多從 8 世紀與中國、朝鮮半島進行文化交流的建築物或是藝術品。
此外，也傳達了日本整合爲國家基礎時，奈良時代的都市風貌，它的本身就是份貴重的史料，有其價值性。
東大寺、興福寺等則爲日本獨自發展完成的佛教建築群。春日大社及其原始森林、平城宮遺跡都是被指定的範圍。

⑧ 日光的社寺（1999 年 12 月列入）
位於栃木縣日光市。從江戶時代初期到中期所建，有許多爲代表日本近世建築樣式的建築物群。此外，將自然環境與建物融爲一體的宗教空間，被認爲是鮮明地反映了自古以來的神道思想。

⑨ 琉球王國之城・遺産群（2000 年 12 月列入）
這些建築物群，顯示著日本與中國、朝鮮半島、東南亞各國，

る。また、失われた琉球王国の遺跡と失われつつある
文化的伝統、および自然崇拝、祖先崇拝という沖縄伝
統の信仰形態を今日に伝えている。

⑩紀伊山地の霊場と参詣道（2004年7月登録）

　　和歌山・奈良・三重の3県にまたがる多数の神道・
仏教の歴史的建造物および史跡群。自然崇拝に根ざし
た日本古来の神道と大陸より伝来した仏教が結びつい
た神仏習合思想をよくあらわしている。また、神社や
寺院などの建造物が自然環境と一体となって文化的景
観を構成している。加えて、吉野・大峯、熊野三山、
高野山などの霊場を結ぶお参りのための古道があり、
この「道」も世界遺産として登録されている。

⑪石見銀山遺跡とその文化的景観（2007年7月登録）

　　島根県のほぼ中央にある。中世から近代まで400年
の歴史をもつ世界有数の銀鉱山遺跡で、当時の生産現
場から町並みまでの文化的景観が保存されている。
「全盛期には、世界の産出銀の3分の1を占めた日本
銀の相当部分を産出し、アジア諸国に輸出し欧州との
交流をもたらしたこと」、「環境に配慮し、人と自然が
共生しながら銀生産を実現させたこと」などが評価さ
れ、その周辺の景観とともに文化遺産に登録された。

3）自然遺産
①白神山地（1993年12月登録）
　　青森・秋田の両県の日本海側に広がる世界最大級の
ブナ原生林で、稀少な動植物も多い。

②屋久島（1993年12月登録）
　　九州南方65kmに位置し、年間雨量が10,000mm
に達する。亜熱帯植物から亜寒帯植物までの植物が平
地から山頂へと連続的に分布する植生が見られ、希少
植物の宝庫として知られる。樹齢数千年の屋久杉が多
く見られ、その中には樹齢7,200年の縄文杉がある。

③知床（2005年7月登録）
　　北海道東部に位置する知床半島および周辺海域。

自古以來即有著深遠的政治與經濟上的交流。由此可看到已經滅亡的琉球王國的遺跡,與一些已日益消失當地文化上的傳統,以及持續傳承到今日,在沖繩傳統信仰當中,對於大自然及崇拜祖先的信仰型態。

⑩ 紀伊山地的靈場與參拜古道(2004 年 7 月列入)

蜿蜒於和歌山、奈良、三重的 3 縣當中,多數神道、佛教歷史的建築物以及古跡群。對於自然的崇拜是日本古來神道思想的根源,與百濟所傳來的佛教結合,可以看到神佛習合的思想參雜其中。神社與寺院等的建造物,與自然共成一體,又構成了獨特的文化景觀。此外,包含參拜吉野、大峯、雄野三山、高野山等的靈場古道,這些古道也被列入,成爲世界遺産的一部分。

⑪ 石見銀山遺跡及文化上的景觀(2007 年 7 月列入)

位於島根縣中央的部分。從中世到近代爲止,擁有 400 年的歷史,爲世界上屈指可數的銀礦山遺跡,完整的保存著當時生産的現場及街道等的文化景觀。「在全盛時期,當時日本所出産的銀礦,就占了全世界産量的 3 分之 1,有相當多的部分在此地生産,除了出口到亞洲各國之外,也帶動了與歐洲等國的交流」,「一方面考慮到對於環境的衝擊,在另一方面也讓人類與大自然一起共生,進行銀礦的開採」。因爲這種觀念受到肯定,連同附近的景觀,一起被列入爲文化遺産。

3)自然遺産

① 白神山地(1993 年 12 月列入)

廣布於青森、秋田兩縣的日本海沿岸,爲世界最大級山毛欅的原始林。此外,稀有動植物也爲數眾多。

② 屋久島(1993 年 12 月列入)

位於九州島南方 65 公里的位置,年間雨量達 10,000 公厘,從亞熱帶到亞寒帶的植物,平地一直到山頂,可以觀察到連續植生的分布,以稀有植物的寶庫而舉世聞名。這裏也有許多樹齡高達千年的屋久杉,其中最高的有 7,200 年的繩文杉。

③ 知床(2005 年 7 月列入)

是指位於北海道東部的知床半島及周邊海域。由於季節性海

季節海氷により海洋生態系と陸上生態系が相互に関係し合い、特異な複合生態系を生み出ている。動植物とも北方系と南方系の両種が混在する多様な生物相が見られる。類まれな原始性を残し、オオワシ、オジロワシ、シマフクロウ、トド、ヒグマ、光ゴケ、シレトコスミレなどの絶滅危機に立つ動植物が生息している。

4) 複合遺産（現在登録されたものはない。）

d) 日本での宿泊

日本の宿には、日本式と西洋式がある。

西洋式のものは、設備・サービス・食事・会計など欧米の場合と大体同様である。

日本式の宿の各部屋は、日本家屋と同様に畳敷である。便所は部屋ごとについている場合もあるが、便所・浴室ともに共同の場所に設けられていることもある。とくに温泉地では、共同浴室が売物なので広く豪華である。

料金は通常、夕食・宿泊と翌日の朝食代が含まれている。食事は日本料理であるが、ふつうは客が選択するのではなく、宿側が用意したものが出される。また、食事は各部屋に運ばれてくるが、最近では人手不足と労務費の節約から、食堂式に簡略化されている場合もある。食事をとらないときは、もちろん料金を割り引いてもらうことは可能であるが、日本式の宿では食事の内容も含めて客をもてなすという考え方があるため、食事込みでない客はあまり歓迎されない。

西洋式・日本式を問わず、所定料金・税金のほかに、所定料金の10〜15％位のサービス料を出発時の会計で一括請求される。したがって、特別に世話になったとき以外は、従業員に心付け（チップ）を渡す必要はない。

全国各地の観光地を主体に、民宿・ペンションと呼ばれる経営者の自宅を兼ねた簡便な宿泊施設もある。宿泊、食事を廉価で提供し、経営者の家族ぐるみでの家庭的なもてなしにより好評である。

観光シーズンには、観光地の宿はたいへん混雑するので、早めに予約しておく必要がある。シーズン外でも予約しておいた方がよいが、もし予約なしで旅行するような場

洋流冰的海洋生態系,與陸上生態系交互影響,誕生了其他地區所無法比擬的特異複合生態系,動植物兩者皆可看到北方系與南方系混合共生的生物相貌。也殘留著許多稀有的原始性風貌,諸如許多瀕臨絕種的海鷹、大白鷹、毛腿漁鴞、海獅、棕熊、發光苔蘚、知床菫等動植物,均生息其中。

4)複合式遺産(現在尚未被列入)

d)日本的住宿

日本的住宿方式分爲日式和西式。

西式旅館不論是在設備、服務、用餐、結帳等各方面,都和歐美大致相同。

日式旅館的房間和一般日本家庭住宅一樣,是使用榻榻米。有的房間有附設廁所,但也有廁所及浴室都是以公共方式來共同使用。尤其是在溫泉勝地,大澡堂是主要賣點之一,所以大都很豪華且寬敞。

旅館費用通常包含當天的晚餐、住宿費和隔天的早餐。用餐都是以日本料理爲主。通常不是由客人選擇,而是旅館自行搭配。用餐時,會將餐食送到房間內,但是近年來由於人手不足和節省勞務費的關係,採用在食堂用餐的方式也不少。如果不用餐,當然可以按照規定退費,但是日式旅館習慣在招待客人時,已經包含用餐等內容,所以不太歡迎不用餐的客人。

無論是西式或日式旅館,在所定費用、稅金之外,於結帳時都會加收10～15%的服務費。因此,除了特別麻煩服務員的情況外,無須再付小費給服務員。

全國各地的主要觀光地區,有些經營業者,將自宅提供成爲簡易的住宿設施,稱爲民宿或旅店。在住宿及餐飲方面,除了提供較低廉的價格之外,加上經營者都是家族一起經營,常以賓至如歸的家庭方式,來親切的招呼客人,而受到好評。

在觀光旺季時,觀光風景區的旅館經常客滿,所以必須提早預約。即使不是旺季,最好還是要先行預約,若旅行時沒能提前預約的話,也可以透過車站、機場等的旅客服務中心,代爲找尋能夠安心住宿的地方。

合は、下車駅や空港の旅行案内所に、安心して泊まれる宿
を斡旋してもらうとよい。

(14) 日本のノーベル賞受賞者

2008年までにノーベル賞を受賞した日本人は、次の15
人である。

①湯川秀樹（1949年、物理学賞）：陽子と中性子との間
に作用する核力を媒介するものとして、中間子の存在
を予言した。

②朝永振一郎（1965年、物理学賞）：「超多時間理論」
と「くりこみ理論」で有名で、量子電磁力学分野の基
礎的研究につくした。

③川端康成（1968年、文学賞）：人生の哀歓の幻想と美
をみごとに描いた『雪国』は、近代日本抒情文学の古
典といわれる。『伊豆の踊子』・『古都』・『千羽鶴』・
『山の音』など多くの名作を残している。

④江崎玲於奈（1973年、物理学賞）：半導体・超電導体
トンネル効果について研究し、エサキダイオードを開
発した。

⑤佐藤栄作（1974年、平和賞）：日本の首相として国を
代表して核兵器保有に終始反対し、太平洋地域の平和
の安定に貢献した。

⑥福井謙一（1981年、化学賞）：「フロンティア電子軌
道理論」を開拓し、化学反応過程に関する理論の発展
に貢献した。

⑦利根川進（1987年、医学・生理学賞）：「多様な抗体
遺伝子が体内で再構成される理論」を実証し、遺伝
学・免疫学に貢献した。

⑧大江健三郎（1994年、文学賞）：核時代の人間の救
済、障害をもつ子との共生などを思想の背景に、『個
人的な体験』『万延元年のフットボール』などの作品
を発表した。

⑨白川英樹（2000年、化学賞）：絶縁体と考えられてい
たプラスチックに導電性を持たせることに成功し、現
代社会を支える電子機器の開発・普及に貢献した。

（14）日本的諾貝爾得獎者

至 2008 年為止，日本人獲得諾貝爾獎的，有下列共 15 人。

①湯川秀樹（1949 年物理學獎）：預言了在質子和中子之間，有產生媒介核力作用的中介子存在。

②朝永振一郎（1965 年物理學獎）：以研究「超多時間理論」和「重整化理論」而聞名，一直致力於量子電磁力學領域的基礎研究。

③川端康成（1968 年文學獎）：出色的描寫了人生悲歡離合的幻想和美，「雪國」被稱為近代日本抒情文學中的古典作品。其他尚有「伊豆的舞孃」、「古都」、「千羽鶴」、「山音」等多部名作。

④江崎玲於奈（1973 年物理學獎）：進行關於半導體、超電導體隧道效應的研究，成功的開發了江崎隧道二極體。

⑤佐藤榮作（1974 年和平獎）：身為日本首相，代表國家自始至終反對擁有核武，對太平洋地區的和平與安定，有很大的貢獻。

⑥福井謙一（1981 年化學獎）：研究的「先端電子軌道理論」，對於化學反應過程理論的發展上，有很大的貢獻。

⑦利根川進（1987 年醫學、生理學獎）：因為證明了「體內多樣抗體基因再構成理論」，對於遺傳和免疫學有很大的貢獻。

⑧大江健三郎（1994 年文學獎）：以現今核子時代對於人類的救贖，和關懷身心障礙兒童與社會共生等思想為背景，發表了「個人的體驗」、「萬延元年的足球」等作品。

⑨白川英樹（2000 年化學獎）：將原本視為絕緣體之塑膠，成功的加以改良，成為具備導電性，對於支撐現代社會的電子機器的開發與普及方面，有其卓越的貢獻。

⑩野依良治（2001年、化学賞）：必要な型だけを合成する「不斉合成」とよばれる手法を開発し、医薬・食品を安全かつ大量に生産することに貢献した。

⑪小柴昌俊（2002年、物理学賞）：宇宙空間中の希少素粒子ニュートリノの検出に「カミオカンデ」を利用して成功し，物理学の大統一理論の前進に貢献した。

⑫田中耕一（2002年、化学賞）：タンパク質の質量を精密・簡単に測定する技術（ソフトレーザー脱離イオン化法）を開発し、生命科学、医療の進歩に貢献した。

⑬小林誠並びに⑭益川敏英（2008年、物理学賞）：クォークが自然界に少なくとも三世代（六種類）以上あることを予言する対称性の破れの起源の発見をして、新しい理論で説明することに成功し、素粒子物理学の基礎の構築に貢献した。小林誠、益川敏英の共同の受賞

⑮下村脩（2008年、化学賞）：緑色蛍光たんぱく質（GFP）の発見と開発をして、医学や生命科学の発展の基となる貢献をした。

なお、この他に米国籍を取得した南部陽一郎（2008年、物理学賞）がいる。素粒子物理学と核物理学における自発的対称性の破れを発見し、基本理論を数式化し、現在の素粒子論の基礎の構築に貢献した。

⑩野依良治（2001 年化學獎）：僅合成必要的成分，開發了所謂不對稱合成（Asymmetric synthesis）的手法。對於醫藥、食品的安全方面及大量生產時，有卓越的貢獻。

⑪小柴昌俊（2002 年物理學獎）：檢驗宇宙空間中的稀少微中子，利用神岡礦坑實驗探測微中子的方法，獲得成功。對於推進物理學的大統一理論作出貢獻。

⑫田中耕一（2002 年化學獎）：開發了測定蛋白質品質時的精密而簡單的軟雷射脫附法的技術，對於生命科學、醫療的進步作出貢獻。

⑬小林誠與⑭益川敏英（2008 年物理學獎）：發現在自然界中，誇克最少有三世代（六種類）以上，發現了對稱性破缺的起源，而以此新的理論可以成功的說明，對於建構次原子粒子物理的基礎上，作出貢獻。小林誠與益川敏英兩人共同獲得此項殊榮。

⑮下村脩（2008 年、化學獎）：發現及開發了螢光蛋白質（GFP），這對於醫學及生命科學發展的基礎，有其卓越的貢獻。

其他尚有已歸化美國國籍的南部陽一郎（2008 年物理學獎）。在基本粒子物理領域及原子物理學中，發現了自發對稱性破缺機制，並將基本理論予以數式化，為現今建構基本粒子理論基礎的先驅，貢獻良多。

[附錄]

[統計資料]

(1) 世界主要各國面積

國 家 名	面	積
	（1,000 k ㎡）	(1,000 sq.mile)
俄羅斯	17,098 千平方米	6,602 千平方英里
加拿大	9,985 〃	3,855 〃
美國	9,629 〃	3,718 〃
中國 [1]	9,597 〃	3,705 〃
（台灣）	36 〃	14 〃
（香港特別行政區）	1.1 〃	0.42 〃
（澳門特別行政區）	0.029 〃	0.01 〃
巴西	8,515 〃	3,288 〃
澳大利亞	7,692 〃	2,970 〃
阿爾及利亞	2,382 〃	920 〃
沙烏地阿拉伯	2,150 〃	830 〃
印尼	1,905 〃	736 〃
法國	552 〃	213 〃
日本	378 〃	146 〃
德國	357 〃	138 〃
馬來西亞	330 〃	127 〃
義大利	301 〃	116 〃
英國	243 〃	94 〃

「日本國勢圖會」（2008/2009）

[1] 含台灣、香港及澳門。

(2) 日本的主要都市人口 （2008 年 3 月 31 日現在）

都　　　市　　　名	人　　口(千人)
東京 23 區 (Tokyo)	8,414 千人
橫　　濱 (Yokohama)	3,586 〃
大　　阪 (Osaka)	2,517 〃
名　古　屋 (Nagoya)	2,165 〃
札　　幌 (Sapporo)	1,880 〃
神　　戶 (Kobe)	1,505 〃
京　　都 (Kyoto)	1,388 〃
福　　岡 (Fukuoka)	1,375 〃
川　　崎 (Kawasaki)	1,341 〃
琦　　玉 (Saitama)	1,188 〃
廣　　島 (Hiroshima)	1,149 〃
仙　　台 (Sendai)	1,004 〃
北　九　州 (Kitakyushuu)	983 〃
千　　葉 (Chiba)	918 〃
堺 (Sakai)	834 〃
新　　潟 (Niigata)	803 〃
濱　　松 (Hamamatsu)	790 〃
靜　　岡 (Shizuoka)	711 〃
相　模　原 (Sagamihara)	691 〃
岡　　山 (Okayama)	686 〃
熊　　本 (Kumamoto)	663 〃
鹿　兒　島 (Kagoshima)	602 〃
船　　橋 (Funabashi)	584 〃
八　王　子 (Hachioji)	544 〃
姬　　路 (Himeji)	533 〃
松　　山 (Matsuyama)	514 〃

根據日本總務自治行政局市町村課「住民基本台帳人口要覽」（2008 年版）

(3) 日本的政府機構（2009 年）

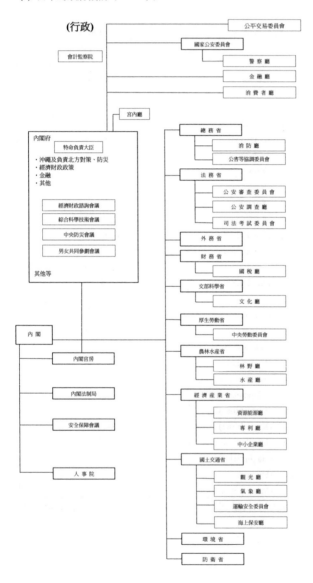

（立法）

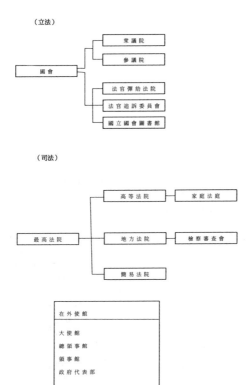

```
            ┌─── 衆 議 院
            │
            ├─── 參 議 院
   國 會 ────┤
            ├─── 法官彈劾法院
            ├─── 法官追訴委員會
            └─── 國立國會圖書館
```

（司法）

```
            ┌─── 高 等 法 院 ─── 家 庭 法 庭
            │
   最高法院 ──┼─── 地 方 法 院 ─── 檢 察 審 查 會
            │
            └─── 簡 易 法 院
```

```
┌──────────────────────────┐
│ 在 外 使 館                │
├──────────────────────────┤
│                          │
│ 大 使 館                  │
│ 總 領 事 館               │
│ 領 事 館                  │
│ 政 府 代 表 部            │
│                          │
│                          │
└──────────────────────────┘
```

(4) 各國國民生産總值(GNP)和國民所得

	GNP（億美元）				國民所得（美元）	
	2003 年	2004 年	2005 年	2006 年	2005 年	2006 年
美　　國	109,080	116,309	123,761	131,329	41,674	43,801
日　　本	42,402	46,092	45,576	43,755	35,675	34,252
德　　國	24,421	27,456	27,914	29,132	33,850	35,368
中　　國	14,702	19,357	22,796	26,263	1,736	1,988
英　　國	18,258	21,683	22,436	23,955	37,258	39,573
法　　國	17,999	20,614	21,364	22,480	34,009	35,572
義 大 利	15,071	17,266	17,697	18,509	30,196	31,444
加 拿 大	8,661	9,921	11,318	12,716	35,040	38,978
西 班 牙	8,836	10,443	11,297	12,306	26,032	27,925
巴　　西	5,053	6,029	7,974	10,680	4,268	5,641
俄 羅 斯	4,315	5,917	7,643	9,790	5,310	6,836
印　　度	5,937	6,899	8,089	9,106	713	791
韓　　國	6,081	6,805	7,914	8,880	16,441	18,387
墨 西 哥	6,388	6,831	7,672	8,395	7,389	8,014
澳大利亞	5,450	6,594	7,377	7,821	36,030	37,710
荷　　蘭	5,383	6,099	6,329	6,703	38,791	41,020
土 耳 其	2,397	3,020	3,626	4,035	5,032	5,529
比 利 時	3,101	3,597	3,755	3,972	35,853	37,674
瑞　　士	3,251	3,630	3,724	3,878	49,642	51,306
瑞　　典	3,041	3,490	3,574	3,838	39,574	42,264
波　　蘭	2,168	2,528	3,039	3,409	7,964	8,940
挪　　威	2,251	2,586	3,016	3,349	65,247	71,857
奧　　國	2,553	2,932	3,051	3,235	37,056	39,064
希　　臘	2,219	2,641	2,837	3,084	25,553	27,724
丹　　麥	2,126	2,436	2,588	2,762	47,757	50,791
愛 爾 蘭	1,568	1,832	2,004	2,187	48,310	51,421
芬　　蘭	1,647	1,892	1,954	2,096	37,263	39,796
葡 萄 牙	1,564	1,790	1,851	1,946	17,547	18,387
捷　　克	914	1,095	1,247	1,430	12,186	13,930
匈 牙 利	844	1,022	1,105	1,129	10,955	11,212
紐 西 蘭	812	989	1,103	1,060	26,891	25,585
斯洛伐克	330	420	474	551	8,804	10,221
盧 森 堡	290	341	373	425	80,283	89,840
冰　　島	109	132	162	163	54,820	53,446

日本國勢圖會 (2008/09)內閣府「2006 度國民經濟計算參考圖表」及「月刊海外經濟資料」（2008 年 1 月號）原資料依照 OECD、IMF 等資料，惟中國不包含台灣、香港及澳門。名目值，美元。歷年。

（5）日本各産業別 GDP 的比率(暦年、單位 10 億日元) 構成百分比(%)

	2003	2004	2005	2006	(%)
農林水産業	8,280	8,053	7,628	7,438	1.5
農業	6,696	6,503	6,197	5,968	1.2
林業	577	527	446	476	0.1
水產業	1,009	1,023	985	994	0.2
礦業	562	481	488	505	0.1
製造業	102,757	105,410	107,877	108,603	21.3
食料品	13,781	13,614	12,952	12,628	2.5
纖維	824	811	751	700	0.1
紙業	2,713	2,822	2,922	2,569	0.5
化學	9,056	8,881	8,562	7,806	1.5
石油、煤炭製品	5,827	6,051	6,404	6,470	1.3
鋼鐵	5,032	5,619	7,231	6,082	1.2
金屬製品	5,062	4,784	5,034	4,864	1.0
一般機械	10,310	11,237	12,128	13,169	2.6
電機機械	15,965	16,748	16,532	17,539	3.4
運輸用機械	12,856	13,037	13,834	15,106	3.0
印刷、出版	5,486	5,501	5,438	5,167	1.0
建設業	32,333	32,954	31,861	32,148	6.3
電力、煤氣、自來水	12,834	12,727	12,051	11,433	2.2
電力	8,038	7,834	7,142	6,590	1.3
瓦斯, 自來水, 熱供給	4,796	4,893	4,910	4,843	1.0
批發、零售	66,240	67,734	69,065	68,722	13.5
批發	40,754	43,618	46,854	46,505	9.1
零售	25,486	24,116	22,212	22,217	4.4
金融、保險業	34,141	33,648	34,940	35,218	6.9
不動產業	59,639	59,841	60,100	60,460	11.9
住宅租賃業	52,323	52,809	53,211	53,614	10.5
運輸、通訊業	34,353	34,277	33,612	33,419	6.6
運輸	23,201	23,453	23,030	23,018	4.5
通訊	11,151	10,824	10,582	10,401	2.0
服務業	104,500	105,135	107,733	108,760	21.4
產業計	455,640	460,259	465,356	466,706	91.7
政府服務生產者	46,814	46,982	47,050	47,170	9.3
對家計民間非營利 服務生產業	9,482	9,741	10,089	10,694	2.1
小計	511,935	516,981	522,495	524,570	103.1
輸入稅	4,051	4,279	4,769	5,408	1.1
（扣除）總資本形成消費稅	2,896	3,160	3,090	3,298	0.6
（扣除）歸屬利息	25,904	24,598	24,342	24,131	4.7
統計上誤差	3,107	4,827	1,902	6,376	1.3
國內總生產	490,294	498,328	501,734	508,925	100.0

引用內閣府「2008 年度國民經濟計算參考圖表」。依原資料項目內容未調整。

(6) 各主要國家的能源自給率 (2005 年) (單位%)

	日　本	美　國	德　國	英　國	法　國
一次能源	18.8	69.7	39.0	87.3	49.6
煤	—	101.5	69.2	31.2	2.6
原油	0.3	35.4	3.9	95.4	1.5
天然瓦斯	4.1	83.2	17.6	92.8	2.0
	加　拿　大	俄羅斯	中　國	澳大利亞	沙烏地阿拉伯
一次能源	147.5	183.2	95.6	222.2	411.1
煤	113.5	134.5	105.3	376.8	—
原油	139.3	216.2	60.3	79.4	338.1
天然瓦斯	191.1	147.5	106.2	153.7	100.0

「日本國勢圖會」（2005/2006）

根據 IEA(國際能源機關) "Energy Balances of CECD Countries/Non OECD Countries" (2007 年版)。自給率是將能源平衡後，換算成石油的數值，以生產量÷消費量 ×100 算出。1)含天然瓦斯液等附屬品。

（7）日本原油進口來源 (2007 年)

	千 k*l*	%		千 k*l*	%
沙烏地阿拉伯	69,067	28.8	阿曼	4,871	2.0
阿聯大公國	60,178	25.1	伊拉克	2,464	1.0
伊朗	28,483	11.9	澳大利亞	2,308	1.0
卡達	25,111	10.5	越南	1,950	0.8
科威特	17,485	7.3	總計	239,608	100.0
俄羅斯	8,073	3.4			
印尼	6,636	2.8	OPEC 計	210,795	88.0
蘇丹	5,828	2.4	中東計	208,920	87.2

「日本國勢圖會」（2008/2009）

根據日本關稅協會「日本貿易月表」。

(8) 日本主要耐久消費財的普及率（全家庭）　　　　（單位：%）

項　目	全　家　庭		
	平成 12 年(2000)	平成 16 年(2004)	平成 17 年(2005)
溫水洗淨馬桶	43.2	59.7	62.7
洗髮洗臉洗手台	46.7	57.4	58.0
系統廚具	40.8	49.6	50.8
熱水器	33.0	50.7	50.9
衣類乾燥機	21.7	25.9	27.3
洗碗機	-	21.6	24.4
煤油電熱暖爐	64.2	68.8	67.5
冷暖氣(空調)	86.2	87.0	88.2
彩色電視機	99.2	99.3	99.4
映像管	-	97.4	96.2
薄型 1)	-	11.5	19.8
DV 攝錄影機	36.8	39.6	40.2
數位相機 2)	-	46.2	53.7
DVD 3)	-	49.0	61.1
放影專用	-	28.8	32.5
放影、錄影兩用	-	28.7	40.0
個人電腦	50.1	64.6	68.3
傳真機	35.5	49.7	56.7
行動電話	-	82.0	85.3
汽車	85.3	81.6	83.9
新車	51.1	48.2	51.1
中古	45.3	44.9	44.9

「日本的統計」(2007)

出自「消費動向調查」（年度末現在）。調查樣本: 普通家庭中不包含單身者及外國人家庭，約 5,036 家庭。

1)液晶電視、電漿電視等。2)平成 16 年 （2004 年）以後不包含有照相機的行動電話。

3)不包括車載衛星導航、個人用電腦、遊戲機等另外附加的放影機。

資料：內閣府經濟社會綜合研究所景氣統計部「消費動向調查年報」

(9) 各國供食用的農産品自給率（2003 年）（單位%）

項　　　目	日　本	美　國	英　國	西　德	法　國	義大利
穀類 全體	21	132	100	102	174	72
米	82	152	0	0	17	227
小麥	13	207	102	108	166	57
薯類	77	92	71	119	104	56
豆類	30	113	150	96	149	22
蔬菜類	81	96	42	44	87	122
肉類	54	108	66	96	106	78
蛋類	98	102	92	78	98	102
魚蝦海鮮類	50	77	38	21	40	28

「世界統計」（2008）

（10）主要國家失業率的推移（各年平均）（單位%）

項　　　目	2002	2003	2004	2005	2006
日本	5.4	5.3	4.7	4.4	4.1
美國	5.8	6.0	5.5	5.1	4.6
英國	5.1	4.8	4.6	5.0	
德國	8.7	10.0	11.0	11.1	10.3
法國	8.9	9.8	9.9	9.8	
義大利	9.0	8.7	8.0	7.7	6.8
韓國	3.3	3.6	3.7	3.7	3.5

參考 ILO ” Yearbook of Labor Statistics” 及內閣府「海外經濟資料」，
日本總務省統計局「勞動力調查」
注)美國及英國爲 16 歲以上，義大利爲 14 歲以上。其他國家爲 15 歲以上。

(11) 粗鋼生産量，每人平均粗鋼消費量

國　　名	粗鋼生産量		每人平均粗鋼消費量	
	2004 年	2007 年	2004 年	2007 年
	(千噸)	(千噸)	(kg)	(kg)
中　　國	282,911	489,660	227	322
日　　本	112,718	120,203	630	660
美　　國	99,681	98,101	417	373
俄 羅 斯	65,583	72,387	225	375
德　　國	46,374	48,550	469	558
韓　　國	47,521	51,517	1,030	1,166
巴　　西	32,909	33,782	110	124
義 大 利	28,604	31,506	595	652
烏 克 蘭	38,738	42,830	131	257
印　　度	32,626	53,080	33	47
法　　國	20,770	19,250	309	312
英　　國	13,766	14,317	250	244
台　　灣	19,599	20,903	1,163	1,077
加 拿 大	16,305	15,572	604	550
土 耳 其	20,478	25,754	258	344
墨 西 哥	16,737	17,563	216	247
西 班 牙	17,621	18,999	636	698
波　　蘭	10,593	10,632	257	349
比 利 時	11,698	10,692	517	522
澳大利亞	7,414	7,939	374	371
世界總計	1,068,691	1,344,106	180	216

IISI（國際鋼鐵聯盟）「鋼鐵統計要覽」（2008 年）

粗鋼消費量＝（生産粗鋼＋進口－出口）÷總人口

(12) 産業類別就業人口比例 （15 歲以上 %）（2006）

	日 本	7) 8) 美 國	7) 英 國 （2005）	德 國	8) 11) 中 國 （2002）	8) 韓 國
農林業	3.9	1.5	1.3	2.2	44.1	7.4
漁業	0.3	9)	0.0	0.0	9)	0.3
礦業	0.0	0.5	0.4	0.3	0.8	0.1
製造業 1)	18.7	11.3	13.2	21.9	11.3	18.0
電力、瓦斯 2)	0.6	0.8	0.6	0.8	0.4	0.3
建築業	8.8	8.1	7.8	6.6	5.3	7.9
批發、零售業 3)	18.5	14.8	15.3	14.2	6.7	16.0
餐飲、旅館飯店	5.3	6.6	4.3	3.7	12) ·	8.9
運輸、通訊業 4)	6.2	4.3	6.9	5.5	2.8	6.3
金融、保險業	2.4	5.0	4.2	3.5	13) 0.6	3.4
不動產租賃業 5)	11.6	12.5	11.4	10.0	14) −	9.4
公務	3.5	4.5	7.1	7.8	14) −	3.5
教育、補習教育	4.5	8.7	9.1	5.8	14) −	7.2
醫療、社會福利	8.9	12.1	12.3	11.4	14) −	3.0
其他服務業 6)	5.6	10) 9.2	6.0	6.3	6.0	8.4
不能分類	1.1	··	0.2	−	22.1	−
總計	100.0	100.0	100.0	100.0	100.0	100.0
實際數字(千人)	**63,820**	**144,427**	**28,166**	**37,322**	**737,400**	**23,151**

「日本國勢圖會」（2008/2009）

依據 2008 國際勞動組織(ILO)LABORSTA(URL:http//laborsta.ilo.org/2008 年 3 月
資料。15 歲以上。依照國際標準分類第 3 次改定（ISIC-Rev.3）。但請注意美國
與中國為 ISIC-Rev.2。且日本的 ILO 分類與日本標準產業（國勢調查及勞動力
調查時使用）分類不同。
1)含出版業。2)含自來水業。3)包含汽車、家庭用製品等修理業。4)為運輸、
倉儲、郵政、電機通訊事業。不包含出版業。5)包含電腦相關業務等服務業。
日本的分類包含更多分野的服務業。6)其他未包含在內的業種。7)16 歲以
上。8)軍隊除外。9)包含農林業。10)包含不能分類的。11)所有就業者。12)包
含批發、零售業。13)對事業所服務除外。14)包含其他服務業。

(18) 日本學校制度體系圖

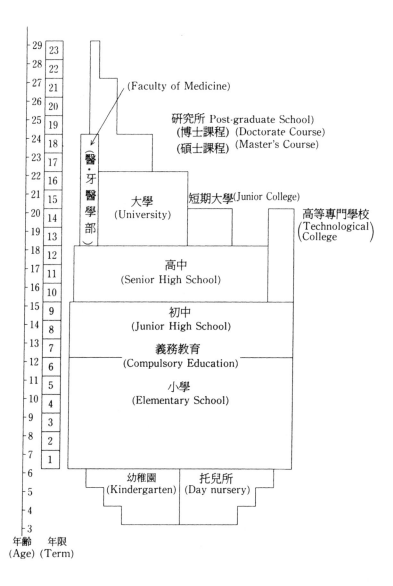

(14) 日本人居留海外人數　　　　　　　　　　　(單位 人)

國 名（地 區）	2000			2006		
	總人數	長期居留	永久居留	總人數	長期居留	永久居留
總 數 a	**811,712**	**526,685**	**285,027**	**1,063,695**	**735,378**	**328,317**
亞洲 b	**168,434**	**160,979**	**7,455**	**285,420**	**273,356**	**12,064**
阿聯大公國 c	1,237	1,205	32	2,274	2,221	53
印度 c	2,035	1,937	98	2,299	2,151	148
印尼 c	12,254	11,586	668	11,090	10,346	744
韓國	16,446	15,751	695	22,488	20,866	1,622
新加坡	23,063	22,074	989	26,370	25,068	1,302
泰國	21,154	20,405	749	40,249	39,484	765
台灣	14,041	13,613	428	16,402	15,477	925
中國 d	46,090	45,424	666	125,417	124,476	941
土耳其 c	1,030	788	242	1,329	937	392
巴基斯坦 c	810	547	263	901	426	475
菲律賓	9,227	7,980	1,247	13,440	10,880	2,560
越南 c	2,682	2,604	78	4,754	4,607	147
馬來西亞	11,625	11,024	601	9,928	9,036	892
北美洲	**339,067**	**206,623**	**132,444**	**423,332**	**269,362**	**153,970**
美國	297,968	188,360	109,608	370,386	246,988	123,398
加拿大	34,066	13,580	20,486	44,158	16,768	27,390
墨西哥	4,158	2,588	1,570	5,722	3,779	1,943
南美洲	**99,496**	**6,432**	**93,064**	**88,662**	**5,262**	**83,400**
阿根廷	11,804	741	11,063	11,692	422	11,270
哥倫比亞	1,392	398	994	1,119	315	804
智利	1,108	688	420	1,143	657	486
巴拉圭	3,915	356	3,559	3,361	293	3,338
巴西	75,318	2,674	72,644	64,082	2,167	62,635
秘魯	1,810	588	1,222	2,163	441	1,722
玻利維亞	2,645	300	2,345	2,723	303	2,420
歐洲 e	**146,774**	**117,958**	**28,816**	**181,794**	**139,774**	**42,020**
愛爾蘭	752	527	225	1,239	888	351
英國	53,114	43,646	9,468	60,751	48,289	12,462
義大利	7,997	6,549	1,448	10,489	7,039	3,450
奧國 c	1,826	1,247	579	1,773	1,094	679
荷蘭	6,481	5,722	759	7,150	5,658	1,492
瑞士	5,694	2,632	3,062	7,438	3,696	3,742
瑞典	2,142	728	1,414	2,925	978	1,947
西班牙 c	4,683	3,717	966	6,315	4,010	2,305
捷克	462	420	42	1,705	1,516	189
丹麥	960	339	621	1,342	618	724
德國	25,021	21,237	3,784	33,608	27,604	6,544
匈牙利	839	767	72	1,173	951	222
芬蘭	745	321	424	978	478	500
法國 c	25,574	20,632	4,942	30,863	24,699	6,164
比利時	4,936	4,936	0	6,658	6,658	0
波蘭	654	531	123	1,027	874	153
俄羅斯	1,484	1,446	38	2,203	2,159	44
非洲	**5,992**	**5,546**	**446**	**6,351**	**5,799**	**552**
埃及 c	912	735	177	901	701	200
南非	1,210	1,085	125	1,238	1,026	212
大洋洲	**51,909**	**29,107**	**22,802**	**78,099**	**41,788**	**36,311**
澳大利亞	38,427	21,614	16,813	59,285	31,220	28,065
北馬里安納群島 c	1,163	908	255	1,170	848	322
關島	3,062	1,183	1,879	3,703	1,340	2,363
紐西蘭	7,780	4,077	3,703	12,219	6,852	5,367

「世界的統計」(2008 年)

　　a 包含南極。b 哈薩克斯坦、吉爾吉斯斯坦等，地理上包含於亞洲，舊蘇聯各國
除外。c 有些國家並無永久居留的制度，包含永久居留者在申報時，自己申報為
永久居留。d 包含中國及澳門。e 包含哈薩克斯坦、吉爾吉斯斯坦等，地理上包
含於亞洲舊蘇聯各國在內。

〔参考文献〕

〈全般〉

『大日本百科全書』小学館
『世界大百科事典』平凡社
『日本国語大辞典』小学館
『広辞苑』新村出編 岩波書店
『日本国勢図絵』(財)矢野恒太記念会
『日本の統計』総務省
『世界の統計』総務省
『現代用語の基礎知識』自由国民社
『世界史年表・地図』亀井高孝・三上次男・林健太郎・堀米庸三 吉川弘文館
『ウィキペディア』ウィキペディア財団ウィキペディア財団

〈地理〉

『理化年表』国立天文台編 丸善
『日本列島の誕生』平朝彦 岩波書店

〈歴史〉

『新詳説日本史』石井進・笠原一男・児玉幸多・笹山晴生 山川出版社
『日本を決定した百年』吉田茂 日本健在新聞社
『坂の上の雲・8巻』司馬遼太郎 文春文庫

〈政治〉

『外交青書』外務省 時事画報社
『防衛白書』防衛省 ぎょうせい
『警察白書』警察庁 ぎょうせい
『新府省庁ガイドブック』内閣中央省庁等推進本部 国立印刷局
『世界の憲法集』阿部照哉・畑博行編 有信堂
『2005年体制の誕生』田中直樹 日本経済新聞社
『官邸主導』清水眞人 日本経済新聞社
『日米は中国の覇権主義とどう戦うか』日高義樹 徳間書店
『米中石油戦争』日高義樹 PHP
『「反日」―中国の愛国―』水谷尚子 文藝春秋社
『騙されるな日本人』藤井厳喜 PHP
『中国の本当の危なさを知らない日本人』拓植久慶 PHP
『アメリカとパレスチナ問題』高橋和夫 角川テーマ21
『中国社会の深い闇』湯浅誠 ウェッジ

〈経済〉

『労働経済白書』厚生労働省 国立印刷局
『労働時間白書』厚生労働省 日本労働研究機構
『労働統計要覧』厚生労働大臣官房統計情報部 国立印刷局
『情報通信白書』総務省 ぎょうせい
『通商白書』経済産業省 ぎょうせい
『日本貿易の現状』2008 (社)日本貿易会
『戦後日本経済躍進の根本要因』高橋亀吉 日本経済新聞社
『ライシャワーの見た日本』エドウィン・D・ライシャワー 徳間書店
『日本とは何か』堺屋太一 講談社
『日本経済の真実』吉冨勝 東洋経済新報社
『日本的経営を説明するための辞書』引野剛司・永野晃 ダイアモンド社
『日本経営から何を学ぶか』アベグレン ダイアモンド社
『日本的経営の特質』高田肇 ダイアモンド社
『中国大乱を乗り切る日本の針路』長谷川慶太郎 KKベストセラーズ
『今のインドがわかる本』門倉貴史 三笠書房
『鉄鋼業の基礎知識』新日鐵
『よくわかる鉄鋼業界』一柳正紀 日本実業出版
『日本の熟練』小沢和男 有斐閣
『食糧争奪』柴田明夫 日経新聞
『世界新資源戦争』宮崎正弘 阪急コミュニケーションズ
『レアメタル・パニック』中村繁夫 光文社
『世界大規模投資時代』長谷川慶太郎 東洋経済新報社
『壊れる日本人』柳田邦男 新潮社
『ペルリ提督日本遠征記』土屋喬雄・玉城肇訳 岩波文庫
『チャット依存症候群(シンドローム)』渋井哲也 教育史料出版会
『ネット依存の恐怖』牟田武生 教育出版

〈社会〉

『日本の人口・日本の家族』厚生省労働問題研究所 国立印刷局

『厚生労働白書』厚生労働省 ぎょうせい

『国民生活白書』内閣府 国立印刷局

『わが国の教育水準』文部省 大蔵省印刷局

『環境白書・2005』環境省 ぎょうせい

『環境型社会白書・2005』環境省 ぎょうせい

『環境白書・2008』環境省 ぎょうせい

『地球環境と資源問題』森俊介 岩波書店

『OECDレポート（日本の経験・環境政策は成功したか）』国際環境問題研究会 日本環境協会

『熱帯雨林ってなんだ』馬橋憲男 築地書館

『鉄理論—地球と生命の奇跡—』矢田浩 講談社現代新書

『日本人はなぜ環境問題にだまされるのか』武田邦彦 PHP

『地球温暖化論で日本人が殺される』武田邦彦・丸山茂徳 講談社

『偽善エコロジー』浜田和幸 光文社

〈科学技術〉

『科学技術白書』文部科学省 国立印刷局

『未来のたね』アイリット・ニュート NHK出版

『国際比較 日本の技術力』森谷正規 祥文社

『日本人の創造性』飯沼和正 講談社

『技術とは何か』村上陽一郎 日本放送出版協会

『日本型技術が世界を変える』石井威望 PHP研究所

『メタルカラー列伝・鉄』山根一真 小学館

『鉄の未来が見える本』新日鐵 日本実業出版

『鉄と鉄鋼がわかる本』新日鐵 日本実業出版

『町工場巡礼の旅』小関智弘 中公文庫

『東京町工場』Beretta P-03 雷鳥社

『中小企業のものづくり』柳下和夫 教育評論社

〈文化〉

『文部科学白書』文部部科学省 国立印刷局

『日本美の研究』吉田光邦 日本放送出版協会

『日本人の研究』相田雄次 日本能率協会

『日本人とは何か』宮城音弥 朝日新聞社

『日本論の視座』網野善彦 小学館

『「日本文化論」の変容』梅原猛 日本放送出版協会

『日本文化史』家永三郎 岩波書店

『キャッチフレーズの戦後史』深川英雄 岩波書店

『アメリカは何を考えているのか』ジョージ・R・パッカード 講談社

『日本人の国際性』祖父江孝男 くもん出版

『日本人—その構造分析—』祖父江孝男 至誠堂

『アメリカ人の日本人観』宮本美智子 草思社

『アメリカ人の思考法』E・スチュアート 創元社

『日本人丸わかり辞典』PHP研究所編 PHP研究所

『JAPAN日本タテヨコ』学習研究社編 学習研究社

『日本ことばはじめ物語』PHP研究所編 PHP研究所

『海外から見た日本』今井一太他 学生社

『現代日本（その自画像）』新日鐵広報室 学生社

『日本の心・文化・伝統・現代』新日鐵広報室 丸善

『日本人の考え方を英語で説明する辞典』ベイツ・ホッファ 有斐閣

『日米「逆」の発想』脇坂昭 学生社

『しぐさの比較文化・ジェスチャーの日英比較』リーシャー・ブロズナハン 館書店

『午後からのアメリカ（上）』稲村格 学生社

『午後からのアメリカ（下）』稲村佳子 学生社

『日本人の心・世界の心』田宮模型編 学生社

『日本人の微笑』ラフカディオ・ハーン、下田衛注解 学生社

『知られざる日本の面影』ラフカディオ・ハーン、平井呈一注解 恒文社

『「縮み」思考の日本人』イー・オリョン 学生社

『あなたはどれだけ日本を説明できるか』藤田幸正 潮文社

『本当の豊かさとは』岩波書店編 岩波書店

『日本人の人間観』千石保 日本経済新聞社

『日本人にとって和とは何か』高橋広夫

商学研究会

『日本という存在』ジョン・ネイスビッツ、木村尚三郎訳 日本経済新聞社

『宗教年鑑』文化庁 ぎょうせい

『日本人の信仰心』磯部忠正 講談社

『世界の宗教』村上重良 岩波ジュニア新書

『世界の宗教がわかる本』ひろさちや 主婦と生活社

『宗教がわかる』大島宏之 三笠書房

『世界宗教地図』石川純一 新潮文庫

『イスラームの世界地図』21世紀研究会 文春新書

『漢字―生い立ちと背景―』白川静 岩波書店

『日本その日その日(1,2,3)』エドワード・S・モース 平凡社

『日本人・その日のユニークさの源泉』グレゴリー・クラーク サイマル出版社

『しぐさの日本文化』多田道太郎 筑摩書房

『日本入門(全3巻)』早稲田大学編 早稲田大学出版部

『外国から来た新語辞典』斉藤栄三郎 集英社

『コンサイス外来語辞典』三省堂編修所 三省堂

『甘えの構造』土居健郎 弘文堂

『誤解―ヨーロッパVS日本―』エンディミョン・ウィルキンソン 中央公論社

『日本人と英米人』ジェームス・カーカップ 大修館書店

『民俗と風土の経済学』竹内宏 東洋経済新報社

『風土・人間的考察』和辻哲郎 岩波書店

『タテ社会の人間関係』中根千枝 講談社

『適応の条件』中根千枝 講談社

『日本文明77の謎』梅棹忠夫編著 創元社

『文明の衝突』サミュエル・ハンチントン 集英社

『ソフトパワー』ジョゼフ・ナイ 日経新聞

『ホモ・ルーデンス』J・ホイジンガー 中公文庫

『菊と刀』ルース・ベネディクト 講談社文庫

『文化人類学』波平恵美子ほか 医学書院

『文化人類学の歴史』マーウィン・ガーバリーノ 新泉社

『文化人類学事典』祖父江孝男 ぎょうせい

『文化人類学がよくわかる本』杉下龍一郎

秀和システム

『日本文化の歴史』尾藤正英 岩波新書・赤

『日本文化史概説』村岡典嗣 中公新書

『英語で話す日本文化』NHK国際局 講談社

『文明崩壊』シャレード・ダイアモンド 草思社

『比較文明』伊東俊太郎 東北出版会

『文明の生態学はいま』梅棹忠夫 中公叢書

『照葉樹林帯文化』上山春平 中公新書

『稲作文化―照葉樹林帯文化の展開―』上山春平 中公新書

『文明の技術史観―アジア発展の可能性―』森谷正規 中公新書

『十八世紀パリの明暗』本城靖久 新潮選書

『福翁自伝』福澤諭吉 慶応通信

『福澤諭吉』小泉信三 岩波新書

『水と緑と土と』富山和子 中公新書

『モチの文化誌』阪本寧男 中公新書

『日本人の味覚』近藤弘 中公新書

『茶の世界』角山栄 中公新書

『日本語(上・下)』金田一春彦 岩波新書

『日本語の特質』金田一春彦 NHK

『翻訳語成立事情』柳父章 岩波新書

『日本の外来語』矢崎源九郎 岩波新書

『外来語の話』新村出 講談社文芸文庫

『日本語と韓国語』大野敏明 文春新書

『やさしい茶の湯入門』成井宗歌 金園社

『言語学の誕生』風間喜代三 岩波新書

『ベルリッツの世界言語百科』チャールズ・ベルリッツ 新潮選書

『ことばと文化』鈴木孝夫 岩波新書

『閉ざされた言語日本語の世界』鈴木孝夫 新潮選書

『西行』高橋英夫 岩波新書

『極限の民族』本多勝一 草思社

『夜と霧』V. E. フランクル みすず書房

『日本文化の基本形○△□』篠田和知基 勉誠出版

『日本の美術百選』文化庁協力・朝日新聞社編 朝日新聞社

『日本美術の歴史』辻惟男 東京大学出版会

『カラー版 日本美術史』辻惟男美術出版社

『講座日本美術史全六巻』佐藤康宏・板倉聖哲・長岡竜作・玉蟲敏子・木下直之編 東京大学出版会

[年表]

| 世紀 | 時代 | 歷 史 紀 事 |||
		日 本	東 洋	世 界
紀元前	繩文・彌生	8000左右 進入繩文文化期 300左右 進入彌生文化期	2500左右 印度文明、仰韶文化 1400左右 殷商王朝繁盛期 771 進入春秋時代 486左右 釋迦逝世佛教興起 3世紀左右 箕子朝鮮王朝興起 221 秦始皇統一中國，建築萬里長城 202 漢建國 190左右 衛氏朝鮮王國興起 37 高句麗興起	3500左右 美索不達米亞文明興起 3000左右埃及統一 1100左右 希臘人在巴爾幹半島定居 753 羅馬建國 508 羅馬共和國成立 334 亞歷山大帝東征
一世紀		57九州地方的王侯派遣使者至東漢	25 東漢建國 67 佛教傳入中國	4左右耶穌誕生 （~30） 79 龐貝市被埋沒
二世紀	彌	180左右 卑彌呼女王建立邪馬台國	184 黃巾之亂 196 朝鮮成立帶方郡	新約聖經完成 117 羅馬帝國極盛時期
三世紀	生	239卑彌呼向魏朝朝貢	220 東漢滅亡，進入魏·蜀·吳三國時代	226 波斯薩桑朝興起
四世紀	大	350 大和國在此時成立	346 百濟建國 356 新羅建國	375 日耳曼族大遷徙 395 羅馬帝國分裂爲東西兩國
五世紀	和	此時建造仁德天皇陵，大陸文化（漢字、儒教、曆法、技術等）傳入日本 478 倭王武派遣使者至中國	439 南北朝時代開始	449 盎格魯撒克遜族往不列顛群島移居 476 西羅馬帝國滅亡 486 法蘭克王國建國

世		歷 史 紀 事		
紀	時代	日 本	東 洋	世 界
六世紀	大	538 佛教傳入日本 593 聖德太子攝政	589 隋朝統一中國	571 穆罕默德誕生。薩桑朝波斯的興盛期
七世紀	和	604 制定十七條憲法 607 派遣隋使（小野妹子）。興建法隆寺 645 大化革新	608 隋煬帝開鑿大運河 618 唐朝建國 676 新羅統一朝鮮半島	610 回教興起 622 回教元年 642 建立回教帝國（大食）
八世紀	奈良	701 制定大寶律令 710 遷都奈良（平安京） 712 撰寫「古事記」 720 撰寫「日本書紀」 752 東大寺大佛開光 759 編纂「萬葉集」 794 遷都京都（平安京）	712 唐玄宗即位，唐朝文化全盛時期 755 安祿山之亂 780 唐朝實行兩稅法	732 卡爾·馬帝爾擊敗撒拉遜軍 768 查爾斯大帝即位
九世紀		858 藤原良房攝政 887 藤原基經成爲輔佐大臣 894 停止遣唐使，使用假名文字	禪宗盛行期 875 黃巢之亂	829 成立英格蘭王國 870 法蘭克王國分裂成法蘭西、德意志及義大利三國
十世紀	平	905 撰寫「古今和歌集」 927 延喜法典的著成 935 將門之亂 1000 清少納言完成「枕草子」	907 唐朝滅亡 936 高麗統一朝鮮半島	962 神聖羅馬帝國成立
十一世紀	安	1007 紫式部完成「源氏物語」 1016 藤原道長攝政 1086 開始白河上皇院政	1069 王安石變法	1037 土耳其帝國興起 1066 諾曼人征服英格蘭 1096 十字軍東征開始

世紀	歷 史 紀 事			
	時代	日 本	東 洋	世 界
十二世紀	平安	1167 平清盛太政大臣 1185 平家滅亡 1192 源頼朝開始設立鎌倉幕府	1127 南宋建立	1143 建立葡萄牙王國
十三世紀	鎌倉	1221 承久之變，成立北条政權 1274 文永之戰 1281 弘安之戰 1297 頒布德政令	1209 成吉思汗統一蒙古 1271 元朝建國（～1367） 1294 馬加巴費特王國建國於爪哇	1215 英國制定大憲章 1265 英國設立議會 1299 馬可波羅著「東方見聞錄」
十四世紀	室	1334 建武新政 1336 南北朝對立 1338 足利尊氏成爲將軍 1392 北朝併吞南朝而統一 1397 義滿建造金閣寺	1368 明朝成立 1392 李氏朝鮮王國建立	高爐冶煉法的發明 1338 英法百年戰爭開始 1350 歐洲黑死病大流行
十五世紀	町	此時形成能、狂言等文藝 1467 應仁之亂 1483 義政建造銀閣寺 1490 此時各地發生農民起義	1433 韓國完成朝鮮文字	1414 宗教改革會議 1492 哥倫布發現美洲新大陸 1498 達伽瑪發現新航路 1500 葡萄牙人發現巴西陸地

世紀	歷　史　紀　事			
	時代	日　本	東　洋	世　界
十六世紀	室町	1543 葡萄牙人傳來槍炮 1549 基督教傳入 1573 足利幕府滅亡 1592 文祿之役，朱印船出航 1600 關原之戰	1506 西遊記、金瓶梅等完成 1592 韓國壬辰之亂（文祿之役） 1596 韓國丁酉之亂（慶長之役）	1503～6 達文西在此時描繪蒙娜麗莎畫像 1517 馬丁路德提倡宗教改革 1519 麥哲倫出發航海世界一周 1526 奧托曼帝國興起 1531 葡萄牙人開始殖民巴西 1543 哥白尼提倡地動說 1595 荷蘭侵占印尼
	安土・桃山			
十七世紀	江戶	1603 成立江戶幕府 1609 荷蘭在平戶設置商館 1612 發布基督教禁止令 1639 鎖國 歌舞伎興起 1694「奧之細道」著作完成	1636 清朝建立	1602 荷蘭成立東印度公司統治印尼 1603 荷蘭船發現澳洲 1609 伽利略發明望遠鏡 1613 俄羅斯帝國開始 1620 清教徒搭五月花號至美洲 1642 英國清教徒革命 1687 牛頓發現萬有引力 1688 英國光榮革命
十八世紀		1702 赤穗浪士事件 1716 德川吉宗成爲將軍，興起蘭學(研究荷蘭學術) 1796 擇捉島成爲日本的領土 浮世繪全盛期	1716 中國完成康熙字典 1717 中國占領西藏。禁止基督教傳教 1786 韓國禁止基督教	1701 成立普魯士王國 1733 左右英國產業革命 1752 富蘭克林發現電力 1789 法國革命 1795 拿破崙征服義大利

世紀	時代	歷　史　記　事		
		日　本	東　洋	世　界
十九世紀	江戶	1853 美貝利提督來日 1854 日本開國 1857 大島高任將洋式煉鋼爐起火，開始生產 1867 大政奉還	1840 中國鴉片戰爭 1842 南京條約 1876 韓國江華島條約（日朝友好條約） 1890 發掘爪哇猿人	1804 拿破崙稱帝 1807 富爾頓製作蒸氣船 1818 史帝芬生發明蒸氣火車 1823 美國門羅主義宣言 1859 達爾文發表物種起源說 1861 成立義大利王國。美國南北戰爭開始
	明治	1868 明治元年 1889 公布明治憲法 1893 制定「君之代」爲學校儀式用歌曲 1894 甲午戰爭 1904 日俄戰爭	1894 韓國東學黨之亂 1897 韓國改名爲大韓帝國 1899 中國義和團事件	1863 美國解放黑奴 1871 德意志帝國成立 1893 愛迪生發明電影 1895 馬爾科尼發明無線電 1896 第一屆國際奧林匹克運動會在雅典舉行
二十世紀			1906 韓國成爲日本的被保護國 1910 日本併吞韓國 1912 中華民國成立	1903 萊特兄弟首次飛行成功 1914 第一次世界大戰 1917 俄國革命爆發 1919 美國頒布禁酒法 1922 蘇維埃聯邦成立
	大正			
	昭和	1923 關東大地震 1937 七七事變 1941 太平洋戰爭 1945 接受波茨坦宣言 1946 新憲法公布 1947 公布勞動基準法、獨占禁止法、教育基本法	1927 南京國民政府成立 1946 菲律賓獨立 1947 印度、巴基斯坦獨立	1929 世界大恐慌。梵諦岡帝國成立 1933 美國羅斯福提出「新政」 1939 第二次世界大戰爆發 1945 第二次世界大戰結束。聯合國教育科學文化組織成立

世紀	時代	歷　史　記　事			
^	^	日　本	東　洋	世　界
二十世紀	昭和	1951 締結和平條約,美日安保條約 1954 日本建立自衛隊 1956 加入聯合國 1964 日本成爲IMF8條國際貨幣基金會會員國，加入經濟合作開發機構(OECD)東京奧運大會。新幹線開通 1965 締結日韓基本條約 1968 小笠原諸島回歸 1970 日本萬國博覽會。發射國產人造衛星 1972 沖繩回歸日本。冬季奧運在札幌舉行。中日建交 1973 第一次石油危機 1976 田中角榮賄賂事件曝光 1977 王貞治全壘打 756 支達成世界紀錄 1978 訂定中日和平友好條約 1979 第二次石油危機在東京召開高峰會議 1982 東北新幹線開通 1983 因賄賂事件,田中角榮前首相被判有罪 1985 電信電話公社民營化改稱 NTT。日本烟草產業公司成立。男女雇用機會均等法成立	1948 大韓民國，朝鮮民主主義人民共和國成立。緬甸獨立 1949 中華人民共和國成立 1950 韓戰爆發 1953 韓戰結束 1961 越南戰爭爆發 1963 韓國朴正熙總統就職 1965 韓國與日本締結基本條約。美國開始轟炸北越 1966 中國文化大革命 1972 美國尼克森總統訪問大陸。中國與日本建交 1976 周恩來逝世華國鋒就任首相毛澤東逝世。江青等四人幫被捕。成立統一越南社會主義共和國 1979 蘇聯軍隊介入阿富汗 1980 韓國建立全斗煥體制 1981 中國胡耀邦就任國家主席 1984 印度甘地首相被暗殺。英國與中國正式簽定 97 年香港回歸中國	1948 經濟合作發展組織(OEEC)成立 1949 北大西洋公約組織(NATO)成立 1957 蘇聯發射第一枚人造衛星 1963 美國甘迺迪總統被暗殺 1969 阿波羅十一號登陸月球成功 1973 擴大歐洲共同體。第四次中東戰爭,阿拉伯諸國採石油戰略 1974 美國水門事件尼克森辭職,福特總統就任 1977 美國卡特總統就任 1979 伊朗革命,何梅尼派掌權。埃及和以色列締結和平條約 1981 美國雷根總統就任。美國太空梭試飛成功。埃及沙達特總統去世 1983 法國蒙塔尼發現愛滋病 1985 戈巴契夫就任蘇聯總書記

世紀	歷 史 紀 事			
	時代	日 本	東 洋	世 界
二十世紀	昭和	1986 東京三原山火山爆發 1987 國鐵分割民營化。次年度防衛費的預算超過GNP的1% 1988 農産品成爲日美貿易逆差的焦點。青函鐵道隧道開通。瀨戶大橋開通	1986 菲律賓馬可仕斯政權崩潰。艾奎諾夫人就任總統 1987 歷經9年，中、蘇國境交涉會議再開。韓國直選總統盧泰愚就任	1986 蘇聯車諾比爾核電廠事故 1988 伊朗、伊拉克戰爭結束。 1989 美國布希總統就任。馬爾他美蘇高峰會議（冷戰結束宣言）。撤除「柏林圍墻」
	平成	1989 昭和天皇逝世。皇太子明仁親王即位。年號改爲「平成」。開始徵收「消費稅」（3%） 1991 海上自衛隊掃雷部隊派遣到波斯灣。雲仙、普賢岳火山開始活動 1992 制定聯合國和平維持活動法（PKO法）。派遣和平部隊至柬埔寨。 1993 自民黨分裂。日本創立職業足球（J聯盟） 1994 關西國際機場啓用	1988 漢城奧運大會開幕 1989 北京天安門事件。蘇聯軍撤出阿富汗 1992 蒙古共和國宣布放棄社會主義 1993 柬埔寨實施統一選舉，成立聯合政府	1990 東西德統一 1991 多國籍軍隊攻擊伊拉克（灣岸戰爭）。華沙公約組織解體。舊蘇聯及東歐諸國的共產黨一黨獨裁政治瓦解，舊蘇聯邦解體被獨聯體（CIS）所取代。南非共和國廢除種族隔離政策 1992 EC簽定歐洲同盟新憲法條約。聯合國召開關於環境及開發會議（地球環境保護會議）在巴西召開 1993 美國柯林頓總統就任。以色列與巴勒斯坦解放陣線（PLO）簽定暫定自治協定

世紀	時代	歷 史 紀 事		
		日 本	東 洋	世 界
二十世紀	平	1995 阪神淡路大地震。地鐵沙林毒氣事件 1996 O 157 食物中毒 1997 消費稅調整爲 5%。大型金融機關破產 1998 冬季奧林匹克長野大會。世界杯足球賽，日本首次出賽。戰後最差的經濟不景氣，出現各種經濟對策 1999 基於臟器移植法，日本第一次實施從腦死者移植器官 2000 開始實施介護保險制度	1997 香港回歸 1998 印度、巴基斯坦核爆實驗 1999 澳門回歸 2000 南北朝鮮首腦會議	1995 中法兩國進行地下核子試驗(~96)。 1999 歐盟(EU)統合貨幣開始使用「歐元」
二十一世紀	成	2001 中央省廳再編。BSE（狂牛病） 2002 日朝首腦會談。被綁架者 5 名返國。日韓共同舉辦世界足球杯 2004 新潟縣中越地震。北朝鮮綁架被害者家族返國。首相 2 度訪朝。 2005 眾議院總選舉，自民黨以 296 席大勝。郵政民營化法案成立	2001 阿富汗破壞巴米楊大佛 2003 非典型肺炎(SARS)從亞洲向世界擴散。北朝鮮核武問題，6 國會談。 2004 印尼蘇門答臘島海嘯大地震。（受災人數超過 20 萬人） 2005 巴基斯坦東北部大地震。中國人民幣升值	2001 美國布希總統就任。9 月美國發生同時多起恐怖攻擊。多國籍軍隊攻擊阿富汗 2002 以色列與巴勒斯坦對立衝突 2003 美英伊拉克戰爭逮捕海珊總統。 2004 巴勒斯坦阿拉法特去世。西班牙火車爆炸。歐盟（EU）波蘭等 10 國加盟 2005 美國南部卡崔娜颶風，造成大災害

世紀	時代	日　本	東　洋	世　界
二十一世紀	平成	2005 中部國際機場開始啟用。舉辦「愛護地球」愛知萬國博覽會（2,200 萬人參加） 日本道路公團等四家公團民營化。 日本 65 歲以上的人口超過 20% 2006 進行郵政事業民營化，分割成為 4 個事業公司與 1 個獨立行政法人 2007 因為美國金融海嘯造成全世界不景氣，日本也受到深刻的影響 2009 法律陪審員制度開始實施。民主黨於總選舉中獲得大勝，實現了政權更替	2005 中國首度載人太空船神舟六號發射成功 2006 北朝鮮進行第一次核子實驗 2007 巴基斯坦前總理布托被暗殺 2008 中國四川省汶川發生震度 8 的大地震，死者 9 萬人 2009 北朝鮮進行第二次核子實驗	2006 伊拉克前總統海珊執行死刑 世界人口突破 65 億 2008 美國發生二次信貸危機後，造成美國及全世界同時發生大規模的金融危機 2009 美國第 44 任總統歐巴馬就任。墨西哥發生從豬隻起源的 H1N1 新流感，證實可傳染給人類，向全世界擴散

〔索 引〕

國家圖書館出版品預行編目（CIP）資料

日本：姿與心／日鐵技術情報中心株式會社著
　　　--增訂第9版. -- 臺北市：漢思，2010.08
　　　面　；　　公分
中日對照
參考書目：　面
含索引
譯自：日本：その姿と心
ISBN　978-957-30615-5-7
1.日本
731　　　　　　　　　　　　　　　　　　99013161

日本—姿與心

售價：新台幣360元

1984年初版　　　　　　　2010年8月1日增訂第9版

著　者：日鐵技術情報中心株式會社
發　行：漢思國際有限公司
e-mail: service@wave.com.tw
http:// www.wave.com.tw
Tel：(02) 2776-6580, 2705-5848
郵撥帳號：　18418738
總經銷：知遠文化事業有限公司
電　話：(02) 2664-8800

NIPPON–THE LAND AND ITS PEOPLE

by

Japan Technical Information Service Corporation
（第9版）

原 書 名　日本ーその姿と心ー
著作權者（株）日鉄技術情報センター
原發行所（株）学生社

©1984-2009　Japan Technical Information Service Corporation

Original edition was published by Gakuseisha Publishing Co., Ltd. in Japan